디지털 혁신 리더십

디지털 혁신 리더십

초 판 1쇄 2023년 08월 30일
초 판 2쇄 2023년 09월 01일

지은이 강요식
펴낸이 류종렬

펴낸곳 미다스북스
본부장 임종익
편집장 이다경
책임진행 김가영, 신은서, 박유진, 윤가희, 정보미

등록 2001년 3월 21일 제2001-000040호
주소 서울시 마포구 양화로 133 서교타워 711호
전화 02) 322-7802~3
팩스 02) 6007-1845
블로그 http://blog.naver.com/midasbooks
전자주소 midasbooks@hanmail.net
페이스북 https://www.facebook.com/midasbooks425
인스타그램 https://www.instagram/midasbooks

© 강요식, 미다스북스 2023, *Printed in Korea*.

ISBN 979-11-6910-321-3 03190

값 25,000원

미다스북스는 다음세대에게 필요한 지혜와 교양을 생각합니다.

DIGITAL INNOVATION LEADERSHIP

디지털
혁신 리더십

AI 주권 시대
당신의 미래를 확장하라!

강요식 지음

미다스북스

일러두기

이 책은 〈디지텔링(Digitelling)〉 기법으로 저술되었다. 〈디지텔링〉은 디지털
(Digital)과 스토리텔링(Storytelling)의 합성어로 강요식 박사가 최초로 사용
한 책 저술 방식이다. 한 단락이 일정한 글자수 이내로 쓰여진 완성된 글이 간
결하게 연속적으로 이어져 주제를 설득력 있게 표현하는 것이 특징이다. 이
책은 200자 이내의 글이 연속적 단락으로 이어지며 전개되고 있다.

디지털 혁신 리더

_____ 님께 드립니다.

PROLOGUE

디지털 심화Digital Deepening를 대비하라!

우리는 어떤 시대에 살고 있는가? 최근까지 디지털 전환시대라고 하며 디지털을 통해 주요 산업과 생활이 변화한다는 개념이었다. 디지털은 인간을 '보완'하는 역할을 하고, AI, IoT, 블록체인, 빅데이터가 주요 기술이다. 지능화, IT융합, 연결성, 데이터화로 특징지어진다. 디지털 전환시대라는 개념, 역할, 기술과 특징이 제대로 대중화되기도 전에 새로운 시대가 도래했다.

챗GPT의 등장은 혁명적인 패러다임의 전환을 만들었다. 디지털 기술이 국가, 경제, 사회 전반의 근본적인 변화를 초래하고 있다. 디지털의 역할이 단순히 인간을 보완하는 것에서 인간과 공존하는 것으로 바뀌었다. 그래서 작금의 시대를 '디지털 심화(Digital Deepening)' 시대라고 한다. 생성형 AI, AI로봇, 실감기술(XR) 등이 주요 기술로 나타나며 혁신을 가속화하고 있다.[1]

6   디지털 혁신 리더십

바로 디지털 심화시대의 특징은 초지능(휴먼증강), 초융합, 초실감, 탈중앙화(디지털 분권화)이다. 또 디지털 혁신 기술은 계속 고도화되고 융복합이 된다. 이 기술의 적용분야가 인문과학기술의 전 분야에 영향을 미치게 된다. 챗GPT를 시작으로 초거대 AI 모델의 진화가 예상되고 치열한 기술 경쟁이 이루어질 것이다. 이 과정에서 우리는 과연 무엇을 해야 하는가?

윤석열 정부에서는 디지털플랫폼정부위원회를 발족하고, 지난 4월 '새로운 대한민국 디지털플랫폼정부 실현계획'을 발표했다. 인공지능과 데이터로 만드는 세계 최고의 디지털플랫폼 정부의 비전과 오직 국민을 위한 정부, 똑똑한 원팀 정부, 민관이 함께하는 성장 플랫폼, 믿고 안심할 수 있는 플랫폼 정부의 핵심 추진과제를 설정하고 연차별 세부계획을 추진하고 있다.[2]

국민이 체감할 수 있는 사례로 국민의 일상부터 특별한 순간까지 함께 하는 '알아서 맞춤형으로 배달하는 혜택 알리미', 서류제출의 허비시간을 줄이기 위한 '관공서 첨부서류 제로화', 복잡한 인허가 절차를 원스톱으로 처리하는 '공장 간편 인허가 서비스' 등을 혁신적으로 추진하고 있다. '인공지능으로 24시간 똑똑하게 봉사하는 정부'의 슬로건은 기대되는 부분이다.

시대의 변화 흐름에 따라 디지털 심화시대에 걸맞는 새로운 질서를 요구하고 있다. 기존 질서는 물리적 세계를 중심으로 형성되어 초개인화,

자동화, 가상화, 플랫폼의 전방위적 확산 등을 특징으로 하는 디지털 심화시대의 이슈와 쟁점 해소에 한계를 갖고 있다. 디지털 혁신을 촉진하면서도 디지털 세계의 인류보편적 가치 구현과 새로운 규범체계 정립이 필요하다.

서울시는 세계 최대 규모의 스마트시티 국제행사인 스페인 바르셀로나에서 개최된 'SCEWC 2022 AWARD'에서 도시전략 부문 최우수도시상을 수상했다. 이 상의 가장 큰 배경은 디지털 약자를 위한 포용정책의 실행과 메타버스 서울의 세계 최초의 도시분야 도입이라는 의미를 담고 있다.[3] 이와 같은 서울의 우수한 디지털정책은 결국 시민이 누릴 수 있는 디지털 혜택이다.

디지털 혁신 리더는 글로벌 신기술의 변화와 방향성을 인식하고, 우리 정부의 디지털 정책방향을 간파하고 이에 선제적 대응하는 혁신적 자세가 필요하다. 디지털 기술을 도입하고 디지털 전환 전략을 이끄는 CDO(디지털 책임자: Chief Digital Officer)의 역할이 강조되어야 한다. 디지털 거버넌스 체계를 새롭게 바꾸어야만 디지털 심화에 적응하고 미래 대응이 가능하다.

기다리는 자에게 보장된 미래는 없다. 창조하고 도전하는 자에게 미래가 있다. 위기라고 생각하고 움츠리고 있으면 어떤 결과가 올까. 준비된 위기는 기회다. 그 위기를 돌파할 수 있는 도전과 혁신은 급변하는 디지털 세상에서 생존하는 비결이다. 패스트 팔로워(Fast Follower)보다 퍼스트 무버(First Mover)가 되겠다는 혁신적 태도가『디지털 혁신 리더십』의 요체이다.

리더십이란 조직 구성원이 조직 목표를 달성하는 데 자발적으로 참여 010 하도록 이끌어가는 지도력이다. 리더십은 예나 지금이나 크게 다를 바가 없다. 그러나 시대 흐름에 따라 리더십에 구체적으로 전제되는 필요충분 조건이 있다. 필자는『소셜 리더십』,『공직자 리더십』에 이은『디지털 혁 신 리더십』을 출간하게 되었다. 앞으로도 리더십에 대한 관심과 연구를 지속할 것이다.

AI와 스마트 디바이스가 등장하면서 전통방식으로 장사를 잘하는 가 게가 빅테크의 주문앱 사용으로 여기에 종속이 되어 수익이 감소될 수 있다. 이것은 파괴적 혁신이라고 할 수 있다. 궁극적으로 비파괴적인 사 용자 중심의 공유 플랫폼을 통해서 상호 이익이 될 수 있는 포지티브섬 전략의 길로 가야 한다. 혁신 리더는 모두가 승자가 되는 비파괴적 혁신 에 앞장서야 한다.

디지털 혁신 리더로 모범적인 디지털 경제·사회 구현을 위한 규범체 계를 정립하는 참여를 해야 한다. 디지털 심화가 인류의 보편적 가치를 지향할 경우에는 공정한 생태계, 성장과 번영, 혜택을 향유할 수 있지만, 힘과 이익만을 추구할 경우에는 독점과 통제, 양극화, 혼란과 갈등을 초 래할 것이다. 디지털 혁신의 촉진은 사회 구성원 모두가 혜택을 누리는 방향으로 가야 한다.

초거대 AI 시대『디지털 혁신 리더십』은 총 4부로 구성되었다. PART1 「디지털로 세상을 그린다」는 필자가 디지털과 인연이 되는 과정, 서울디지털재단 이사장으로 내부 혁신과 글로벌 활동상을 담았다. PART2「디지털 혁신 리더십으로 가다」에서는 이 책의 제목인 디지털 혁신 리더십의 기본 개념, 특징, 3대 노하우, 5대 역량강화, 디지털인 10대 팁 등을 상세하게 다루고 있다.

PART3「디지털 혁신기술을 보다」에서는 리더가 알아야 할 인공지능, 빅데이터, 메타버스, 디지털 포용에 대해서 개념 정리와 적용 사례를 설명하여 이해를 돕는 내용이다. PART4「디지털 미래를 만지다」는 언론에 기고한 디지털 기술 및 정책의 칼럼을 모았다. 이 책은 디지털 전환 혁신 업무를 하면서 공감하고 예측하는 내용을 정리하고, AI 주권 시대의 리더십 방향을 제시했다.

필자는 "절대 좋은 위기를 헛되이 보내지 말라"는 윈스턴 처칠 수상의 명언을 좋아한다. "실패를 한 번도 겪어 보지 못한 사람은 새로운 시도를 한 번도 해보지 않은 사람이다"는 아인슈타인의 명언도 열정을 불러 일으킨다. 초거대 AI 시대에 멈추어 있지 말고, 먼저 배우고 익히고 활용해야 한다. 나는 내일이 아닌 앞으로 10년 후에 무엇이 올 것인가에 대해 설렌다.

이번에 14번째 책을 출간하게 되었다. 책을 펴낼 때마다 느끼는 소회가 있다. 부족함을 알면서도 "앞으로 잘 하겠다"는 약속을 다짐한다. 끝으로 출간을 흔쾌히 맡아 준 도서출판 미다스북스의 류종렬 대표님께 깊은 감사를 드린다. 『디지털 혁신 리더십』의 영감을 준 서울시와 서울디지털재단, 글로벌 기관 그리고 관계한 모든 분께 충심으로 감사한 마음을 전한다.

디지털랜드에서

디지털리스트 강요식 識

21세기 지도자는
디지털 혁신 리더이다

디지털 혁신 리더

Digital Innovatio

인공지능

디지털

> 디지털 혁신 리더는 디지털 심화 환경에서 디지털 혁신을 촉진하는 리더십을 효과적으로 발휘하는 리더이다. 글로벌 디지털 신기술에 대한 이해와 적극적인 응용과 미래 변화의 전략적 접근을 통하여 조직을 이끌어가는 리더야말로 이 시대가 진정 요구하는 뉴리더이다.

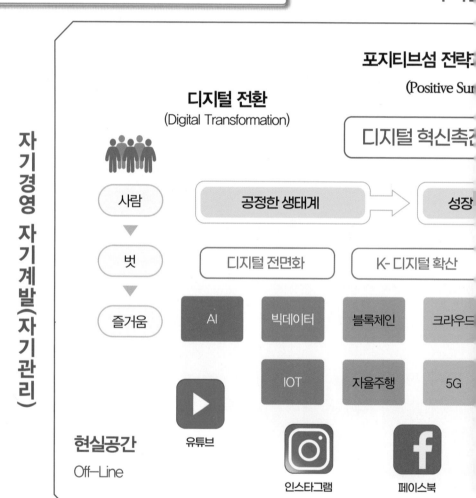

자기경영 자기계발(자기관리)

디지털 전환
(Digital Transformation)

포지티브섬 전략
(Positive Sur

디지털 혁신촉진

사람	공정한 생태계	성장
벗	디지털 전면화	K- 디지털 확산
즐거움	AI / 빅데이터	블록체인 / 크라우드
	IOT	자율주행 / 5G

현실공간
Off—Line

유튜브

인스타그램

페이스북

| 특성이론 | 행위이론 | 상황이론 | 변혁적 리더십 | 슈 |

21세기 경영은
디지털 혁신 리더십이다

디지털 혁신 리더십은 디지털 기술이 국가 · 경제 · 사회를 근본적 변화
를 초래하는 디지털 심화시대에 인류의 보편적 가치를 지향하며, 생성형
AI, XR 등 글로벌 디지털 신기술의 변화와 선제적 응용과 디지털 신질서
에 능동적으로 대응하는 혁신의 지도력으로 변혁적 리더십의 유형이다.

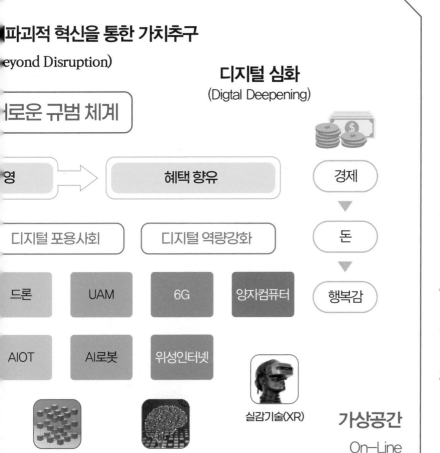

파괴적 혁신을 통한 가치추구
eyond Disruption)

디지털 심화
(Digtal Deepening)

로운 규범 체계

영

혜택 향유

경제

디지털 포용사회

디지털 역량강화

돈

드론

UAM

6G

양자컴퓨터

행복감

AIOT

AI로봇

위성인터넷

실감기술(XR)

메타버스

생성형 AI

가상공간
On—Line

조직경영 조직전략(비즈니스)

더십

서번트
리더십

소셜
리더십

디지털
혁신 리더십

디지털 Digital Innovation Leadership
혁신 리더십

차 례

PART 1

Digital로 세상을 그린다
Draw the world with digital

PART 2

Digital 혁신 리더십으로 가다
Go to Digital Innovation Leadership

PART 3

Digital 혁신기술을 보다

See digital innovative technology

PART 4

Digital 미래를 만지다

Touch the digital future

Draw the world
with digital

Part 1

Digital로
세상을 그린다

혁신 리더는 미래를 예측하고 대책을 세우는 데 앞장서야 한다. 현안에만 매몰되어 미래에 대한 사고와 행동에 소홀히 한다면 항상 끌려가는 피동적인 과정을 밟을 것이다. 사회적 변화에 대한 트렌드를 발 빠르게 읽어내고, 조직을 진단하고 부족한 것을 채우도록 해야 한다. 넥스트 디지털 리더스로 거듭나기 위해서는 늘 변화의 중심에서 혁신의 선봉장이 되어야만 한다.

Digital
Innovation
Leadership

1장

글로벌 무대에서
영감Insight을 얻어라

─○ Digitelling ─

미국의 세계 최대 전자제품 박람회(CES)를 비롯하여 유수의 디지털 중심 전시회가 열린다. 현장에 참여하는 개인 기업, 기관 등은 최상의 준비를 하여 한곳에 모인다. 공급자와 수요자가 만나는 지점에서 '기적'은 일어난다. 오프라인에서 벌어지는 네트워킹의 전혀 예상할 수 없었던 만남 그리고 얻는 영감은 무한한 가치를 가진다. 세계로 나가 만나고 영감을 얻어야 한다.

글로벌 진출의 열망, 코로나19 위기를 뚫다

'메타버스 제야의 종 행사'를 마치고, 2022년 1월 1일 새벽에 집에 들어 왔다. 다음 날 미국 라스베이거스 CES 출장을 위해서 짐을 꾸리고 1월 3일 비행기에 탑승했다. "바쁘다, 바빠"라는 말이 절로 나왔다. 위중한 코 로나19 상황에서 연말연시 행사를 연속해서 진행했다. 출국 전에도 CES 행사 자체를 참가해야 하느냐는 논란도 있었던 터였다. 하지만 계획대로 진행했다.

CES(The International Consumer Electronics Show)는 매년 1월 초 미 국 라스베이거스에서 열리는 세계 최대의 전자제품 전시회이다. 1967년 제1회 전시회를 시작으로 해마다 개최되는데 과거 '전자제품'의 전시회 를 뛰어넘어 지금은 '첨단 IT · 디지털'의 통합 미래 전시장이다. 즉 TV, 가전, PC 등 소비자 가전제품에서 모바일 폰, 스마트 가전, AI, 자율주행 등의 디지털로 변천되었다.

서울시를 대표해서 서울디지털재단은 CES 2020부터 참석했다. 이때 는 코로나19 이전 상황으로 전체 참가자가 17만여 명이고, 나라별로는 미 국인, 중국인에 이어 세 번째로 한국인이 1만여 명이 참석했다. 2020년 오프라인 서울관에 참여한 기업 수는 20개이고, 2021년 온라인 서울관 에는 15개 기업, 2022년에는 온 · 오프 하이브리드로 25개 스타트업이 참여했다.

필자는 CES 2022 서울관장으로 모든 행사를 주관했다. 4월 경 CES ⁰²⁰ 주관사인 CTA(미국소비자기술협회)에 부스 신청을 하는 것부터 시작이다. 이어서 8월에 '유레카 스테이지' 심사에서 우수한 스타트업을 선발한다. 선정된 기업은 다시 CTA의 심사 기준에 통과되어야만 하는데, 이 과정에서 탈락한 기업도 있다. CTA에서 승인된 기업들은 혁신상에 도전할 수 있다.

서울관에 참여하는 인원은 기업 임직원, 서포터즈(대학생 지원인력), 용역사 직원, 재단 직원 등 총 120명이다. 코로나19 상황에서 여러 가지 염려가 되었다. 그래서 사전에 코로나19 대응절차 지침서를 만들었다. 상황별로 양성환자가 발생할 경우 시나리오식 대응이다. 소속 기관이 다르기 때문에 통제하기가 쉽지 않지만, 상호 비상연락망을 잘 구성해서 대비했다.

코로나19 관련 출·입국 절차가 매우 까다로웠다. 출국 전에 백신접종을 해야 하고, 출국 1일 전에 PCR 검사를 받아야 한다. 공항에서 영문 백신접종 확인서와 PCR 음성확인서를 제출해야만 출국이 가능하다. 미국 현지 입국장에서도 2가지 서류를 확인한다. 귀국 전에는 CES 행사장 내에 있는 검사소에서 PCR 검사를 받고, '음성'이 확인되어야 출국할 수 있다.

당시에 CES에 참여하는 것은 전쟁에 나서는 것과 같았다. 미국 현지에서는 코로나19 통제가 조금 풀렸다고 하지만 우리나라는 여전히 음성환

■ CES가 개최되는 LVCC관(미국, 라스베이거스 위치), 약 1조 원을 투자하여 2022년 오픈했다.

자가 늘어나고 있는 추세였다. 더구나 미국 현지에 수많은 각국의 인파들이 모일 경우는 불 보듯 뻔했다. 하지만 글로벌 진출에 대한 기업들의 열망은 코로나 상황을 돌파했다. 하늘의 뜻으로 알고 가벼운 마음으로 출장에 나섰다.

"덕분에 아기 유니콘 기업이 되었어요"

CES 2022 출장팀은 미국 시애틀을 경유하여 라스베이거스에 도착했다. 공항에서 호텔 주변에 도착하자 그야말로 불야성의 라스베이거스가 한눈에 들어왔다. 라스베이거스 블루바디 양쪽의 호텔이 성(城)처럼 이어졌다. CES가 이곳에서 개최된 여러 가지 이유 중의 하나는 숙박시설이었다. 컨벤션센터 근거리에 수만 명이 동시에 묵을 수 있는 곳으로 최적지이기 때문이다.

다음 날 대학생 서포터즈와 미팅이 있었다. 서포터즈는 서울디지털재단이 대학교와 협력으로 만든 성공적인 프로그램이다. 사전에 선발하여 서울관 참여 기업과 1:1 매칭을 한다. 기업에 대한 전반적인 이해를 하고, 제품에 대한 설명을 영어로 브리핑하고 마케팅에 대한 컨설팅 교육도 실시한다. 실제 부스 현장에서 방문자들을 맞이하고 기업을 지원하는 임무를 띤다.

1월 5일 오전에 서울관 공식 오픈 행사를 가졌다. 오픈식이 끝나자마자 방문객들이 한두 명씩 부스에 들어오기 시작했다. 순식간에 서울관은 각 부스별로 상담이 이루어지고 자리를 꽉 메웠다. 국회 과기정통부 의원을 필두로 국내 내빈들이 방문했다. 공개홀에서는 피칭데이, 인터뷰, 포럼 개최 등 쉴 틈 없이 스케줄대로 돌아갔다. 대형 스크린을 통해서 영상홍보도 했다.

둘째 날, 조찬은 참가기업, 국내 언론사와 함께 했다. 이어서 9시부터 부스를 열고 방문객을 맞이했다. 서울관은 양쪽 출구가 있어서 한번 들어오면 자연스럽게 전체를 둘러보게 되었다. 올해 서울관의 위치는 한쪽 구석으로 배치되어 위치상 좋은 위치는 아니었다. 하지만 위치는 문제가 되지 않았다. 결국 서울관의 명성이 방문객을 끌어들였고, 무려 1만 명이 다녀갔다.

서울관장으로 자리를 지키면서 내방객을 맞이하고, 부스별로 돌면서 격려도 했다. 우연하게 국내 공중파 방송 취재기자를 만났다. 그분이 서울관을 둘러보고 막 나가려 하는 순간에 내가 팔을 붙잡았다. "제가 서울관장인데, 혁신기업 취재를 했으면 하는데요"라고 말문을 열었다. 내가 아는 방송사 선배 아무개 기자를 이야기했더니 아는 사이라고 하여 서로 반가워했다.

이것이 계기가 되어 내가 그 기자 손을 잡고 기업 부스 앞으로 갔다. 기자가 모 대표와 현장 인터뷰를 했는데, 이 내용이 그대로 국내 8시 뉴스에 보도되었다. A사라는 기업인데 사용자의 건강 정보를 자동으로 수집 및 분석하여 유저 맞춤 영양 관리를 제공하는 솔루션 스타트업이다. 이 기업은 세 번째 CES에서 참가하여 무려 세 번 혁신상을 수상한 우수한 업체이다.

귀국 후, 어느 날 A사의 대표에게서 전화가 왔다. "이사장님 덕분에 저희 회사가 아기 유니콘 기업이 되었습니다"라며 연신 고맙다는 말을 이어갔다. 아기 유니콘 기업은 중소벤처기업부에서 선정하는데, 선정된 기업에게는 수십억 원의 R&D 지원금을 지원한다. 만약, 방송사 기자를 소개해주지 않았다면 이런 기회가 생기지 않았을 것이라고 했다. 정말, 보람찬 일이었다.

■ CES 2022 서울관에는 서울시 소재 25개 스타트업이 참가했고, 코로나19 상황에서도 무려 1만 명 이상의 방문자가 다녀갔다

셋째 날, 아침에 코로나19 PCR 검사를 했다. 길다랗게 줄이 늘어서 무려 1시간이 넘게 기다렸다. 콧구멍을 양쪽 깊숙이 쑤셔서 시큰했다. 오전부터 오후 내내 서울관은 북적이고 눈코 뜰 새 없이 바빴다. 기분 좋은 일이었다. 오후 5시에는 전자신문사와 공동으로 CES 2022 유레카 서울 포럼을 개최했다. 3일이 어떻게 지나갔나 싶을 정도로 시간이 참 빠르게 지나갔다.

CES 2022에서 얻은 성과 중 하나는 높은 혁신상 수상 비율이다. 혁신상은 접근성, 디지털 이미지, 로봇, 스마트홈, 웨어러블, 드론 등 총 27개 분야가 있다. 심사 요소는 기술력, 디자인, 혁신성을 고려한다. 혁신상을 받으면 CES 전시장에 트로피를 사용할 수 있고, 그 로고를 자유롭게 마케팅에 활용할 수 있다. 또 CES 유레카파크 2층 혁신상 쇼케이스에 진열이 된다.

2022년에는 서울관 25개사 중 6개사가 혁신상을 받았다. 타 기관에 입주한 스타트업들이 받는 혁신상에 비해 재단 지원사들은 훨씬 혁신상 수상 비율이 훨씬 높았다. CES 2022에서 한국관은 7.7%, K-스타트업관은 14.3%인 반면 서울관은 24%로 약 2~3배 높았다. 이것은 재단의 노하우와 세심한 지원과 컨설팅이 있었기 때문이다. 서울관의 입주 지원율이 높은 이유다.

CES 2022 총 방문자 수가 4만 명인데 그 중 1만 명인 25%가 서울관을 다녀갔다. 상담 건수가 971건, 수출상담액만 1,041억 원이나 집계되었다. 코로나19 팬데믹의 위중한 상황에서도 전쟁에 나선 장수처럼 용감하게 임무를 수행했다. 120명 전원이 큰 대과없이 행사를 종료하고, 큰 성과를 이루어 감사했다. 언론 보도에서도 "북적거리는 서울관"이라며 성과를 높이 평가했다.

세계 최고 '스마트시티 어워드'를 수상하다

035   스마트시티 엑스포 월드 콩그레스(SCEWC: Smart City Expo World Congress)는 세계 최대 스마트시티 국제행사이고, 2011년부터 매년 11월

에 스페인 바르셀로나에서 개최되고, 바르셀로나 무역박람회 조직이 주관한다. 서울디지털재단은 스마트시티 국제협력 업무가 있기 때문에 이 행사에 2019년 이래 참석하고 있다. 코로나19로 2022년에 두 번째로 참석했다.

재단의 출장팀은 이번 행사에서 2가지 목표를 세웠다. 하나는 서울관을 잘 운영하는 것이다. 서울시의 디지털정책 홍보, 정책포럼 개최, 참가 기업 부스 지원 및 도시 간 네트워크를 구축하는 일이다. 또 하나는 서울시가 최우수 도시분야 어워드를 수상하는 일이다. 사전에 참가기업 9개를 선발하고, 현지 부스를 운영할 용역사를 선정하고 현지와도 협조체제를 갖추었다.

행사기간은 2022년 11월 15일부터 17일까지 3일간이다. 원래 계획은 13일에 출발하기로 되었으나, 서울시의회 행정감사가 15일날 있어서 불가피하게 조정을 했다. 서울시 투출기관은 서울시 의회의 감독을 받는다. 오전 10시부터 2시간 행정감사 질의응답을 끝내고, 곧장 인천공항으로 이동했다. 다른 인원은 파리를 거치고, 나와 직원 한 명은 아부다비를 경유했다.

10시간 30분의 긴 비행 끝에 아부다비에 도착하고, 4시간 대기하고 바르셀로나로 향했다. 4시간 만에 바르셀로나에 도착했는데 오전 7시 30분이었다. 공항에서 바로 전시장으로 이동했다. 행사장 내 서울관을 한번 둘러보고, 먼저 도착한 부스 기업 대표와 인사를 했다. 10시가 되어 공식 오픈 세러머니를 진행했다. 시차 적응을 위해서 잠시 쉬는 것은 생각할 수도 없다.

첫날, 오픈식에는 참가기업 대표, 대학생 서포터즈, 언론사, 모 구청 스마트도시 담당관 등이 참석했다. 인사말에서 "스마트시티의 국제적 무대에서 3일 동안 준비한 모든 것을 쏟아내고, 좋은 성과로 이어지도록 함께 힘을 모읍시다"고 했다. 이날 사회는 재단의 디지털 휴먼인 서지훈, 서유진이 진행해서 주목을 받았다. 이번 행사에서는 아예 전문 사회자를 쓰지 않았다.

이어서 타 국가 도시 부스 투어를 했다. 우리나라 국토부가 주관하는 한국관, 딜로이트관, 일본관, KT관, 시스코관, 이스라엘관, 벨기에관, 카탈루냐관, 마이크로소프트관 등을 순서대로 관람했다. 특히 벨기에관에서는 CCTV가 아닌 특수센서로 인파를 관리하는 솔루션이 있어서 관심 있게 보았다. 디지털 신기술을 기반으로 한 스마트 도시의 미래상을 볼 수 있었다.

오후에는 'Fira de Barecelona'와 인터뷰를 했다. "기술의 처리 능력이 높아짐에 따라 서울디지털재단을 통해 도시에서 빅데이터와 인공지능이 어떻게 연구되고 있나?"라는 질문에 대해 "도시문제를 해결하기 위해 하수관로 결함탐지, 소규모 공사장 안전관제, 노후교량 탐지 등의 알고리즘을 개발해서 비용과 시간을 절약하고 그리고 안전을 보완한다"라고 답했다.

인터뷰 후에 'AI와 메타버스 그리고 스마트시티'란 주제로 스마트시티 서울포럼을 개최했다. 기조 연설자로 휴렛팩커드 최고기술책임자인 핀란드 Matt Armstrong, 주제발표자로 경희대학교 빅데이터연구센터 이경전 교수, FIA 정보담당자인 벨기에 Raf Buyle 박사, 그리고 필자가 참여했다. 장소는 SCEWC 서울관의 포럼존에서 실시했고, 방문자가 자리를 꽉 메웠다.

■ SCEWC 2022 서울관 오픈식에서 참가기업 대표, 대학생 서포터즈, 전시관 관계자 등이 테이프 커팅을 하고 있다.

서울포럼 등 활발한 네트워킹

필자는 'Metaverse in Seoul'이란 주제로 메타버스 서울 플랫폼에 대한 소개를 했다. 행사 한 달 전인 2022년 10월에 미국의 시사주간지인 타임지에서 '메타버스 서울'을 올해의 발명품으로 선정한 바 있다. 세계 최초로 도시 단위의 공공분야 메타버스 플랫폼이어서 주목을 받았다. 서울시는 메타버스 기본계획에 따라 단계별로 개발을 진행하는데, 이에 대한 설명을 했다.

포럼이 끝나자마자 서울디지털재단과 비슷한 성격을 가진 영국 런던시의 카타펄트 재단과 업무 협약식을 가졌다. 이 재단의 임원들이 두 차례나 서울디지털재단을 방문하여 상호 업무적인 공감대를 갖고 있다. 양기관은 스마트시티 정보 및 지식공유, 스마트시티 교차실증, 글로벌 협력 오피스 발굴 등을 위한 서울—런던 간 협력관계 구축이라는 공동의 목적이 있다.

저녁에는 바르셀로나시 주관 VIP 네트워킹 행사에 참석했다. 바르셀로나 시장이 주빈으로 참석하여 인사말을 하고, 각국의 스마트시티 정책 담당자 및 기업 부스 주요 인사들이 스탠딩으로 대화시간을 가졌다. 바르셀로나 전 CIO를 지낸 필라 코네사와 엥테베르티 혁신전략팀장 크리티나 가리도를 만났다. 두 사람은 2022년 9월 서울리더스 포럼에 연사로 참석한 바 있다.

첫날부터 그야말로 10분 단위로 빈틈없는 스케줄을 소화했다. 둘째 날 아침은 동행기업, 서포터즈 및 언론사와 조찬 간담회로 시작했다. "SCEWC는 단순 전시회가 아니라 서울시 우수정책, 재단의 추진사업, 기업의 혁신 솔루션 등을 소개하는 복합적인 의미를 갖고 있다"는 행사

의미를 강조하고 "방문자에 대한 적극적인 대응과 프로그램 운영을 잘하자"고 말했다.

오전 10시에는 서울–벨기에 비즈니스 미팅을 가졌다. 서울시 스타트업 6개사와 벨기에 4개사가 사전에 비슷한 기술과 협력할 부분이 있는 기업끼리 매칭을 했다. 주한 벨기에 대사관에 참사관, 상무관도 참석했다. 비즈니스 미팅은 서울관 참여 기업들의 성과 창출 제고와 비즈니스 판로개척 지원을 위한 차별성 있는 프로그램이다. 벨기에 측과 사전 조율한 성과이다.

둘째 날의 하이라이트는 '스마트시티 어워드'이다. 이날 이 시간을 얼마나 기다리고 고대했던가. SCEWC는 2011년부터 시작된 스마트시티 분야에서 세계 최대 규모의 국제행사이다. 이 행사는 전시, 국제회의, 부문별 시상, 기타 프로그램(비즈니스 지원 등) 등으로 구성된다. 여기서 월드 스마트시티 어워드는 역시 권위 있는 주관사에서 주는 상이기에 선망의 대상이다.

아침부터 긴장이 되었다. 서울시는 2015년 엠보팅 서비스로 프로젝트 분야 본상을 수상했고, 2016년, 2019년 도시분야 본상을 수상한 바 있지만, 최우수상을 받지 못했었다. 그래서 이번이 네 번째 위너상 도전이 되는 셈이다. 재단의 이사장으로 취임해서 세운 프로젝트 중의 하나가 SCEWC 도시분야 최우수상이었기에 남다른 마음이 앞섰다. 꼭 우승을 하고 싶었다.

이번 스마시티 어워드에 도전한 나라는 60개국이고, 337개 도시/기관에서 공적서를 제출했다. 평가분야는 프로젝트 7개(기술활용, 에너지/환경, 모빌리티, 거버넌스/경제, 생활/포용성, 안전/보안, 인프라), 리더십, 혁신, 도시 등 10개 부문이다. 부문별 본상이 있고, 각각 위너상이 있다. 서울은 왕중왕인 도시분야에 도전했고, 여기서 우승하면 최고의 영예를 차지한다.

4수 끝에 이룬 스마트시티 최우수상

드디어 오후 1시경 메인 오디토리엄의 후보상 지정석에 앉았다. 행사장 우측면에 도시분야 6개 도시 후보와 나란히 앉았다. 바로 옆에 캐나다 토론토, 우측에는 콜롬비아 보고타 그 밖에 호주 시드니, 브라질 쿠리티바, 우크라이나 키이우가 나란히 앉았다. 발표 순서는 프로젝트, 혁신 부문, 리더십 부문 그리고 마지막에 스마트시티 부문이다. 과연 어떤 결과가 나올까.

현장에서 분위기는 우크라이나 키이우가 전쟁 중에 국민 대피앱 개발의 성과로 우승한다는 소문이 돌았다. 필자에게는 좋은 소문이 아니었고, 믿고 싶지 않았다. 우크라이나가 전쟁 중이라는 점을 고려하여 특별히 배려할 수는 있겠으나, 공정한 룰이라면 그럴 리가 없다고 믿었다. 그리고 가능하다면 '특별상'은 받을 수 있다고 예측했다. 필자의 예측은 그대로 적중했다.

사회자가 최우수상을 발표하기 직전에 'Special Recognition(특별상)'

으로 키이우를 호명했다. 나는 순간, 우리 서울시가 1등이구나 하고 초조하게 다음을 기다렸다. 그러면서 준비한 영문 우승 소감문을 꺼내서 다시 읽어 보았다. "오늘의 최고상인 시티 위너는 서울입니다"라고 발표하는 순간 나는 자리에서 벌떡 일어나 씩씩하게 환한 웃음을 지으며 단상으로 걸어 나갔다.

여유 있게 손을 흔들고 자리에 섰다. 바르셀로나 라이아 보넷 부시장과 반갑게 악수를 나누었다. 그리고 애타게 기다렸던 우승 트로피를 손에 들었다. 번쩍 들어서 올렸다. 이어서 단상에서 "올라, 무초 구스토" 스페인어와 "안녕하세요, 반갑습니다" 우리말로 인사를 했다. 박수 환호 소리가 우레와 같았다. "저는 오늘 오세훈 서울시장을 대신해서 이 자리에 섰습니다"

어워드 시상식 전에 수상 소감문을 미리 작성하고 수정 보완하여 1분 30초 분량으로 완성했었다. 만약, 우리가 우승을 못 할 것이라고 연설문을 작성하지 않았더라면 어떻게 했을까. 우승에 대한 확신과 세세하게 준비한 것이 천만다행이었다. 연설 말미에 "이태원 사고로 슬픔에 잠긴 서울시민에게 작은 위로가 되었으면 좋겠다"라고 말을 이어가자 큰 박수가 나왔다.

연설이 끝나고 단상에서 축하 인사를 받았다. 우리 재단의 직원과 연세대 이정훈 교수(재단 비상임 이사)는 서로 얼싸안고 축하하고 사진도 연신 찍었다. 각국의 부문별 본상 및 우승상 수상자들의 맨 중앙에서 단

■ 스페인 바르셀로나시 라이아 보넷 부시장이 서울디지털재단 이사장(강요식)에게 SCEWC 2022 최우수도시상(서울시) 트로피를 수여했다.

체 사진도 찍었다. 바르셀로나 부시장, 전 CIO인 필라 코네사, 키이우 부시장, 콜롬비아의 리더십 부문 수상자와도 기쁨의 미소를 지으며 사진을 찍었다.

단상에서 내려오자 현지 방송국 기자가 나를 기다리고 있었다. 수상소감을 묻는 인터뷰였다. "우리 서울의 네 번째 도전 끝에 얻은 우승이어서 매우 뜻깊습니다. 서울시는 디지털 선도도시로서 디지털 전환을 가속화하고 디지털 약자와 동행을 위해서 지속적인 노력을 하고 있습니다. 최고의 상을 받게 되어 감사합니다"라고 했다. 인터뷰 후에도 기념촬영을 계속했다.

바르셀로나 라이아 보넷(Laia Bonet) 부시장은 "서울의 디지털 포용 정책은 세계가 디지털 전환에 몰두하고 있는 시기에 불평등에 대해 다시 한번 일깨워 주었으며, 도시는 사람이 중심이 되어야 한다는 사실을 보여주었다"면서 "'사람에게서 영감을 받은 도시(Cities Inspired by People)'에서 그 사람들은 더 이상 소외되지 않을 것"이라고 수상 배경을 밝혔다.

서울시가 제출한 도시분야 공적조서에 디지털 5개(통신, 이동, 교육, 안전, 활용) 기본권에 대해서 기술되었다. 첫째, 통신분야로 무료 공공와이파이, 스마트폴 설치. 둘째, 이동분야로 장애인을 위한 자율주행차, 임산부 지정석. 셋째, 교육분야로 서울런 플랫폼. 넷째, 안전분야로 안심이 앱, 스마트워치. 다섯째, 활용분야로 1:1 어르신 디지털교육, 메타버스 플랫폼 등이다.

서울시의 수상 배경의 핵심은 스마트시티 비전 2030 및 디지털 약자 ⁰⁶⁰와의 동행정책이 세계를 관통한 것이다. 서울 스마트시티 마스터 플랜은 혁신친화, 인간 중심, 비대면 전환, 안전성, 지속가능성, 시민지향 등이다. 또한 디지털 격차 해소를 위한 디지털 약자와의 동행 정책은 세계가 주목하고 있다. 어디나지원단의 노노케어 방식 디지털 교육은 독창성을 갖고 있다.

SCEWC 2022에 세계 140개국, 700개 도시, 800개 기업 그리고 2만 명 이상이 참가하여 역대 최대의 성황을 이루었다. 역대 도시 부문 최우

■ 스페인 바르셀로나 SCEWC 2022에서 서울시가 최우수도시상을 수상했다. 시상식 마지막 피날레를 장식한 '서울시'의 최고 무대였다. 다른 도시 수상자들과 기념촬영을 하고 있다.

수상 도시는 싱가포르(2018년), 스톡홀름(2019년), 상하이(2020년), 부에노스 아이레스(2021년)이고 2022년은 서울시로 기록되었다. 향후 10년 동안 최우수상은 제한이 되었다. SCEWC 시티 어워드 부문의 새 역사를 쓴 것이다.

행사 3일 차에도 포럼을 진행했다. 이스라엘 텔아비브 재단 대표 히라 오렌, 엥테베르티 혁신전략팀장 크리티나 가리도, 싱가포르 메트로폴리스 총괄 아그네스 빅카르트, 영국 카타펄트 혁신총괄 앤드류 콕번 등이 주제발표와 토론을 이어갔다. SCEWC는 이와 같이 스타트업의 전시뿐만 아니라 스마트시티 정책과 관련하여 세계 유수 기관 및 전문가들과 네트워킹을 한다.

　오후 5시에는 SCEWC 행사를 주최하는 Fira Barcelona 사무국을 찾아서 본부장, 매니저와 상담을 했다. 먼저, 서울시가 우승했다는 소식을 듣고 축하를 해주었다. "2023년에도 서울시가 참가하는데, 우리가 우승 도시인 만큼 좋은 위치에 부스를 선정해달라"는 뜻을 전달했다. 행사장에서 위치가 매우 중요하다. 방문자들의 접근성이 좋아야 내방객이 많아지기 때문이다.

　부스 참가 9개 기업들도 눈코 뜰 새 없이 바빴다. 특히 뇌파측정을 통해서 치매, 우울증을 예방하는 아이메디신 기업은 실제 체험을 하는 관계로 방문자가 길게 줄을 설 정도로 붐비었다. CNAI는 인공지능 디지털 휴먼, 하렉스인포텍은 인공지능 공유플랫폼, 지오소프트는 위치기반 소프트웨어, 파이퀀트는 공기청정 기술, 코코넛 사일로는 물류운송 솔루션 기업이다.

서울시가 스마트시티 어워드를 수상하고, 서울관의 전체적인 분위기는 고조되었다. 방문자들도 소식을 듣고 축하 메시지를 건넸다. 필자도 매일 포럼을 주관하고, 방문자 면담을 하고 부스도 격려하고 바쁜 일정이었지만 '수상 효과'로 힘든 것이 모두 날아갔다. 우리의 수상 소식은 바로 서울시로 타전되었고, 다음 날 모든 매체에서 이 내용을 다루었다. 참 기쁜 일이었다.

이번 SCEWC 2022에서 서울시가 최우수상을 받음으로 국내에서도 이 행사에 대한 주목도가 높아졌다. 마치 축구 월드컵 우승, 올림픽 금메달과 같은 가치이며, 미국 아카데미 영화상 시상식의 최고상인 작품상과 같은 의미 있는 수상이다. 서울시의 디지털 약자와의 동행, 메타버스 등 디지털 선도도시 서울의 혁신성을 세계가 인정했다는 점에서 매우 고무적이었다.

"BE IN IT (IT의 일부분이 되라, 몰입하라)"

2023년 계묘년 새해가 시작되자마자 CES 출장을 두 번째 가게 되었다. 작년도 4월부터 전시 부스 신청, 8월 스테이지 유레카, 12월 출정식 등의 절차를 거쳐왔다. 스타트업, 서포터즈, 용역사, 운영기관 등 4개 주체가 원팀이 된다. 부스에 들어갈 장비들은 사전에 해외 운송편으로 보냈다. 각기 출발 경로는 다르지만 미국 라스베이거스 유레카파크에서 만나게 되었다.

재단 출장팀은 캐나다 밴쿠버를 경유하여 라스베이거스로 들어갔다. 두 번째 출장이라서 전년도와 비교가 된다. 우선 크게 달라진 것은 코로나19 상황이다. 입출국이 자유로워졌다. 백신접종증명서, PCR 검사가 필요 없었다. 마스크도 착용이 권고사항이다. 그야말로 코로나19로부터 해방이 되었다고 해도 과언이 아니다. 사실상, 마스크 착용자는 대부분 한국인이었다.

CES 2023의 행사 주제는 HS4A(Human Security for All)이다. 러시아-우크라이나 전쟁으로 전 세계는 경제적 위기에 봉착했고, 기후변화로 인한 자연재앙이 빈번해지고 있는 상황이다. 이것은 인류에 대한 위협이기 때문에 디지털 혁신을 통하여 인류를 보다 안전하게 지키자는 취지이다. "Be in It"(몰입하라)는 슬로건이 곳곳에 게시되어 분위기를 고조시키기도 했다.

■ CES 2023 슬로건인 "BE IN IT". 'IT의 일부분이 되라, 몰입하라'라는 이중적인 뜻을 갖고 있다.

그간 코로나19로 억눌렸던 글로벌 진출 기업들이 해방을 맞은 듯이 현지는 북적거리고 대성황을 이루었다. 174개국, 3,100개 기업, 12만 명 방문객이 참여하여 코로나 이전 대비 약 70~80% 수준의 규모로 회복했다. 2020년에는 약 4,500개 기업, 17만 명이 참석했다고 하는데 얼마나 복잡했을까. 1년에 한 번씩 CES가 라스베이거스의 경제를 크게 살린다는 말이 있다.

첫날, 유레카파크 입구 통로는 발 디딜 틈이 없이 인파로 가득찼다. 부스 행사 관계자 이외 방문자는 사전에 등록하고 배지비용 30달러를 내야한다. 입구에서는 배지를 체크하고, 입장하는데 사람이 꼬리를 물고 들어갔다. 전년도에 보지 못한 풍경이다. 이날 오후에 테크 이스트 방문계획이 있었으나, 방문객이 너무 많아서 오지 말라는 통보를 받을 정도로 인파가 붐볐다.

중소벤처기업부 이영 장관이 K-스타트업 통합관 개관식에 참석해서 현 정부의 스타트업을 위한 '글로벌화, 빅테크화'에 대한 지원 정책을 강조하기도 했다. 필자와 친분이 있었던 장관을 만나서 반가웠고, 직접 안내를 하여 재단 선발 스타트업 중에서 혁신상 수상기업을 중심으로 부스 소개를 했다. 이후 국회의원, 대학 총장 등 국내 고위직 인사들의 방문도 줄을 이었다.

올해 서울시의 CES 운영이 달라졌다. 작년도에는 스타트업을 서울관에 단독으로 운영했다면, 금년도에는 이원화했다. 테크 이스트 LVCC(라스베가스 컨벤션센터)에서는 '서울기술관'을 운영하고, 테크 이스트 유레카파크에는 K-스타트업 통합관을 운영했다. K-스타트업 통합관은 창업진흥원 31개사, 서울산업진흥원 10개사, 서울디지털재단 10개사가 통합으로 운영되었다.

대기업관에 도시단위로 서울기술관이 입점한 것은 CES 역사상 첫 사례이다. 서울기술관은 대기업과 지원 스타트업이 콜라보 형태로 14개사가 참여했다. '스마트 교통도시, 친환경 푸른도시' 슬로건을 걸고 '테크 허브 서울'의 위상을 강조했다. 서울시 브랜드과에서도 서울시를 홍보하는 부스를 만들었는데, 여기에 서울디지털재단이 운영하는 정서케어 로봇이 소개되었다.

재단이 선발한 10개 기업은 바이오/헬스, 데이터, 제조, 모빌리티, ESG 로 구분할 수 있다. 이 중 4개 회사가 혁신상을 받았다. 마스오트 회사는

■ 중소벤처기업부와 서울시가 공동주관한 'CES 2023 K–스타트업 통합관' 개관식 후, 이영 장관이 전시 부스를 찾아 기업 관계자와 대화를 나누고 있다.

국내 최초 국토교통부로부터 카메라만 사용하는 자율주행을 허가받아 0.04초 이내에 인지부터 제어까지 가능한 자율주행 소프트웨어를 탑재했다. 비컨 회사는 두피 스캐너를 통해 두피와 탈모의 상태를 분석하는 솔루션이다.

AI 기반 실시간 1:1 맞춤형 영양관리 솔루션 업체인 알고케어는 재단을 통해서 온라인 행사를 포함하여 세 번째 참여했고, 혁신상을 연속해서 수상한 쾌거를 이루었다. 가정용 구강 모니터링 기기를 만든 스마투스코리아는 2개(기기와 어플리케이션)의 혁신상을 수상했다. 치아 상태를 소리 및 LED 색상을 통해 확인할 수 있고 앱을 통해서 데이터를 관리할 수 있는 솔루션이다.

스마투스코리아는 둘째 날 10만 달러의 구매계약서를 체결하고, 25만 달러의 구매의향서를 체결했다. 참가 기업 중 가장 큰 성과를 거둔 업체이다. 재단 선발 10개 기업의 전체 성과를 집계했다. 상담건수는 452건, 수출상담액 420억 원으로 CES 2022와 비교하면 향상이 되었다. 혁신상도 CES 2023 전체 수상비율 13.6%에 비해 재단은 40%를 받아 좋은 성과를 거두었다.

둘째 날, 서울기술관에서 CES 2023 서울 ET 테크 포럼을 서울디지털재단, 한국전자정보통신산업진흥회, 전자신문과 공동으로 개최했다. 8명의 패널과 함께 CES 2023 브리핑, 분야별 신기술과 신사업, 메타버스의 현주소와 전망, 중소기업을 위한 정부 제언 등 다양한 이슈로 생산적인 포럼 시간을 가졌다. 방문자가 붐비는 현장에서 생동감 있는 포럼이 인상적이었다.

오후에는 테크 이스트에 위치한 한국 대기업관을 둘러보았다. 이동 시에는 일론 머스크가 만든 컨벤션 루프를 이용했다. 2.7km 거리인데 실제는 자율주행이 아닌 운전자가 있다. 롯데정보통신관에서는 칼리버스가 만든 메타버스 가상세계를 볼 수 있었다. 삼성관은 제품 전시가 아닌 초연결을 상징하는 이미지 연출이 독특했다. LG관도 현실을 뛰어넘는 신제품을 선보였다.

■ 테슬라 CEO, 일론 머스크가 만든 LVCC 컨벤션 루프로 거리는 2.7km이다. 자율운송 시스템으로 개발했지만 현재는 안전을 위해 운전자가 운행한다.

셋째 날, 한국건설기술연구원 방문단과 간담회에 이어 실리콘밸리 소재 스타트업 투자사인 플러그앤플레이(PnP) 사이디 아미드 회장을 만났다. PnP는 페이팔, 드롭박스, 랜딩클럽에 초기에 투자하여 유니콘 기업을 만든 글로벌 엑셀러레이터이자 투자사이다. CES 2022에서는 화상 줌 회의를 했는데, 이번에 직접 만나 약 50분 동안 진지하게 상호 협력방안을 논의했다.

점심 때는 재단 선발기업을 2개 조로 나누어서 간단한 식사를 하면서 애로사항을 청취했다. 참가 업체 간 소개도 하고, 서로 부족한 점을 코칭하는 대화도 나누었다. 4일 동안 있으면서 이웃 부스와도 소통을 하면 생각지 못한 시너지도 낼 수 있다. 필자는 이런 자리를 만들고 콜라보를 하는 것을 좋아하는 편이다. 전시만 열어주는 것에 끝나지 않고 애프터 서비스가 중요하다.

서울디지털재단의 기술검증 기업(디지털 헬스케어 부분)은 FOX뉴스에 소개되기도 했다. 이번 CES에서는 주목한 5가지 핵심 키워드는 웹 3.0/메타버스, 모빌리티, 디지털 헬스, 지속가능성, 인간안보로 다양한 분야의 기술 융합과 혁신이 인류 삶의 질을 높인다는 전망을 함축하고 있다. 메타버스는 이번 CES에서 최초로 핵심 주제로 선정되었고, 향후 미래가 주목된다.

필자는 4일 동안 2가지 일을 병행했다. 첫째, 재단 선발기업이 현장에서 주목을 받고, 좋은 성과를 낼 수 있도록 뒷받침하는 일이다. 둘째, 전세계의 혁신 기술의 전시장에서 새로운 영감을 얻는 일이다. 서울시의 디지털 전환의 컨트롤타워 역할을 하는 재단의 혁신업무를 위한 발견에 있다. 그래서 두 눈을 크게 뜨고 집중하여 질문하고 기록하면서 배우려 했다.

이번 CES의 HS4A 주제에서 보듯이 인류에 대한 안전이 강조되고, 기술의 융합을 통한 서비스 적용으로 인류의 삶의 질을 향상시키는 데 주목하고 있다. 스마트시티 최우수도시(SCEWC 2022 어워드 수상, 스페인) 서울시는 그 위상에 걸맞게 이번 CES 2023에서도 매력을 충분히 발산했다. 서울시의 우수한 기술과 혁신성을 세계가 주목한다는 것을 느꼈다. "Be in It"

■ CES를 주관하는 CTA(미국소비자기술협회)에서는 참가기업에게 기술력, 디자인, 혁신성을 고려하여 '혁신상'을 수상한다. 수상기업은 혁신상 로고를 사용하고, 제품은 행사기간 중에 쇼케이스에 전시된다.

○—— 버진그룹 회장, **리처드 브랜슨**

성공적인 디지털 리더는
새로운 기술을 효과적으로 활용하고
혁신적인 아이디어를 촉진한다.

2장

디지털 혁신 성과Result를 공유하라

"앗살라 말라이 쿰"으로 AI 키노트, 박수 갈채

2022년 9월 12일부터 15일까지 사우디아라비아 데이터&인공지능국(SDAIA: Saudi Data&AI Authority)의 공식 초청으로 글로벌 AI 서밋(GAIS: Global AI Summit)에 참석했다. 이 행사에는 인공지능 등 첨단 기술 관련 분야 전문가 150명의 연사자와 약 3,000여 명의 참관객이 성황을 이루었다. 행사는 사우디 수도 리야드 킹 압둘아지즈 컨퍼런스센터에서 열렸다.

이번 출장 목적은 서울시의 스마트시티 정책 사업 및 실증 사례 홍보를 통한 글로벌 스마트시티 리딩 도시 위상강화를 제고하는 데 있었다. 공식 초청으로 동행한 선임연구원까지 항공권도 비즈니스석이고, 역시 5성급 최고급 호텔을 제공했다. 이동 경로는 인천공항을 출발해서 10시간 25분을 비행하여 카타르에 도착하고, 3시간 대기 후에 90분 비행하여 리야드에 도착했다.

첫째 날, 사우디 리야드 공항에서 짐을 풀고 바로 일정에 들어갔다. 8월에 사우디의 도시지방주택부(MOMRAH) 알리 라지 차관이 재단을 방문해서 간담회를 갖고 서울스마트시티센터를 견학한 바 있다. 이 만남의 인연으로 도시지방주택부를 찾아 알리 라지 차관을 한 달 만에 다시 만났다. 라지 차관은 우리를 반갑게 맞이하고, 리셉션장에서 전통 커피를 마시며 환담했다.

회의실에는 10명의 스텝들이 자리하며, 최대의 의전을 해준다는 인상을 받았다. PPT로 주택부에서 진행 중인 디지털전환 및 스마트시티 관련 업무를 소개했다. 브리핑 후 양 기관의 협력관계 구축방안을 논의했다. 시설투어로 자치구역별 총괄적 모니터링을 수행하는 지방자치 컨트롤센터와 개인정보유출, 해킹 시도 등을 실시간 대응하는 사이버보안센터를 둘러보았다.

■ 사우디아라비아의 도시지방주택부(MOMRAH)를 방문하여 알리 라지 차관으로부터 환영을 받고, 지방자치 컨트롤센터와 사이버보안센터를 둘러보았다.

둘째 날, 글로벌 AI 서밋 개회식이 열렸다. 이번 행사의 목적은 글로벌 AI 관련 주제발표와 논의를 통한 산업기술 발전이다. 회의장은 총회(Plenary), 전담위(Taskforces), 혁신(Innovation)으로 나뉘고, 'AI가 공공, 민간, 청년에게 미치는 영향'이란 세션으로 구성되었다. 개회식이 열리는 총회장은 대형 스크린에 화려한 조명과 오디오가 럭셔리한 분위기를 연출했다.

글로벌 AI 서밋의 주제는 인류의 이로움을 위한 AI(AI for the Good of Humanity)이다. 개회식 첫 연설자는 압둘라 알스와하 사우디 정보통신부 장관이다. 그는 "인공지능은 정확한 데이터를 구축해 올바른 알고리즘을 만들어야 한다. 이런 올바름을 수립하기 위해 AI의 현재와 미래의 논의가 필요하다"며 "AI는 인류가 마주할 가장 중대한 발견 중 하나이다"고 말했다.

두 번째 연설자로 이 행사의 주관자인 압둘라 빈 샤라프 알감디 사우디 데이터&인공지능국 CEO가 나왔다. 그는 "디지털 격차가 극심화하고 있으며, 이를 해결하기 위해 신뢰할 수 있는 인공지능 개발이 필요하다"며 "전 세계 국가들은 정부 차원에서 신뢰할 수 있는 AI를 만들 대책이 있다"고 강조했다. 개회식장에는 500여 명의 참관자가 빈자리 없이 자리를 꽉 메웠다.

다음 연설자로는 아민 나서 사우디 아람코(Aramco) 대표가 나왔다. 아람코는 세계 최대 규모의 석유기업 가운데 하나이고 총 자산 규모가 30조 달러에 달한다. 그는 "AI는 글로벌 판도를 바꿀 주제이고, 우리는 그 판도를 만들어 가고 있다"며 "기술발전에 발맞춰서 다양한 사업 기회가 발생할 것이며, 다양한 비즈니스 사업 발전방향을 모색할 필요가 있다"고 역설했다.

■ 사우디아라비아 데이터&인공지능국(SDAIA: Saudi Data&AI Authority)이 주관한 글로 벌 AI 서밋 2022(GAIS: Global AI Summit) 리야드 킹 압둘아지즈 컨퍼런스센터. 약 500 명이 참관하는 럭셔리한 대형 행사장이다.

사우디, AI로 가득 찬 NEOM 시티의 꿈

마지막 기조 연설자로 나드미 알 나서 네옴(NEOM) 대표는 "NEOM 의 비전은 AI를 통해 세계의 라이프 스타일을 진화시키는 데 있다"며 "NEOM은 세계 첫 인지도시로 발돋움하기 위해 모든 인프라는 AI로 운영될 예정이며, 세계 많은 도시들의 롤모델이 될 것이다"고 말했다. NEOM은 사우디아라비아 정부가 비전 2030 정책의 일환으로 발표한 신 도시 계획이다.

네옴시티는 길이 170km, 폭 200m의 미러도시 '더 라인', 첨단 산업 중 심 도시 '옥사곤'과 친환경 관광도시 '트로제나'로 구성되며, 서울 면적의 44배 크기와 총사업비가 약 650조 이상이 되는 상상을 뛰어넘는 도시가 될 것으로 보인다. 로봇이 물류와 보안, 가사노동 서비스를 맡고 친환경

에너지 인프라스트럭처를 갖춘 미래형 인공지능 초대형 도시가 영화가 아닌 현실로 나타날 것이다.

갈라 디너쇼 및 네트워킹은 사우드(Saud) 왕조 발상지, 첫 수도였던 유적지 디리야에서 열렸다. 15세기에 건립된 이곳은 특히 나즈드(Najd) 건축 양식을 보여주고 있다. 18세기와 19세기 초에 정치적 · 종교적 역할이 증가했으며, 아트 투라이프(at-Turaif)에 있는 성채는 사우드 가문의 권력의 중심지였다. 가이드의 안내를 받아 진흙으로 만든 성채 외곽과 내부를 둘러보았다.

참석자들을 축하하기 위해 칼을 든 무사들이 춤을 추며 환호를 했다. 성채 앞에 식탁이 마련되었고, 각국에서 온 연사자들과 네트워킹을 했다. 식사 후에 성채를 배경으로 한 맵핑 미디어 아트는 시선을 끌어 모았다. 사우디 왕가의 스토리가 성곽 형상에 재현되었다. 이때 시간이 밤 11시가 다 되어갔다. 중동지역에서는 날씨 관계로 늦게까지 만찬을 한다고 한다.

셋째 날, 키노트 연설이 있는 가장 중요한 시간이다. 나는 'AI, 도시, 생태계' 세션에서 "AI Sharing for Realizing Cognitive City"란 주제로 영어 연설을 했다. 진행은 국제행사 전문 용역사가 전담하여 전반적으로 퍼펙트한 느낌이었다. 사전에 대기 체크, 무선 마이크 부착, 무대에서 기기 조작 설명, 동선 등에 대해서 여러 사람이 더블 체크를 해서 완벽을 기했다.

원고도 수차례 교정을 하고, 수차례 반복하여 낭독을 해보았다. 평소 '무대체질'이라 긴장되지 않고, 사람이 많을수록 더 차분해진다. 대형 LED 스크린으로 화질이 선명하고, 오디오도 서라운드 시스템으로 분위기가 최고였다. 또 중동 남성의 하얀색 전통복장인 도브(Thobe)가 조명과 어우러져 럭셔리했다. 복장 점검과 마이크 상태를 최종 마무리하고 드디어 단상에 올랐다.

"안녕하세요. 반갑습니다" 잠시 쉬다가 "앗 살라 말라이 쿰" 청중을 보며 "I am Yo Sik Kang"이라고 하는 순간, 큰 박수가 터져나왔다. "앗 살라 말라이 쿰"이라고 아랍어 인사를 하자 반응이 나온 것이다. 나는 좌중을 둘러보고 여유있게 말을 이어갔다. "The President of the Seoul Digital Foundation. [중략] I Appreciate you Listening. Shukran Lak"

단상 위에서 하는 동작이 많았다. 태블릿PC를 보면서 오른손으로 다음 페이지를 넘겨야 하고, 왼손으로는 모니터 페이지를 포인터로 넘겨야 했다. 평소에 잘 쓰지 않는 영어 원고를 읽고, 청중과 아이콘택트도 하며 여유있게 한순간씩 넘겨갔다. 스피치를 하면서도 청중을 보며, 잘 되고 있다는 느낌을 받았다. 어느덧 마지막 단어는 아랍어로 "Shukran Lak" 감사합니다.

의외로 큰 박수가 터져 나왔다. 드디어 안도의 숨을 깊게 들이쉬었다.

필자를 제외하고는 영어를 모국어처럼 쓰는 연사이기 때문에 비영어권인 한국인이 영어로 또박또박 발음을 하니 새롭게 들렸을 것이다. 단상에 내려오자 진행 스텝들이 엄지척을 하며 "Excellent"라고 격려를 해주었다. 또한 지역방송 인터뷰와 몇 사람이 대기를 하며 질문을 하는 등 관심을 보였다.

■ 사우디아라비아 글로벌AI서밋에서 필자가 'AI, 도시, 생태계' 세션에서 "AI Sharing for Realizing Cognitive City"란 주제로 영어 키노트 연설을 하고 있다

난생처음 대형 국제무대에서 데뷔전을 성공적으로 치른 것이다. 아마도 평생 이렇게 화려하고, 많은 청중이 있는 행사에 나설 기회가 또 있을까. 어쨌든 큰 실수없이 미션을 성공적으로 수행해서 나름 기분이 최고였다. 발표주제는 "인지도시 실현을 위한 AI 공유"이고 서두에 재단 소개, 서울시의 전자정부 및 스마트시티 인덱스 리포트 결과, 메타버스 서울을 언급했다.

본론에서 재단에서 연구하는 AI기반 도시안전 서비스 사례를 소개했다. 중소규모 공사장 위험요소 관제 서비스, 하수관로 결함탐지 알고리즘 고도화, 도시 변화탐지 알고리즘 고도화와 연합학습을 통한 소상공인 보호 서비스(AI Sharing Platform)를 소개했다. 11분 동안 다양한 내용으로 디지털 선도도시 서울의 사례를 공유함으로써 서울시의 위상을 드 높였다고 본다.

키노트 연설 후, 사우디 데이터&인공지능국(SDAIA)의 압둘라 빈 샤라프 알감디 CEO를 만나서 환담을 나누었다. 그 자리에서 9월에 있는 '서울빅데이터포럼'에 키노트 연설자로 초청을 했다. 실제 이 포럼에는 알감디 장관이 참석하지 못하고, 대신 스마트시티 책임자인 사탐 알수바이가 참석했다. 환담 후, AI가 그린 그림 선물과 조선왕 혼례를 담은 접시를 맞교환했다.

이날 만찬은 도시지방주택부의 라지 차관이 마련했고, 스텝들과 함께 사우디 전통식당에서 격의 없는 대화를 나누었다. 다음 날 이른 아침에 조식을 마치고 리야드 공항을 출발하여 카타르 도하를 경유하여 안전하게 귀국했다. 이번 글로벌 AI서밋을 통해서 중동에 모래바람이 아니라 AI 바람이 분다는 느낌이 들었다. 사우디는 AI로 가득 찬 NEOM 시티의 꿈을 실현하고 있다.

빛나는 시티넷 SDG 어워드 트로피

사우디아라비아 '글로벌 AI서밋' 출장 귀국 일시는 2022년 9월 16일 금요일 오후 5시이다. 다음 날 토요일, 일요일 이틀 동안 사무실로 정상 출근을 했다. 보통 출장을 다녀온 뒤 휴식을 할 수 있지만, 바로 이틀 뒤 월요일(9월 19일)에 다시 말레이시아 출장이 이어지기 때문에 점검할 일이 있었다. 동시에 사우디 출장에 대한 '국외출장 성과 공유회' 자료도 작성했다.

출장을 다니는 것은 체력이 뒷받침되기 때문에 가능한 일이고, 열정적으로 소기의 목적을 달성하기 위해서 더욱 건강이 기본이다. 필자는 출장은 출장답게 다녀야 한다는 것이 소신이다. 한국동서발전 상임감사위원 재직 시에도 출장 기회가 많았다. 당시에도 출장을 다녀온 뒤에 반드시 출장 내용을 직접 작성하고 전 직원들과 공유했다. 출장은 공무(公務)이기 때문이다.

말레이시아 출장 목적은 UN시티넷 총회에 참석하여 서울시 인공지능 하수관로 결함탐지기술, '메타버스 서울' 우수사례를 발표하고, '시티넷 지속가능한 발전목표(SDG)어워드' 수상을 하기 위해서이다. 시티넷(Citynet)은 유엔산하 국제기구로 아시아태평양 지역의 지속 가능한 도시발전과 인간정주환경 개선을 위해 지방자치단체 및 기관, 비정부기구, 기업 등으로 구성되었다.

출장은 메타버스 팀장과 선임연구원이 동행했다. 9월 19일 인천공항을 출발, 싱가포르를 경유하여 쿠알라룸푸르에 도착했다. 싱가포르까지 6시간, 여기서 쿠알라룸푸르까지는 1시간 걸렸다. 공항에 도착하자 시티넷 관계자들이 팻말을 들고 출장팀을 환영했다. 우리 팀에게 쿠알라룸푸르 공무원을 배정하여 출장기간 내내 동행했고 차량을 제공해주어 이동 간 불편이 없었다.

쿠알라룸푸르는 말레이시아 연방 수도이고, 최대 도시로 아시아 최고의 국제도시로 떠오르는 도시이다. 도시가 전반적으로 깨끗하고, 고층 빌딩들도 마치 뉴욕시처럼 즐비하게 늘어섰다. 이 도시에는 100m 이상 되는 초고층 빌딩이 700여 개가 넘는다. 말레이시아에서 가장 높은 빌딩인 페트로나스 쌍둥이 빌딩은 1998년부터 2004년까지 세계에서 가장 높은 빌딩이었다.

첫날 행사는 시티넷 집행위원회가 열렸다. 이 자리에서 필자는 단상에 올라 신규 회원 기관으로서 서울디지털재단에 대해서 PPT로 소개했다. 기관의 홍보는 매우 중요하다. 서울시의 디지털 전환의 콘트롤타워로서 국내외적으로 존재감이 있어야 위상을 찾고 사업영역을 확장할 수 있기 때문이다. 또한 글로벌 활동을 통해서 인사이트를 얻고 이를 활용하는 것도 중요하다.

오후에 한국수자원공사(K-water) 동남아협력본부를 방문했다. 이 본부는 최근 오픈을 했고, 향후 동남아 지역의 스마트시티 및 물 관련 사업을 위해서 설립되었다. 본부에 대한 브리핑을 받고, 협력방안을 논의했다. 만찬은 쿠알라룸푸르 시장 주관으로 KL타워 스카이 라운지에서 진행했다. 핑거푸드 음식을 먹으며 각 나라의 관계자들과 격의 없는 대화를 나누었다.

둘째 날은 개회식과 SDG 어워드가 있는 메인데이다. 시티넷의 의장도시는 서울이다. 개회식에는 오세훈 서울특별시장을 대신해 제2 행정부시장이 참석했다. 이어서 SDG(Sustainable Development Goals) 어워드가 진행되었다. SDG는 2015년 유엔 총회에서 채택된 글로벌 공동 추진 목표이다. SDG는 빈곤종식, 지속가능한 도시와 커뮤니케이션 등 17개 목표가 있다.

브레이크 타임에도 쉬지 않는 열정

본 행사가 진행되기 전에 어워드 공적조서를 제출했다. 시티넷에서 이 공적조서에 대한 평가를 하여 12개 도시 및 기관의 사례가 본상으로 선발되었다. 재단도 이미 본상을 받은 상태이다. 본상을 받은 해당 기관은 현장에서 발표를 하고, 질의응답을 통해 투표와 심사를 통해 3개 기관에게 우수 기관상을 선정하는 절차이다. 재단은 이 우수상을 목표로 참석을 했다.

시티넷 회원도시의 SDGS 이행선언을 한 뒤 단상에 올라 4개 기관씩 3번에 걸쳐 우수사례에 대한 질의응답이 있었다. 필자는 재단에서 개발한 '인공지능 하수관로 결함탐지기술'에 대해서 설명을 했다. 이 기술은

■ 말레이시아 SDG(Sustainable Development Goals) 센터에서 쿠알라룸푸르 시장, 시티넷 도시 관계자와 함께 기념촬영을 하고 있다.

오염수의 누수로 인한 토질의 오염을 예방함으로써 지속 가능성에 기여하고, 도로 및 지표면 침하, 씽크홀 발생으로 인한 위험 등에서 시민안전을 확보할 수 있다.

인공지능 하수관로 결함탐지 알고리즘의 우수성을 인정받아 한국지능정보시스템학회에서 '인텔리전스 대상'과 사우디 글로벌 AI서밋에서도 우수 사례로 발표한 바 있다. 발표가 끝난 뒤 현장 투표가 이어졌다. 행사 참가자들이 3개 기관에 모바일 투표를 하는 절차이다. 투표 시간에 약간 긴장이 되었다. 이왕 어워드에 참가했으니, 우수상까지 받아야겠다는 의지가 있었다.

우리나라에서는 재단 이외에도 2개 기관이 본상에 올랐다. 재단은 이 기관에 비해 작은 기관이지만 현장에서의 빈틈없는 열정을 보였다. 재단의 출장팀은 투표 직전까지 브레이크 타임에도 쉬지 않고, 재단의 우수 사례를 일일이 소개했다. 이 과정에서 각 나라의 관계자와 소통하는 시간으로써도 의미가 있었다. 드디어 발표시간이 다가왔다. 과연 어떤 결과가 나왔을까.

시티넷 관계자가 SDG 어워드 우수상 '서울디지털재단'이라고 첫 번째 호명을 했다. 나는 단상으로 올라가서 트로피를 받았다. 국제무대에서 소속기관이 큰 상을 받는 것은 감동이었다. 이어서 말레이시아 풀아우 피낭시, 쿠알라룸푸르시를 호명했다. 이렇게 3개 기관이 우수상으로 선정된 것이다. 시티넷 행사 개최국인 말레이시아의 2개 도시를 제외하고 재단이 유일했다.

어워드 행사에서 본상과 우수상의 두 개의 트로피를 받았다. 시티넷 회장, 쿠알라룸푸르 시장, 서울시 부시장 등 많은 분들로부터 축하를 받았다. 동행한 직원을 격려를 하고 기념사진도 기쁜 마음으로 찍었다. 오찬을 한 뒤 세션에서 주제발표와 패널토론에 참석했다. '모두를 위한 도시: 도시 성장을 위한 방안' 주제로 참여해서 '메타버스 서울'에 대한 사례를 소개했다.

■ 유엔 산하 기구인 시티넷으로부터 서울디지털재단은 SDG 어워드 시상식에서 본상과 우수상의 두 개 트로피를 수상했다.

셋째 날은 시티넷 총회에서 시티넷 중기전략(2023~2026) 논의와 차기 집행위원회 및 리더 선거에 참여했다. 오후에는 우리나라 세종시와 비슷한 사이버자야를 둘러보고 스마트시티와 혁신허브 기관인 '사이버뷰'를 방문했다. 말레이시아 민관협력, 신기술 기반의 사아버자야 스마트시티 조성 사례를 청취하고, 재단의 디지털전환 추진 상황의 공유와 협력방안을 논의했다.

사이버뷰는 1996년에 설립된 말레이시아 스마트시티 관리 및 개발을 담당하는 공기업이다. 이곳에서는 스타트업에 대한 지원을 하고 있다. 서울디지털재단 소개와 메타버스 서울에 대한 브리핑이 끝나고, 지원시설을 견학했다. 입주한 스타트업의 아이디어 회의, 제품 전시관, 시설물에 부착된 메시지를 보면서 스타트업의 글로벌 진출을 위한 강한 의지를 엿볼 수 있었다.

넷째 날은 오전에 출국을 위한 준비사항으로 신속항원검사를 실시했다. 필자는 해외출장 시에 여유 있는 시간이 발생하면 가급적 공공기관 방문을 택한다. 그 기관에서 인사이트를 얻거나 벤치마킹할 일을 찾으려 하기 때문이다. 쿠알라룸푸르 시청의 도시기획부서와 사이버 관제센터를 방문하여 브리핑을 받았다. 또 출장팀을 안내하는 연락 공무원의 사무실도 다녀왔다.

오후에는 쿠알라룸푸르 시장, 피낭 시장 및 행사 관계자들과 SDG를 위한 기술기반 도시 정비사업을 시행하고 있는 도시재생 지역을 방문했다. 무더운 날씨 속에 웃옷을 벗고, 선글라스를 착용하고 하천과 주변 주택을 정비한 지역을 도보로 둘러보았다. 왕복 40분 정도 소요되었는데 이동 중에 쿠알라룸푸르 시장과 함께 걸으면서 다양한 주제로 담소를 나누었다.

말레이시아 출장은 보람이 있었다. 서울디지털재단의 사업이 국제적으로 인정을 받고 SDG 우수상을 받은 것은 자랑스런 일이다. 서울시는 디지털 전환 부분에서 세계적 수준이다. 어쩌면 우리가 표준이 되고, 모델이 되고 있다. 여기에 만족하지 말고 혁신의 경쟁을 가속화하고, 다른 도시와도 공유하면서 글로벌 리딩도시로서 그 위상을 보다 확고히 할 필요가 있다.

■ 시티넷(City Net) 회원도시 참가자들이 KL 타워 앞에서 기념촬영을 하고 있다.

탄소중립 서밋, '넷제로 서울 데이터 플랫폼'

제12회 한-캐나다 과학기술대회(Canada-Korea Conference on Science and Technology, CKC 2022)가 7월 5일 캐나다 나이아가라시에서 개최되었다. 이 행사는 캐나다-한인 과학기술자협회(AKCSE)의 활동을 평가하고, 한-캐나다 양국이 탄소 중립 미래 실현을 위해 과학기술 분야 등에서의 협력을 논의하는 자리다. 재단은 대회의 초청을 받고 첫 번째 참여를 했다.

첫날 오전에 공식 오픈 세러모니와 이어서 탄소중립 서밋(한-캐나다 탄소중립 달성을 위한 전략 및 협력포럼) 발표가 이어졌다. 캐나다 한인

과학기술자협회 회장, 한국과학기술단체총연합회 회장의 축사, 제니퍼 리틀존스 캐나다 국립연구소 부장의 기조연설 후에 8명이 참가하는 패널토론이 있었다. 필자도 패널 멤버가 되어 '넷제로 서울 데이터 플랫폼'을 소개했다.

오후에는 탄소중립 협력 세션에서 재단의 선임연구원이 '디지털 기술 활용 탄소중립도시 실현을 위한 연구'를 발표했다. 넷제로 데이터 플랫폼은 개인이 제공하는 데이터와 공공데이터를 분석해 최적의 상황을 제공하는 내용이다. 서울시의 경우 다양한 교통관리정보 데이터(TOPIS, MY-T)와 함께 따릉이, 건물 관리를 위한 에너지 소비데이터 등을 수집·분석할 수 있다.

탄소중립(Net Zero) 실현은 기후위기 대응을 위한 정부의 당면 과제다. 2016년 파리기후변화협약, 2019년 유엔 기후정상회의 이후 각국은 탄소중립 선언과 2050 탄소중립 로드맵을 실행 중이다. 이를 위해 글로벌 규제 강화와 친환경 시장 성장에 투자를 확대하고 있다. 상향식 정책 개발, 저탄소 산업 생태계 전환, 디지털 신기술 융합 등으로 기후재난에서 벗어나야 한다.

재단은 CKC 2022 탄소중립 서밋에서 '디지털 기술 활용 탄소중립 도시 실현을 위한 연구'를 발표하여 주목을 받았다. 도시 단위로 진행하는 최초의 '데이터 플랫폼 기반의 온실가스 저감대책' 연구라는 점 때문이다. 서울시는 인구 밀집도가 높고(OECD 1위), 노령화가 진행되지 않는

■ 제12회 한-캐나다 과학기술대회(Canada-Korea Conference on Science and Technology, CKC 2022)가 캐나다 나이아가라시에서 개최되었다.

역동적인 도시(20~50대 집중 분포)로 시민의 정보기술(IT) 활용 성숙도가 높은 편이다.

서울시는 2021년 1월 발표한 '2050 탄소중립 종합계획'을 통해 2026년까지 노후 건물 100만 가구를 저탄소 건물로 바꾸고, 전기차를 40만 대까지 확대하며, 생활 밀착형 공원을 확대 조성하기로 했다. 각 도시 특성을 고려해 유형적인 온실가스 저감대책을 추진하고, 아울러 데이터를 활용한 '맞춤형 넷제로(Net Zero) 데이터 플랫폼'의 연구와 적용이 필요할 것이다.

둘째 날은 캐나다 천연자원부 이노베이션팀에서 '천연 자원 보유국 캐나다의 탄소중립을 향한 길 – 혁신과 협력'이란 주제로 발표가 있었다. 이어서 탄소중립 서밋에서는 '기후변화에 관한 목소리'를 주제로 맥길대, 요크대, 캐나다 국방연구개발, 캘거리대 관계자들이 참여했다. UAM

포럼에서는 캐나다항공발전협회 이사장이 '차세대 항공우주산업'에 대한 발표가 있었다.

셋째 날은 아침 일찍 나이아가라시에서 자동차로 토론토 공항에 도착했다. 퀘벡주 몬트리올시까지는 1시간 15분이 소요되었다. 렌트카를 이용해서 스타트업 지원기관인 센테크를 방문하여 브리핑을 받고 시설을 둘러보았다. 이어서 출장의 주요 목적지인 메드텍 기관을 방문했다. 사무실 리셉션 모니터에 한글로 "서울디지털재단 방문을 환영합니다"라고 적혀 있어 반가웠다.

손님을 맞이하고 감동을 시키는 것은 정성이다. 메드텍 관계자들은 반갑게 우리 일행을 맞이해주었다. 브리핑룸에서 메드텍 재단의 소개를 받고 시설을 돌아다보았다. 직원들이 휴식시간에 미니 탁구를 치고 있었다. 나는 라켓을 잡고 처음으로 미니 탁구를 했다. 기존 탁구대의 절반 크기인데 좁은 공간에서 유용하다는 생각이 들어서 귀국해서 재단에도 설치했다.

다른 회사 또는 기관의 사무실에 가면 슬로건이 있다. 이 메시지를 보면 무엇을 추구하는지를 알 수 있다. 미국의 CES에서도, 스페인 SCEWC에서도 전시장 내에 누구나 공감할 수 있는 메시지가 있다. 재단의 서울 스마트시티센터를 만들 때, 해외 출장에서 얻은 인사이트와 감동적인 메시지를 적당한 곳에 부착했다. 많은 재단의 내방객들이 이 메시지에 감동하곤 한다.

■ AI로 명성 있는 요수아 벤지오 교수가 설립한 딥러닝 전문 연구기관인 MILA를 방문하여 소개 영상을 시청하고 있다.

메드텍에서는 글로벌 협력오피스 및 교차실증과 관련된 MOU를 체결했다. 양개 재단에서 선발된 기업을 몬트리올시와 서울시에 맞교환하는 것이다. 현지 실정을 잘 아는 각 재단에서 선발된 기업에게 사무공간을 제공하고, 기업의 제품이 현지 도시에 검증을 받을 수 있도록 도와주는 프로그램이다. 스타트업에게 가장 최상의 글로벌 진출을 위한 지원 정책의 하나이다.

몬트리올시에는 AI 연구소로 이름난 밀라(MILA: Montreal Institute for Learning Algo rithms) 연구소가 있다. 이 연구소는 인공지능과 심층학습으로 유명한 요수아 벤지오 교수가 설립했다. 밀라 연구소를 방문하여 요수아 교수 방을 찾았는데, 마침 휴가 중이어서 만나지 못했다. 2014년부터 삼성전자 종합기술원은 밀라와 협력하고 있고, 사무실을 두고 있다.

넷째 날은 퀘벡주 시청사를 방문하여 캐터린 부시장과 면담을 했다. 청사 입구에서부터 담당자가 친절히 안내를 해서 부시장 접견장에 갔다.

그녀는 일행을 반갑게 맞이하고 환영 인사를 나누었다. 면담에서 재단 소개 및 스마트시티 프로젝트 수행 현황 공유, 서울-퀘벡 파트너십 확대를 논의했다. 서울스마트시티 리더스 포럼에 연사자로 오세훈 시장의 초청장도 전달했다.

이번 캐나다 출장은 첫째, 한-캐나다 과학기술대회 '탄소중립 서밋'에 참석하여 발표를 했다. 두 번째는 몬트리올시를 방문하여 밀라 연구소, 메드텍과 상호 교차실증을 위한 MOU도 체결했다. 세 번째는 퀘벡시를 방문하여 부시장을 면담하고 스마트시티 관련 프로젝트를 논의하고 서울 행사에 초청을 했다. 장거리 출장에서 빈틈없이 일정을 소화한 것이 보람되었다.

■ 캐나다 퀘벡주 시청사를 방문하여 캐터린 부시장, 시의회 의원과 함께 서울시, 퀘벡시의 스마트시티 정책에 대한 논의를 했다.

AI 혁신 경쟁이 뜨거운 UAE

2022년 10월에 아랍에미레이트 개발·미래부 오후드 알루미 장관이 우리나라를 방문했다. 이때 서울시, 부산시를 방문했고, 중소벤처기업부 장관, 디지털플랫폼정부위원장과 환담을 나누었다. 또 서울디지털재단을 찾아서 서울스마트시티센터의 디지털 트윈랩, 디지털 포용랩 등을 살펴보았다. 오후드 장관은 '메타버스 서울'에 대해 관심이 높아 질문도 많이 한 바 있다.

2023년 2월 13일~15일에 아랍에미레이트(UAE) 두바이에서는 세계 정부정상회의(WGS: World Government Summit)가 열렸다. 이 행사에 개발·미래부 오후드 장관은 부위원장이다. 정부 서비스 포럼과 정부 민첩성 포럼 등 두 번의 세션에 패널로 필자를 초청했다. 올해 10회차를 맞은 WGS는 "미래정부를 설계하다(Shaping Future Government)"는 슬로건을 걸었다.

이번 출장은 UAE 정부 초청으로 가게 되어 항공권/숙박권을 동행하는 직원까지 제공받았다. 두바이 공항에 도착하자, 안내자가 나를 기다리고 있었다. 안내를 받고 귀빈실로 가서 총리실 영접 공무원을 만나 이동과 행사와 관련하여 간단한 브리핑을 받았다. 행사 측에서 제공하는 승용차 편으로 호텔까지 이동했다. 호텔 입구에 도착하자 누군가 "Yo Sik, Kang"을 불렀다.

이분은 출국 전에 나와 줌 화상회의를 했던 사리프 다한이라는 공무원이었다. 서로 반갑게 인사를 하고, 곧바로 패널토론을 할 회의장으로 필자를 안내했다. 라운드 테이블로 되어 있는 회의장은 럭셔리하게 잘 꾸며졌다. 5성급 숙소(주메이라 미나 알사람) 리조트는 행사장으로 이용하는 건물이다. 5층의 숙소를 들어가서 창밖을 보니, 페르시아만 해변이 한눈에 들어왔다.

짐을 풀고, 테라스로 나가서 오른쪽을 보니 세계 최고 7성급 호텔인 버즈 알 아랍 주메이라가 보였다. 이곳은 배의 돛을 형상화한 321m(38층) 초호화 호텔이다. 잠시 쉬다가 호텔 로비로 내려와 행사장을 둘러보았다. 세계 최대 규모의 연례 행사로 호텔 주변의 시설이 모두 이 행사를 위해서 전용으로 활용되고 있었다. 역시 부국(富國)의 면모답게 호화스럽고 화려했다.

첫날 행사는 1,500명이 참석할 수 있는 총회장에서 개회식이 열렸다. 먼저, 튀르키예, 시리아 지진 희생자를 위한 묵념을 했다. 이 행사의 위원장인 무함마드 알 게르가위 내무부 장관의 개회사는 아주 신선하게 다가왔다. 그는 지난 10년간 세계 변화와 미래를 바꿀 5대 전환에 대해 데이터를 제시하며 설명을 하고 "정부의 AI 적용은 선택이 아닌 필수이다"라고 강조했다.

그는 함께 자리한 세계경제포럼 클라우스 슈밥 회장을 소개하고 대화를 나누었다. 슈밥 회장은 "AI가 10년 후 생활에 큰 영향을 미치게 되고,

■ 아랍에미레이트 두바이에서 개최된 세계정부정상회의 2022에서 오후드 개발·미래부 장관과 환담을 하고 있다. 왼쪽 두 번째 필자, 가운데 김종석 규제개혁위원회 민간위원장이 자리하고 있다.

정부는 변화를 주도해야 한다"라고 강조했다. 유명 인사인 슈밥을 아침 식사할 때 옆자리에 있어서 인사를 나누었는데, 미팅 장소로 이동하다가 복도에서 다시 만나기도 했다. 그는 1938년생으로 85세인데도 활동이 대단했다.

개회식 후, 두바이 KOTRA를 찾아서 중동지역 본부장과 면담을 가졌다. 현지의 동향도 알고, 향후 중동지역에 스마트시티 솔루션 스타트업이 진출 시 협조사항이 있는지 확인하기 위함이었다. UAE는 석유화학에서 비석유화학 분야로 게임, AI, 헬스케어, 스마트팜 등에 관심이 많고, 신중동 바람을 주도하고 있다. 올해 기후변화협약 당사국 총회인 COP28도 준비하고 있다.

UAE는 매달 국제적인 대형 행사를 치른다고 한다. 자본이 뒷받침되는 일이지만 미래를 대비하는 글로벌 마인드를 가진 이 나라의 미래는 밝을 수밖에 없을 것이다. "기다리는 자에게 미래는 없다. 창조하라"는 말이 떠올랐다. 다시 행사장으로 복귀해서 개발 · 미래부 오후드 알루미 장관과 양국 대표단 미팅을 가졌다. 그는 우리 일행을 반갑게 맞이하고 환담을 이어갔다.

이어서 UAE 통신, 디지털 규제국 국장과 미팅을 가졌다. 미팅장소는 호텔룸을 개조한 곳이었다. 이들과 미팅하기 바로 직전에는 고진 디지털플랫폼정부위원장이 간담회를 가졌다. 이 나라에서는 각국에서 온 고위급 인사와 매칭하여 상호 소통하는 시간을 가졌다. 모임에서는 재단의 활동사항을 소개했고, 상대 측에서는 우리나라 디지털 전환과 관련된 질문을 많이 했다.

둘째 날, 역시 매우 바쁜 시간을 보냈다. 오전 8시 30분, 개발 · 미래부 장관 주재 정부 서비스 포럼에 참석했다. 이때 옆자리에 바라카 원전의 사장이 있어서 매우 반가웠다. 10시에는 다음 날 있을 정부 민첩성 세션의 모더레이터와 사전 미팅을 했다. 이어서 11시에는 두바이 디지털국 국장과 미팅을 가졌고, 13시에는 시민참여 세션의 모더레이터와 사전 대화를 나누었다.

1시간 단위로 미팅이 연속적으로 이어졌다. 15시에는 드디어 정부 민첩성 세션이 열렸고, 이때 필자는 패널토론자로 참석했다. 함께 자리한 패널들은 UAE 내각전략담당 차관, 라트비아 대통령실 스마트 수석, 아르메니아 경제부 장관이었다. "앗살라 말라이 쿰" 인사를 하며 재단에 대한 간단한 소개, AI 기반의 도시안전 서비스, '메타버스 서울'에 대한 설명을 했다.

이어서 16시 30분에는 UAE 세 번째 토호국인 샤르자 디지털청 청장과 미팅을 했다. 우리나라에 대한 호감도가 매우 높았고, 몇 달 후 한국을 방문하여 만나기로 약속도 했다. 잠시 휴식할 시간도 없이 17시 30분에는 아부다비 공무원 인재개발원 원장 일행과 미팅을 가졌다. 필자를 잘 알고 있다면서 아부다비에 있는 인공지능대학원의 미팅도 주선했다고 전해주었다.

■ 정부 민첩성 세션에서 필자는 'AI 기반의 도시안전 서비스와 메타버스 서울'에 대한 주제발표와 패널 토론을 했다.

세계 최초 AI장관 임명과 AI전문대학원 설립

19시에는 UAE 미래박물관을 방문했다. 2022년에 개관한 이곳은 미래 지향적인 이데올로기, 서비스 및 제품을 전시하는 공간이다. 로비에 들어서면 무함메드 빈 라쉬드 알막툼 부통령이자 총리의 글을 볼 수 있다. "우리는 수백 년을 살 수는 없지만 수백 년 동안 지속될 무언가를 만들 수 있다." "생명의 재생, 문명의 발전, 인류 진보의 비결은 한마디로 혁신이다."

셋째 날, 이른 아침 식사를 하고 8시 정부 서비스 포럼에 참석했다. 휴식 시간에 나를 알아본 기자가 인터뷰 요청을 했다. UAE 연합뉴스와 두바이 TV 방송이다. 전혀 생각지도 않았는데, 양개 언론사와 인터뷰까지 했다. 드디어 두 번째 시민참여 세션에서 패널토론에 참여했다. 이곳은 라운드 미팅으로 총 6명이 참여했는데, 오후드 장관이 직접 참석하여 자리를 빛냈다.

이 세션에는 아제르바이젠 대통령 직속 국가공무원 및 사회혁신처 위원장, 유엔 경제사회부 디지털 정부책임자, 인도 정부역량 조직위원회 국무위원, 아부다비 시민행정실장, 영국 시민 서비스 임원 등 고위급 인사가 참석했다. 필자는 재단 사업, 디지털 약자와의 동행, 메타버스 서울에 대해서 소개했다. 몇 분의 토론자들이 메타버스 서울의 혁신성을 높이 평가했다.

토론이 끝나자마자 제공된 차량편으로 아부다비로 이동했다. 무함메

■ 세계정부정상회의에서 아랍에미레이트의 토호국인 샤르자의 사우드 디지털청장(왼쪽에서 세 번째)과 디지털 현안 관련 환담을 했다. 4개월 후 그는 한국을 방문하여 서울디지털재단을 방문했다.

드 빈 자이드 인공지능 대학원(MBZUAI)를 방문하여 아투르 킹 부총장의 안내로 학교 소개를 상세히 받았다. UAE는 세계 최초로 인공지능 장관을 2017년에 임명했고, 세계 최초로 2019년 인공지능 전문대학원을 세웠다. 이 학교는 전액 장학금을 지급하고 우수한 AI 교수와 연구진으로 운영되고 있다.

MBZUAI에는 5명의 현직 장관이 고문으로 위촉되었다고 한다. 또 AI 허브가 되겠다는 정부의 목표와 일치한다. 이번 행사에서 내무부 장관, 개발·미래부 장관, 교육부 장관의 연설을 직접 들었는데, 한결같이 AI의 중요성을 언급했다. UAE는 진지하게 AI 혁신경쟁을 하고 있다는 느낌을 주었고, 원팀이 되어서 향후 건국 100주년을 대비하는 부지런한 모습을 보여주었다.

WGS(세계정부정상회의)는 22개의 포럼, 300개 이상의 세션에 150개 국의 정부 대표단과 250명 이상의 국제기구 및 정부의 리더들이 참가해 각국 정부의 현안과 정책 방향성을 논의했다. 이집트 대통령을 비롯한 정상급 20여 명을 비롯해서 세계경제포럼 클라우스 슈밥 회장, 테슬라 일론 머스크 회장(줌 화상회의)도 참석했다. 명실공히 정부정상급 최고의 회의 행사이다.

WGS에 기조연설자로 참석한 세계 최대 내비게이션 앱 웨이즈 창업자 유리 레빈(URI LEVINE)은 "UAE 강점은 똑똑한 사람들이 정부에서 일하고 있다"라고 강조했다. 필자도 UAE의 많은 고위직 정부 관계자와 미팅을 통해서 느낀 것은 "AI를 통한 미래 혁신"으로 똘똘 뭉쳤다는 것이다. 20년 전에 두바이를 설계하고 성공했듯이 그들의 미래가 보이는 듯하다.

■ 세계 최초 인공지능대학 전문대학원(MBZUAI)이 2019년 아부다비에 설립되었다. 아투르 킹 부총장(왼쪽에서 세 번째)을 만나 학교 현황을 청취했다.

디지털 리더십은
단순히 기술적 지식만으로는
충분하지 않다.
인간성과 공감력이 필요하다.

애플 CEO, **팀 쿡**

3장

디지털의 기초basic를
강화하라

┌─○ Digitelling ──────────────────────────────

디지털 전환(Digital Transformation)은 기술이 아니라, 태도의 혁신이다. 하루가 다르게 발전하는 디지털 신기술의 등장과 달라지는 사회 변화에 신속히 대응해야 한다. 리더가 해야 할 중요한 일은 미래를 예측하고, 대안을 마련하는 것이다. 당신이 리더라면 '디지털이 중요하다'고 말만 할 것이 아니라, 디지털 전환에 대한 이해와 활용을 통해서 실행의 중심에 서야 한다.

'punchkang', SNS 전문가가 되다

2010년 9월 어느 날 차에서 라디오를 듣고 있었다. 미국의 오바마 대통령이 트위터에 올린 글을 뉴스로 내보내고 있었다. 이 소식을 듣고 나는 뉴스 내용보다는 '트위터'가 궁금했다. 물론 처음 들은 것이 아니다. 이와 같은 식으로 뉴스에서 셀럽이 자주 등장했기 때문이다. 나의 궁금증을 그대로 둘 수 없었다. 가는 길을 돌려서 나는 교보문고로 향했다. 트위터가 뭐지?

서점 판매대에 트위터, 페이스북 등 SNS(Social Network Service) 코너가 따로 있었다. 내가 읽기 편한 책을 무려 5권이나 골랐다. 그중에는 트위터, 페이스북에 대한 가입방법, 활용방법 등이 설명된 책도 있었다. 지금 같으면 굳이 가입방법 등을 책을 통하지 않고 물어물어 할 수도 있지만, 당시에는 이용자가 얼마 되지 않아서 대부분 이용 방법을 잘 알지 못했다.

먼저, 트위터 책을 보면서 가입 절차대로 계정을 만들었다. 계정을 어떻게 만들까 고민하다가 'punchkang'(펀치강)이라고 정했다. 강력한 글 펀치로 트위터를 활용하겠다는 의지가 담겼다. 또 페이스북 책을 보면서 계정을 만들었다. 역시 고민 끝에 'Socialin'(소셜인)으로 정했다. 나는 온라인 SNS 세상에서 '펀치강, 소셜인'으로 활동하는 새로운 계기를 만든 것이다.

트위터에 들어가면 타임라인에 "What's Happening"이라는 첫 문장이 보인다. 트위터의 타임라인은 흐르는 시냇물과 같다. 잡담같은 온갖 정보들이 있지만, 취사선택은 자신의 몫이다. 트위터를 시작하는 사람이 경험하는 일이 있다. 아침에 눈을 뜨고 제일 먼저 확인하는 것이 이메일 아니라 내 트위터의 구독자인 팔로워가 몇 명인지 확인하고, 댓글을 올리는 것이다.

한때 세계 최고의 SNS인 트위터는 인스타그램, 틱톡 등에 밀려나 위기에 있었다. 2022년 4월 14일 테슬라의 CEO 일론 머스크는 한화로 약 60조 원에 트위터를 인수했다. 이후 가짜 계정 논란과 직원의 3분의 2가 해고되는 위기를 겪고, 트위터의 상징인 파랑새를 대신해서 알파벳 X로 바꾸었다. 메타가 새롭게 내놓은 스레드가 트위터와 어떤 경쟁이 될지 궁금하다.

페이스북의 CEO 마크 저커버그는 소셜 대통령이라 불러도 손색이 없었다. 페이스북의 이용자수가 수십억 명에 달하기 때문이다. 페이스북의 기능은 프로필(블로그), 그룹(카페), 페이지(홈페이지) 등 3가지이다. 친구를 맺고, '좋아요'를 눌러서 동의 표시를 하면, 상호작용을 통해서 일파만파가 된다. 페이스북은 비즈니스 창출 및 개인소통 도구로 확장성이 매우 높다.

어느 날 트위터, 페이스북 책을 다 읽고 난 뒤에 궁금한 점이 있어서 저자가 강연하는 곳을 찾아갔다. 강남에 있는 유료 강연장이었다. 약 20여 명이 참석했는데, 연령대는 다양했다. 이 강사는 페이스북에 대한 강연을 하는 중이었는데, 이때 "내가 누구를 아느냐보다 누가 나를 아느냐가 중요하다"는 말에 귀가 쫑긋했다. "누가 나를 아느냐"는 말을 되풀이하고 메모했다.

나의 가족, 친구, 동문, 지인, 고향 선후배 등인데 도대체 몇 명이나 될까. 사람의 대인관계에 따라 다를 것이다. 나는 이후 강의를 듣지 않고, 혼자서 무엇인가를 생각하고 메모지를 끄적였다. 그래 내가 누구를 알아서 어떤 관계를 맺는 것은 한계가 있다. 반대로 누가 나를 알게 하는 방법을 찾아보자는 결론에 도달한 것이다. 그리고 책을 써야겠다는 다짐을 했다.

결국 "누가 나를 아느냐"는 이 한 문장이 필자에게 인생의 터닝 포인트가 되었다고 해도 과언이 아니다. 여기서 결심한 것은 내가 지금 배우고 있는 SNS와 관련된 책을 쓰자는 것이다. 이렇게 마음을 굳히고 나니, 새로운 힘이 돋는 것 같았다. 무엇을 이루어내는 것도 희열을 느끼겠지만, 이렇게 어떤 방향을 잡고 하겠다는 의지가 생기는 것도 같은 기분으로 느껴졌다.

세계 최초로 페이스북 시험과 순천시청 첫 강연

2011년, 단국대학교 교양학부에 '소셜네트워크 이해와 활용'이라는 과목을 개설했다. 당시에 우리나라 페이스북 이용자수가 100만 명이 조금 넘을 때이다. 대학생일지라도 트위터, 페이스북 등 SNS를 잘 이용하지 않았던 시기였다. 그래서 이 과목을 통해서 SNS의 중요성을 강조하고, 리더가 되기 위한 대학생의 자기역량 개발을 강화하는 수단으로 가르치고자 했다.

이 강의에 80명이 넘는 많은 학생들이 지원했다. 페이스북 플랫폼에 대한 설명과 함께 의무적으로 그룹에 가입토록 했다. 가입해야만 강의 전달사항도 하고, 출석도 체크하고 기본 점수를 주기 때문이다. 사실, 지금같으면 굳이 SNS 플랫폼을 강의할 필요도 없다. 그러나 당시에는 학생들조차도 SNS에 익숙하지 않았기 때문에 굳이 강의를 개설했는데, 전국 최초의 일이다.

학생들이 페이스북 그룹에 들어와서 처음엔 낯설었지만 차츰 흥미롭게 이용을 했다. 출석 체크를 하면서 불참한 사유를 올리기도 하고, 어떤 학생은 운동화 구입에 관한 조언을 묻기도 했다. 이 간단한 질문에 많은 학생들이 상품에 대한 장단점과 추천을 하기도 했다. 이런 상호 소통을 통해서 학생들 간에 온라인을 통해서 서로를 이해하고 집단지성의 힘을 발휘했다.

■ 필자의 인생 터닝 포인트가 된 SNS 바이블 『소셜 리더십』은 2011년에 출간됨. 한국간행물윤리위원회는 이 책을 경제 · 경영 분야 '이달의 책'으로 선정했고 베스트셀러가 되었다.

2011년 4월, 『소셜 리더십』이란 책을 출간하고, 교보문고에서 출판기념 강연을 하고 있었다. 마침 쉬는 시간에 순천시청 교육담당자로부터 강연을 요청하는 전화가 왔다. "6월 12일 오후 2시에 순천시청에서 시민을 대상으로 책과 관련된 강의를 부탁한다"는 내용이었다. 이날은 마침 가르치는 대학교의 기말고사가 있는 날이었다. 2가지 일을 어떻게 할까 고민이 생겼다.

책을 출간하고 처음으로 강의 요청을 받는데 거절하기가 난감했다. 사실, 조건도 좋았다. 여수까지 왕복 비행기편 제공과 강의료도 많은 편이었다. 나는 조금 머뭇거리다가 "네, 좋습니다"라고 수락을 했다. 오전 10시에 기말고사를 보고, 오후 2시까지 순천시청에 가는 것은 불가능한 일이었다. 고민 끝에 답이 나왔다. 바로 페이스북으로 기말고사를 치르는 것이었다.

기상천외한 발상이다. 기말고사 전 수업 시간에 "다음 주 기말고사는 학교에 오지 않고, 각자 편한 곳에서 페이스북으로 시험을 본다"라고 하자 학생들은 박수를 쳤다. "당일에 페이스북 그룹에 입장해서 출강 체크하고, 답안지를 댓글로 올리면 된다"고 세부적인 절차를 설명했다. 학교에 오지 않고, 집에서든 카페, 도서관 등 인터넷이 연결되는 곳에서 시험을 치를 수 있다.

평소 학생들이 페이스북을 이용했기 때문에 가능한 일이다. 페이스북의 설립자가 '페이스북 기말고사'를 치른 이 사실을 알면 박수를 칠 일이다. 코로나19같은 팬데믹 상황이 아닌데도 불구하고 이미 비대면 미팅과 온라인 소통을 한 것이다. 이것은 라이프로깅이라는 메타버스 영역 중의 하나이다. 이것은 페이스북 기능을 제대로 활용한 모범적인 사례로 꼽을 수 있다.

드디어 6월 12일에 필자는 여수행 첫 비행기로 공항에 도착했다. 공항에는 시청 직원이 나를 친절하게 영접하여 고급 승용차로 안내했다. 곧장 순천 시내에 시청과 가까운 위치에 있는 한옥 도서관으로 갔다. 이미 약속한 대로 인터넷이 연결된 노트북이 책상에 놓여 있었다. 그 시각은 9시 30분쯤 되었다. 한숨을 돌리면서 편하게 커피 한잔 마시고, 페이스북에 접속했다.

10시가 임박하자 학생들이 출강 체크를 했다. 80명이 "참석"이라고 댓글을 달았다. 이어서 시험문제를 게재했다. 10분쯤 지나자 학생들이 답안지를 올리기 시작했다. 하나둘씩 답안지가 올라오고 30분쯤 되자 출강 학생 전원이 답을 올렸다. 이어서 두 번째 시험문제를 게시하니 같은 방식으로 답안지가 올라왔다. 다른 학생들의 답안지를 보고 베낄 컨닝 시간이 없다.

시험이 끝난다는 메시지를 올리고 기말고사를 종료했다. 교수나 학생이 처음으로 치러보는 페이스북 시험이었다. 여러 가지 장점이 있다. 필자와 같이 시공간을 초월하여 동시간에 80명과 동시 과제를 치렀다. 교수는 답안지를 별도 관리할 필요가 없다. 페이스북에 올린 답안지를 보고 채점을 하기 때문이다. 학생들도 다른 학생의 답안지를 보고 서로의 생각을 볼 수 있다.

일거양득이다. 비록 학생들과 원격으로 소통했지만 소기의 목적을 달성했다. 순천에서 강의도 하고, 온라인으로 시험도 치르고 꿩 먹고 알 먹고가 아닌가. 만약 페이스북이 아니었다면 2가지 임무 수행은 불가능했다. 페이스북이라는 플랫폼의 특성을 정확히 이해하고 적극 활용한 선례이다. 요즘 ESG 경영을 강조하는데, 어쩌면 많은 에너지 발생요인을 줄인 묘수가 아닌가.

'AI융합학과 3학년 강요식'

2008년에 국방부장관 정책보좌관으로 재직 시에 경남대학교 정치학 박사과정을 다녔다. 정기 수업을 매주 토요일에 수강하기 때문에 가능했다. 수도권 부대에서 대대장으로 근무할 때 알게된 육사 선배가 경남대학과 과정에 대한 정보를 주었다. 만약, 이런 정보를 알지 못했다면 나는 아직도 박사가 아닐지 모른다. 살아가면서 지인 간에 나누는 정보가 얼마나 중요한가.

　물론 좋은 정보가 있어도 이를 받아들이는 것은 자기 몫이다. 한 주 동안 바쁜 업무시간을 보내고, 토요일날 쉬지도 못하고 수업을 받고 과제를 내는 것은 쉽지 않은 일이다. 당시는 힘은 들었지만 시간이 지나고 남는 것은 학위라고 생각한다. 영원히 나의 이력에 따라 다닐 '박사' 학위를 취득한 것이 나름 보람스런 일이다. 대학원 위치도 감사원 근처라서 아주 편리했다.

　박사 학위과정 4학기를 마치고, 논문을 통과하는 일이 쉽지 않다. 처음에 논문 제목을 정하고, 틀을 구성하는 데 어려움이 따랐다. 당시 외국에 약 한 달 동안 체류하는 일이 있었다. 출국할 때 이민 가방에 논문 관련 책을 가득 채워갔다. 현지에서 턱수염도 깎지 않고, 3끼 밥만 먹고, 논문의 틀을 짜는 데 몰입했다. 그 성과로 논문의 제목과 차례 구성의 감을 완전히 잡았다.

　귀국 후 1년 동안 국회 도서관을 다녔다. 문을 열자마자 자리를 잡고 하루 종일 논문 쓰는 일에 집중했다. 도서관 모퉁이 한쪽 구석에 자리를 잡고 하루 8시간을 공부했다. 논문 심사 과정에서 심사교수가 순서를 뒤바꾸도록 하여 애를 먹었다. 최종 심사에서 한 심사위원은 "논문의 전체적인 구성이 디테일하게 짜임새가 있다"며 칭찬했다. 지금도 그 기억이 생생하다.

　박사과정 동기 중에는 그 당시 나이가 70세인 회사의 CEO가 있었다. 이분은 프랑스의 소방헬기 비즈니스 사업을 한다. 어느 날 프랑스에서 귀국해서 공항에 도착하자마자 학교로 달려왔다. 동기들은 대부분 직장인으로 평균 40~50대이다. 사실, 일하면서 배운다는 것이 힘이 들지만, 이 어르신을 보고 감히 힘들다는 표현을 할 수 없었다. 그분은 개근상을 받았다.

작년 말, 박사과정 송년회에서 어르신을 오랜만에 만났다. 오랜 세월이 지났지만 그 열정이 고스란히 남아 있었다. 세월은 속일 수 없고, 그분 나이가 83세나 되었다. 과연 내가 그 나이에 이런 열정으로 송년회에 참석해서 자기 이야기를 할 수 있을까. 참석자 모두는 그분을 존경했다. 행사가 끝난 뒤에도 '오늘 만나서 반갑다'는 문자 메시지를 잊지 않고 보내왔다.

그분은 교회 장로로 독실한 신자이다. 건강 비법으로 마라톤을 한다고 한다. 70세 중반 때는 미국 하와이에서 열리는 마라톤 대회에 매년 참석했다고 한다. 42.195km를 기록에 관계없이 완주한다는 것은 대단한 일이다. 필자는 하프 마라톤은 완주했지만, 풀코스는 신청만 하고 실제 참가를 하지 못했다. 사람의 한계는 어디일까. 나이가 아닌 도전의 여부에 달렸다.

서울디지털재단 이사장이 되어 전문성을 보강하고 싶었다. 재단의 업무가 인공지능, 빅데이터, 메타버스 등 디지털 기술과 정책에 관한 일이다. 기관장으로 업무를 수행하는 데는 애로사항은 없다. 관리자는 기관의 비전과 목표를 설정하고 구성원이 자발적으로 잘 수용할 수 있는 리더십을 발휘하는 것이 중요하다. 구성원과 원활한 소통과 협업을 통한 시너지 창출도 필요하다.

학사는 프랑스어과, 석사는 경영학 석사, 박사는 정치학 박사의 학위를 받았다. 언어, 경영, 정치 분야 등 다양한 공부를 해왔다. 군 전역 후, 세진컴퓨터랜드, 대우정보시스템에 근무하면서 당시로서는 시대를 앞선 일을 했다. 이것이 밑알이 되어 정당활동 시에는 '디지털정당위원회 위원장'과 'SNS 대변인'직도 맡았다. 이 과정에서 얼리 어답터(Early Adopter)가 되었다.

"이 나이에 공부해서 무엇을 하랴"는 자조적인 자문도 해보았다. 지금 하는 일도 바쁜데 여기에 학위를 취득하는 것은 보통 일이 아니다. 그런데 어느 날 결심을 했다. 알고 지내는 교수가 사이버대 AI융합학과를 제안했다. 온라인 수강만 하면 되니까, 시간적인 제한보다는 나의 열정이 필요한 것이라고 생각했다. 분명히 감당하기 힘들 거라고 생각했지만 지원서를 써냈다.

그간 학위 등을 인정받아 3학년으로 편입했다. 'AI융합학과 3학년 강요식' 그리고 학번도 부여 받았다. 공부한다는 것은 설레기도 하고 신선한 공기가 내 몸을 파고드는 것 같았다. 박사과정 동기인 어르신이 생각났다. 70세에 공부했던 그분보다는 더 젊은 60대에 공부를 시작한 것이 다행일까. 박사과정이 아닌 학부과정이다. 내 업무와 같은 전문 영역이다.

한 학기에 6개 과목을 수강한다. 첫 번째 학기의 과목은 메타버스 개
론, 정보통신 개론, AI 개론, 인간 중심 빅데이터, 스포츠 AI 활용, 지구
경영으로의 초대 등이다. 2년 내 조기 학위를 받기 위해 계절학기도 신청
했다. 빅데이터 분석, 디지털미디어 리터러시 등 2개 과목이다. 온라인
교육 플랫폼은 수강자 중심으로 편리하게 편성되어서 학과 이수하는 데
불편하지 않았다.

과목별 평가는 출강, 과제, 퀴즈, 중간고사, 기말고사로 나뉜다. 계절
학기 중에 미국 CES 출장을 갔을 때 현지에서도 수강하려고 했는데 인
터넷이 자주 끊겨서 아예 수업을 듣지 못했다. 통상 과목별 일주일은 다
시 볼 수 있는 기간이 있다. 귀국해서 토요일, 일요일을 이용해서 몰아서
보느라고 곤욕을 치렀다. 또 출퇴근 시간도 이용하기도 한다. 궁즉통(窮
則通)이다.

나의 전문성을 보완하기 위해 시작한 'AI융합학과 3학년 편입'이 앞으
로 나에게 어떻게 작용할까. 평소에 궁금하던 사항을 학업이라는 과정을
통해서 반복하고 듣다 보니 통(通)한다는 느낌이 온다. 시작이 반이라고,
시간은 가고 그 끝에는 졸업이 기다리고 있다. 그 후 나의 이력에도 'AI융
합학과 전공'이라고 자랑스럽게 쓸 것이다. 그런데 남은 시간이 그리 짧
지는 않다.

모가디슈에서 평화유지활동(PKO)

"육사를 졸업하고, 정치를 한 분인데 어떻게 서울디지털재단의 이사장을 맡고 있습니까"라고 필자를 처음 본 분들이 질문한다. 디지털은 전문분야이기 때문에 당연히 그럴 수 있다. 그런데 우연하게도 일찍이 나의 삶에서 컴퓨터 업종에서 일을 했고, 시스템 통합(SI: System Integration)과 관련된 일을 경험한 바 있다. 이것이 오늘날 나를 만든 계기(契機)이다.

"한 송이 국화꽃을 피우기 위해서 봄부터 소쩍새는 그렇게 울었나 보다"라는 서정주 시인의 「국화 옆에서」 시(詩)가 생각난다. 수십 년 전의 일인데, 이 일로 말미암아 이것이 밑천이 되었다는 생각에 이 시를 생각해 보았다. 사람의 일이란 알 수 없는 일이다. 어쩌면 나의 경험이 하나의 복선(伏線)이 된 셈이어서 흥미롭다. 그리고 그 경험을 되살린다는 것도 중요하다.

청운의 꿈을 꾸고, 육사에 입교했다. 엄동설한에 혹독한 '애니멀 트레이닝'을 마치고 육사 제복을 입고 4년 동안의 극도의 절제된 생도생활을 시작했다. 생도 시절에는 편집부 기자생도로 「육사신보」 학보에 사진과 에세이를 올리는 업무도 담당했다. 이것이 오늘날 시인과 수필가로 등단하는 계기가 되었다. 소위로 임관 후 전, 후방 각지에서 참모와 지휘관을 거쳤다.

2021년 〈모가디슈〉 영화가 300만 관객을 돌파하며 인기가 높았다. 내전으로 고립된 '신마저 버린 땅 소말리아'에서 벌어지는 현지 우리나라와 북한 대사관 직원들이 소말리아 수도인 모가디슈를 탈출하는 스토리이다. 「신마저 버린 땅 소말리아」는 필자가 쓴 파병체험기의 책 제목이기도 하다. 필자는 1993년 현역 대위 시절에 소말리아에 평화유지군으로 파병 활동을 했다.

■ 1993년 아프리카 소말리아에 평화유지군(PKO)으로 파병되어, 전쟁 없는 평화의 소중함을 깨달았다. 일생의 가장 위험했지만 나라를 위해 가장 보람 있는 삶의 부분이었다. 오른쪽 사진은 한글학교에 모인 천진난만한 소말리아 어린이이다.

상록수 부대원으로 보급장교 업무를 수행했다. 모가디슈에 있는 유엔사령부(UNOSUM)에서 보급물자(물, 유류, 전투식량, 일반물자 등)를 수령하고, 장병 급식을 위해 낙타, 소, 자몽, 수박 등을 현지 구매하는 일도 했다. 또 한 달에 2번 케냐 수도 나이로비에 가서 외교부 '행낭(行囊)'을 수발하고, 현지에서 생필품을 구매하기도 했다. 이 여정에서 위험한 상황이 참 많았다.

한번은 모가디슈 공항의 말레이시아군 숙소에 잠을 자는데, '눈먼 박격포탄'이 주둔지 근처에서 폭발했다. 갑자기 비상 사이렌이 울리고, 반사적으로 방공호에 몸을 숨겼다. 다행히 인명 피해는 없었지만 아찔한 순간이었다. 생과 사를 넘나들었다. 이날 상황이 종료된 뒤에도 잠을 이룰 수가 없었다. 이런 두려움과 공포의 상황에서 인간은 한없이 나약한 존재가 된다.

소말리아에서 평화유지군활동(PKO)은 평생 가장 소중한 자산이다. 이역만리 머나먼 열사의 나라에서 '소말리아에 평화, 조국에 충성, 부대에 명예'라는 부대훈을 실천했다. 또한 '전쟁없는 평화가 얼마나 소중한가'를 깨달았다. 내전으로 시달리는 것은 바로 힘없는 국민이다. 부족 간 권력 투쟁으로 동족상잔의 피를 흘리는데 세계 각국의 도움이 무슨 소용이 있겠는가.

소말리아에서 귀국 후, 수도방위사령부, 예하 사단에서 근무한 뒤 12년 만에 군복무를 마치고 소령으로 자진전역을 했다. 당시 주변의 많은 분들이 전역을 만류했지만, 나의 결심은 변하지 않았다. 군 장교로서 나라를 위한 '12년의 청춘'은 보람되었다. 병영명문가로 군복무는 하늘을 우러러 부끄럼 없이 자랑스럽게 마쳤다. 새로운 길에서 도전하고 싶은 열망을 멈출 수 없었다.

새벽 4시 면접과 세진컴퓨터랜드 강남 지점장

세진컴퓨터랜드를 아십니까. 진돗개 광고, 세종대왕 브랜드, 빨간 점퍼 등은 빼놓을 수 없는 세진의 상징이다. 혜성처럼 나타난 세진컴퓨터랜드는 1990년대 후반부터 약 10년 동안 컴퓨터 시장을 석권했다. 주요 일간지에 전면광고는 물론이고, TV 광고를 대대적으로 했다. 전역을 한후, 어느 날 한 광고가 내 시선을 끌었다. 그리고 운명적으로 세진컴퓨터랜드를 향했다.

당시 H 사장이 핫팬츠에 권투 글러브를 끼고 스파링하는 광고가 시선을 머무르게 했다. 전면광고를 샅샅이 읽어보니 흥미로웠다. 세진을 5년 만에 재벌 10대 그룹을 만들고, 10년 만에 5대 그룹을 만든다는 야심찬 카피도 있었다. 또 "나의 스파링 파트너를 구한다"라는 구인광고도 눈에 띄었다. 바로 전국에 컴퓨터 매장 지점장을 100명을 모집한다는 내용이었다.

내 인생 사전에 전혀 없었던 세진컴퓨터랜드 지점장에 응모했다. 사실, 컴퓨터가 뭔지도 잘 모르던 시절이었다. 내가 컴퓨터를 첫 구매한 것은 1992년 대위 시절이다. 286, 386 컴퓨터가 사양에 따라 200~300만 원 대였다. 저장장치로 5.25인치 플로피 디스크를 사용하던 때였다. 이후 진화된 3.5인치 플로피 디스켓이 나왔다. 먼 30년 전의 이야기가 새록하다.

지점장에 응모하고, 며칠 지나서 축하 전보가 도착했다. 지점장 서류 응모에 합격했다는 축하 메시지와 함께, 면접 일자와 시간을 알려주었다. '4시, 본사 사무실 15층'이란 글귀였다. 나는 시간이 애매해서 전화를 걸어 물어보았다. "4시라고 적혀 있는데, 오전입니까 오후입니까?"라고 했더니 "적힌 대로 새벽 4시입니다"라고 답한다. 새벽 4시 면접, 잘 연상이 되지 않는다.

양복을 잘 차려입고, 강남 본사 빌딩에 입구에 도착했다. 이게 웬일인가. 꼭두새벽에 청년 신사들이 인산인해를 이루었다. 그런데 정각 4시가 한참 지나도 아무런 인기척이 없이 지원자들만 북적이었다. 약 40분이 지나서야 빨강 점퍼를 입은 직원이 셔터 문을 올렸다. 몇 사람들은 뒤에서 수군거리고 투덜대기도 한다. 지원자라는 을의 입장에서 어쩔 수 없는 상황이었다.

강의실에서 기다리는데 책을 한 권씩 읽으라고 준다. 잠자코 책을 읽으라는 뜻이다. 그리고 7시가 넘어서 아침식사로 빵과 우유를 나누어 준다. 이러는 동안에 한 명 한 명씩 이탈자가 생겼다. "뭐, 이런 데가 있어"하면서 면접이고 뭐고 자리를 이탈했다. 또 점심으로 도시락을 준다. 나는 무려 12시간이 지나서 정말, 오후 4시에 면접을 보았다. 인내심을 테스트하는 것일까.

이것이 바로 세진컴퓨터랜드의 인재선발 방식이라고 한다. 이런 작은 기다림도 참지 못하는 사람은 어차피 회사에서도 견디지 못할 것이니,

이런 과정을 통해서 배제한다는 것이다. 면접 방식은 편하게 앉은 자세가 아니라, 부동자세로 서서 질의응답하는 것으로 진행했다. 완전히 군대식이다. 만약, 지금 이런 식으로 신입사원을 선발한다면 SNS에 난리가 날 것이다.

지점장이 되는 것은 실무교육을 마쳐야만 가능했다. 무려 한 달 동안 노원구에서 교육을 받았다. 이것 또한 스파르타식이다. 꼭두새벽부터 교육장에 도착하고, 교육을 받은 내용에 대해서 요약하고 소감문을 작성해야 했다. 이러한 교육 태도와 성적에 따라 지점장을 발령하는 시스템이다. 이 험난한 과정을 거쳐서 13:1 경쟁을 뚫고, 지점장 후보자로 임명을 받았다.

"세진컴퓨터랜드 강남지점장 강요식"으로 100명 중 제일 먼저 발령을 받았다. 강남지점은 전철 신사역 근처에 위치해 있고, 직원은 50명이고 다마스 영업용 차량은 25대를 보유했다. 건물은 5층이고, 당시 한 달 매출이 10억 원이나 되었다. 연간 100억 원 이상 매출 규모를 가진 중소기업이나 다름없었다. 전국 100여 개가 넘는 지점 중, 잠실지점 다음으로 큰 지점이었다.

강남지점장으로 지내는 동안 많은 것을 배웠다. 이것이 사회생활이라는 것을 알았다. 새벽 5시에 출근해서, 밤 11시쯤 퇴근을 했다. 화장실 청소도 손수 했다. 직원들은 고객을 위해서 절대로 엘리베이터를 타지 않는다. 고객을 보면 환한 미소를 지으며 상냥하게 인사하는 것은 철칙이다. 고객우선, 평생 애프터 서비스란 말이 이때 시작되었다. 참 좋은 세진 정신이었다.

■ 세진컴퓨터랜드는 인재발탁, 평생고객, 근면정신, 책임감, 프로의식 등 좋은 기업 정신이 있었지만 지속 가능하지 못한 아쉬움이 있다.

세진의 진돗개 광고는 유명하다. 팔려간 진돗개가 주인을 찾아 700리 길을 찾아가는 스토리를 배경으로 한다. "평생 한 사람을 가슴에 품고 있는 것은 얼마나 아름다운가, 평생 애프터 서비스 세진이 함께합니다"라는 카피가 감동적이다. '한번 주인이면 평생 주인'이라며 고객을 위한 헌신적인 서비스 정신을 표현한다. 이것은 회사가 존속할 때 가능한 이야기이다.

세진컴퓨터랜드는 1992년에 설립된, 컴퓨터 및 주변장치, 소프트웨어 도매업을 하는 회사였다. 잘 나가던 이 회사에 조금씩 문제가 생겼다. 바로 오너 리스크였다. 방만한 투자, 독선적인 조직관리 등으로 균열이 생겨났다. 지점장 회의 때 늦거나, 조는 지점장은 얼차려를 받기도 한다. 심지어 선착순으로 '뺑뺑이'를 돌게 했다. 이것은 정상적인 조직이라고 할 수 없다.

세진은 광고처럼 평생 애프터 서비스를 하지 못하고, 반 평생도 채우지 못하고 막을 내렸다. 나는 지점장으로 있는 동안 '세진공화국 붕괴' 초읽기라고 생각했다. 무일푼으로 매장도 없이 신화를 창조한 세진컴퓨터랜드가 힘없이 붕괴한다니 안타까웠다. 결국, 잘 나가던 세진컴퓨터랜드도 문어발식 투자방식과 부적절한 경영으로 17년 만에 우여곡절 끝에 문을 닫았다.

'세진 5대 그룹'을 꿈꾸며 함께 도전에 나섰던 나도 꿈을 접어야 했다. 그렇지만 많은 것을 배웠다. 세상에 나가 무슨 일을 해도 할 수 있다는 자신감을 배웠다. 또 내가 솔선수범해야 한다는 것도 깨달았다. 길거리에서 손님을 설득하여 즉석에서 컴퓨터도 팔아 보았다. 고무장갑을 끼고 대변기 청소도 해보았다. 회사는 망해도, 배울 것은 배워야 한다. 그래야 성장한다.

무엇보다도 컴맹인 내가 컴퓨터 도사는 아니어도 준도사는 되었다. 컴퓨터 전공은 하지 않았지만, 또래에 비해서 컴퓨터의 하드웨어, 소프트웨어를 조금 알고 유통구조까지 꿰뚫었으니 얼마나 소중한 경험인가. 인재발탁, 고객우선주의, 근면정신, 책임감, 프로정신 등 세진컴퓨터가 나에게 남겨준 긍정의 '세진정신'을 오래 기억하고 싶다. 한 번 주인이면 평생 주인이다.

디지털 전문가의 기초가 된 대우정보시스템

우리나라에 컴퓨터가 보급되고, 전산화 작업하는 그 과정에서 어떤 일정한 역할을 했다는 자부심을 갖게 된다. 당시에는 직장으로서 다닌 것이지만 30년을 되돌리면 아날로그에서 디지털로 변환되는 과정의 중심에 있었다. 세진컴퓨터랜드 강남지점장으로 현장에서 매장관리와 컴퓨터 유통을 취급했고, 또 하나는 시스템 통합(SI) 업체인 대우정보시스템에서 근무한 일이다.

대우정보시스템은 대우그룹의 계열사이다. 이 회사는 대우 계열사의 전산업무를 총괄하고, 시스템을 통합하는 일을 주로 담당했다. 당시에 서울역 앞에 대우빌딩 19층에 사무실이 위치해 있었다. 2000년 전후 삼성 SDS, LG CNS, 대우정보시스템 등은 각기 그룹사의 전산업무를 통합하고, 공공기관 및 기업을 대상으로한 SI사업에 치열한 수주 경쟁을 벌였던 적이 있다.

이 과정에서 군의 C4I사업(전술지휘자동화체계)을 수주하기 위해서 군 장교 출신을 스카웃했다. 나는 소령 출신으로 우연하게 군 선배를 통해서 대우정보시스템에 입사하여 공공사업부에서 근무를 하게 되었다. 대기업 그리고 SI 기업이라서 근무환경이 달랐다. 대우그룹 본사 빌딩이 있고, 컴퓨터 사양과 그룹웨어도 초기 단계이지만 일반 직장보다 훨씬 좋은 여건이었다.

입사한 지 얼마 안 되어 사업공고가 눈길을 끌었다. '정읍역사문화DB 구축 사업'이었다. 곧바로 "이 사업의 수주를 위해서 한번 노력해보겠다"라고 부장에게 보고를 했다. 부장은 "이 사업은 이미 지역업체에서 준비를 해서 할 필요가 없다"고 단정적으로 말했다. 하지만 포기하지 않고 다시 설득하고, 이사까지 보고를 했다. 결국 한번 해볼 테면 해보라는 식으로 매듭 되었다.

장담은 했지만 걱정이 태산이었다. 특별한 영업 경험도 없는 데다, 이 방면의 전문가도 아닌데 어떻게 공무원을 설득해야 하나 고민이 되었다. 믿을 데라곤 고향 정읍뿐이었다. 우선, 기차표를 끊고 정읍시로 출장을 갔다. 처음 담당 공무원을 만나서 나에 대한 소개와 이 사업에 대한 관심을 표명했다. 그런데 내 말에 집중도 하지 않고, 먼 산 보듯 하며 시큰둥한 반응이었다.

사업공고가 나오고 이제 본격적으로 일이 시작되었다. 제안서 작성팀이 꾸려져서 수십 번의 미팅을 거쳤다. 서울에서 정읍까지 이웃 동네 가듯이 출장을 다녔다. 지금까지 서론이라면 이제 본 게임이 시작된 것이다. DB 구축의 기술적인 것은 잘 모르지만, 사업수주를 위한 절차와 준비 대응은 빠짐없이 챙겨나갔다. 일은 사람이 하는 것이고, 그 관계성이 매우 중요하다.

이 사업과 관계하는 모든 사람들과 우호적으로 대했다. 정보동향을 파악해보니, 강력한 상대 회사도 있었다. 이 기업에서는 사전에 스펙도 넣고, 오랜 친분으로 그쪽으로 기울었다는 불길한 소문도 들렸다. 하지만 아랑곳하지 않았다. 조금도 움츠리지 않고, 내가 계획한 영업활동을 지속했다. 바쁜 회사 임원을 설득해서 정읍 출장을 가서, 회사의 장점과 의지를 표시했다.

드디어 사업에 대한 프레젠테이션 시간이 다가왔다. 회사에서 가장 발표를 잘하는 부장을 섭외했다. 순간순간이 모두 중요했다. 아무리 준비를 잘해도 프레젠테이션이 잘못되면 농사를 망치기 때문에 신경을 썼다. 발표하는 날도 일찍 현장에 가서 발표장 분위기도 보고, 실무자에게 도움이 될 만한 일도 물어보았다. 역시, 회사의 프레젠테이션은 예상대로 잘되었다.

결국, 우여곡절 끝에 '정읍역사문화DB구축' 사업을 수주하게 되었다. 회사에서도 깜짝 놀랐다. 설마, "강 과장이 수주할 수 있겠어"라는 분위기였는데, 완전히 반전되었다. "강 과장이 해냈네"라며 여기저기서 칭찬을 해주었다. 마케팅에는 왕도(王道)가 없구나. 영업 대상이 있고, 상대가 있다. 이 두 지점을 잘 파악하여 최선을 다하면 목표를 달성한다는 교훈을 얻었다.

회사의 공공사업부에서 이 사업을 수주할 것이라고 생각하지 않았다. "괜히 강 과장이 고생하고, 한번 경험이나 해봐라"라는 식이었다고 해도 과언이 아니었다. 통상 여기서 포기하기 일쑤다. 그러나 자기의 신념은 자신만이 알 수 있다. "할 수 있다는 확신이 세워지면 밀고 나가라"라는 말을 하고 싶다. 만약, 주변의 이야기를 듣고 포기했다면 이런 교훈은 없었을 것이다.

나의 첫 영업의 성공 사례는 괄목할 만했다. 주변의 만류에도 불구하고, 소신껏 밀고 나간 덕분에 수주를 한 것이기에 더욱 값지다고 할 수 있다. 뜻이 있는 곳에 길이 있다는 것은 분명한 사실이다. 목표와 방향이 설정되지 않으면 열정이란 무기가 나오지 않기 때문이다. 꼭 이루어내고 말겠다는 강한 의지가 있을 때 열정이 나오고, 그 열정은 결실을 맺는 원동력이다.

내 사전에 없었던 세진컴퓨터랜드와 대우정보시스템 근무는 오늘날 디지털 전문가로 나가는 데 기초가 되었다. 디지털 분야는 내 또래에게는 생소했다. 컴퓨터 자판을 자유롭게 두드리고, 노트북을 사용하는 것만으로도 앞서가는 위치였다. 노트에다 글을 쓰고, 기획을 하던 시절에 나는 컴퓨터로 문서를 작성했다. 컴맹 앞에서 주름을 좀 잡았다. 그 즈음에 SNS가 등장했다.

전통적인 리더십의 핵심은
통제와 지시이지만,
디지털 리더십은
협력과 개방성에 기반해야 한다.

마이크로 소프트 CEO, **사티아 나델라**

4장

디지털 전환을
디테일Detail로 승부하라

○ Digitelling

『디테일의 힘』의 저자 왕중추는 "100-1은 99가 아니라 0이다"라고 했다. 학교 시험에서 1개를 틀리면 99점을 받을 수 있으나, 조직과 비즈니스 현장에서는 한 가지만 잘못되어도 전략과 사업이 0점이 될 수 있다. 공들여 쌓은 탑도 벽돌 하나로 인해서 무너진다. 인생과 경영에서 디테일(Detail)은 성패를 좌우한다. 초거대 AI 시대에도 통하는 디테일로 디지털을 혁신한다.

취임식을 프레젠테이션으로

2021년 9월 13일, 서울디지털재단 이사장으로 부임을 했다. 오세훈 시장은 임명장 수여 후 차담회에서 "시정에 도움이 되고 시민편익에 기여하는 업무영역을 발굴하고, 빅테이터 활용 활성화(행정/취업/실생활 등) 및 디지털의 중추적 기관이 되어야 한다"고 강조했다. 재단의 업무 수행을 위한 가장 중요한 내용이다. 이를 토대로 세부적인 이사장 복무중점을 수립했다.

재단에 부임하기 전에 기관장이 무려 17개월이나 공석이었다. 기관장이 없을 경우 소관부서 국장이 대리업무를 한다. 실제 본청의 국장업무도 바쁜데, 재단에 관심을 제대로 쓸 수도 없다. 또한 주요 의사결정(채용, 승진, 사업집행 등)을 할 수 없기 때문에 그만큼 재단의 업무는 순연적으로 적체가 되었다. 산더미처럼 쌓인 묵혀 있던 일들을 끄집어 내서 털어냈다.

당일, 취임식에서 통상 재단에서 써준 취임사를 낭독하지 않았다. 취임 전에 재단 업무를 분석하고, 어떻게 기관을 이끌겠다는 의지를 담은 '재단혁신과 미래세계' 프레젠테이션을 실시했다. 물론 PPT 자료와 시나리오도 직접 작성했다. 재단 정상화를 위한 의지와 동참을 요청했다. 당시는 코로나19 상황으로 재택 근무를 하는 직원도 있어서 하이브리드형으로 진행했다.

대중 앞에 강의를 자주한 경험이 있기 때문에 프레젠테이션 취임식은 어색하지 않았다. 또 줌 화상회의도 익숙하기 때문에 MZ 세대들과 첫 만남이지만 자연스러웠다. 취임식은 재단에 근무하는 동안 단 한 번의 기회다. 직원들에게 첫인상이기 때문에 철저히 준비된 모습으로 각인시켜야 한다. 재단에 대한 경영, 사업 등에 정확한 진단과 처방이 스스로 서야 소신이 생긴다.

2014년에 에너지 공기업인 한국동서발전(주)의 상임감사위원으로 취임할 때도 마찬가지로 직접 작성 자료를 프레젠테이션으로 진행했다. 주요 처장급 이상 간부는 얼굴 사진과 이름을 사전에 암기했다. 그리고 첫 악수 인사 때 "홍길동 처장님, 반갑습니다"라고 했다. 당연히 참석자 대부분은 이런 나의 적극적인 열정에 감동했다. 남이 써준 원고 대독은 거의 하지 않는다.

이사장 복무중점으로 '디지털 시정구현, 혁신적 사업추진, 선도적 메타버스, 고도의 윤리경영'이라고 정했다. 글자 수를 일곱자로 통일했다. 형식적인 구호가 아니라, 재단을 이끌어가는 중점사항을 나름 정리했다. 이렇게 먼저 방향과 포지셔닝을 하고 일하는 것이 중요하다. 어떤 자리에 있든지, 목표를 세우고 이를 도달하기 위한 방향을 정하고 성과를 내야 하기 때문이다.

취임식에서 '연보상질'이란 말을 강조했다. "연락하고, 보고하고, 상의하고, 질문하라"는 말의 줄임말이다. 연락은 비공식적이어서 수시로 자

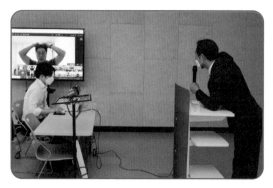

■ 취임식 시기는 코로나19 팬데믹 현상으로 재택 근무자가 다수 있었다. 온오프라인 취임식에서 직접 PPT로 '재단혁신과 미래세계'를 주제로 기관장으로서 포부를 펼쳤다.]

주하는 것이 좋고, 보고는 공식적으로 문서로 정확하게 보고하는 것이고, 상의는 혼자 일방적으로 결정하지 말고 상사와 대화하고, 질문은 상사의 의도를 묻거나 모르는 것을 물어서 정확히 임무를 수행하라는 뜻을 모두 포함한다.

연보상질은 처세술이고, 리더십으로 '열감소현'을 강조했다. 열감소현이란 열정, 감성, 소통, 현장의 줄임말이다. 매사에 열정이 있어야 하고, 각박한 삶에서도 감성으로 자신을 다스리고, 소통의 방식을 다양하게 하고, 현장에 답이 있다는 리더십을 발휘해야 한다는 점이다. 공직자의 생활자세로 '똑올법제'를 설명했다. 기관장의 생각을 직원과 공유하는 중요한 시간이었다.

'똑바로, 올바로, 법대로, 제대로'를 줄여서 '똑올법제'라고 하는데 이 4가지를 풀어서 강의하면 1시간이 넘는다. 똑바로는 정확(正確), 올바로는 도덕(道德), 법대로는 원칙(原則), 제대로는 책임(責任)을 의미한다. 재단은 서울시 출연금으로 운영되는 기관이기 때문에 직원들은 이런 의무를 다해야 한다. '똑올법제'를 청렴 실천 표어로 제정하고 실내 곳곳에 부착하도록 했다.

형식적인 취임식이 아니라, 기관장의 소신을 처음으로 전달하고 공감하는 유익한 시간이었다. 약 50분 동안 아이컨텍과 질문도 하고 유머를 섞어 흥미롭게 진행했다. 위기에 처한 재단의 상황이 심각했기 때문에 나름 긴급 처방을 해야 한다고 생각해서 이 방법을 택했다. 재단의 정상화를 위한 전 직원의 동참을 요청하고, 서로의 생각을 확인하는 보람찬 출발이었다.

혁신만이 살길이다

조직을 혁신하기 전에 진단을 정확히 하는 것이 중요하다. 하지만 공교롭게도 필자가 조직을 진단하기도 전에 이미 몇 가지 문제점을 안고 있었다. 아쉽게도 전임 이사장이 임기를 절반도 채우지 못하고 사퇴를 했다. 재단은 2016년 6월에 개포디지털혁신파크 내에 설립했다. 디지털 전환 속도가 매우 빠른 상황에서 기관장의 장기 공백은 재단의 도약의 큰 걸림돌이 되었다.

어느 조직이나 장(長)이 없으면 외부 평가나 평판이 좋을 수가 없다. 불

필요한 외풍도 받고 때에 따라서는 불이익을 받을 수도 있다. 디지털 전환기에 재단의 정체성까지 논란이 될 만큼 곤혹스런 시기였고, 심각한 분위기였다. 취임 후 2개월 만인 11월에 행정감사를 받게 되었다. 짧은 기간에 부정적 이미지를 불식하고 어떤 변화와 미래의 방향성을 제시해야만 했다.

240 팀별 업무보고 및 직원 개별면담을 마치고, '재단 경영 대혁신 TF'와 '메타버스 리더스 TF'를 발족했다. 재단 경영 대혁신 TF에서는 재단의 비전과 전략, 사업 재구조화, 경영 혁신, 신규 브랜딩 등을 주요 미션으로 했다. 메타버스 리더스 TF는 비대면 시대 새로운 삶의 영역으로 자리잡은 메타버스 기술을 선도하고, 실제 메타버스팀을 신설하기 위한 작업이었다.

취임 한 달이 된 후 재단 경영 대혁신 TF 워크숍을 개최했다. 이 자리에서 재단의 미션, 비전, 핵심가치, 경영목표, 전략목표, 전략과제를 논의하고 최종 결정을 했다. 재단의 심볼마크도 과감히 새롭게 만들었다. S자는 서울이고, D는 디지털 전환을 의미하고 점은 연결을 뜻한다. "Change SDF! Chance 2030", "Next Digital Leaders"라는 슬로건도 만들었다.

재단의 미션은 "디지털 대전환을 통한 스마트시티 서울의 글로벌 경쟁력 강화"이고 비전으로 "넥스트 디지털 생태계를 리딩하는 스마트 서울의 컨트롤타워"로 정했다. 핵심가치는 "혁신과 융합, 연결과 미래, 공정과 소통, 책임과 청렴"을 추구한다. 재단위상, 상생도시, 혁신도시, 미래도시, 감성경영을 위해 5가지의 경영목표와 핵심 추진전략으로 5가지 전략목표를 수립했다.

■ 재단 '경영 대혁신 TF'에서 토의된 내용을 바탕으로 '서울디지털재단의 비전과 전략'을 새롭게 수립하고 선포했다.

기관장으로 복무중점 제시, 재단 비전과 전략체계도 수립, 심볼마크와 슬로건 제정, 조직개편 등을 단행했다. 기존 1실 1본부 4팀에서 향후 미래를 대비해서 1실 1본부 7개 팀으로 조정했다. 시대 트렌드를 반영하기 위해 메타버스팀을 신설하고, 총무회계팀도 재편하고, 내부감사를 강화하기 위해 감사팀도 신설했다. 디지털전략팀 등 팀의 이름도 모두 새롭게 개칭했다.

메타버스팀과 감사팀을 신설하는 것은 '신의 한 수'였다. 서울시에서는 메타버스 5개년 기본계획이 발표되고, 연말에 파일럿 서비스(보신각 제야의 종 페스티벌)를 재단이 하게 되었다. 미리 팀을 만들었기 때문에 순조롭게 좋은 성과를 냈다. 감사팀장을 파견 공무원으로 임명했다. 내부감사 기능을 강화하여 반부패시책 평가 및 청렴도 평가에서 좋은 결과를 얻어냈다.

지원부서인 기획인사팀, 총무회계팀과 사업부서인 디지털전략팀, 스마트포용팀, 신산업성장팀, 메타버스팀의 자리 배치도 완전히 뒤바뀌었다. 그래서 전 직원이 자리를 새롭게 이동해서 근무를 했다. 재단 이름도 '디지털 혁신재단'이라고 바꾸고 싶었지만 시의회 조례를 개정해야 하기 때문에 사실상 어려운 일이다. "마누라 빼고 다 바꾼다"는 말이 이것을 두고 한 말일까.

사무실 내 슬로건이나 동참 독려 문구가 전무했었다. "Deep Change or Slow Death" "No Change No Future" "1톤의 생각보다 1그램의 실천이 중요하다" "재단 정상화를 위한 제2창립, 다 바꾸고 새롭게 뛴다" "청렴한 디지털인 – 똑바로, 올바로, 법대로, 제대로"라는 현수막 벽지를 회의실, 사무실 내 곳곳에 부착했다. 물론 온라인 게시판도 있지만 보드판도 만들었다.

드디어 10월 29일, 이사장으로 취임한 지 45일 되는 날이다. 바로 재단 비전선포식 날이다. 그간 전 직원과 함께 고민해서 만들어낸 '재단 비전과 전략'과 '재단 CI'를 새롭게 발표하기 때문에 매우 의미가 있는 날이다. 창립일도 6월 달에서 후반기 11월 초로 바꾸었다. 재단의 제2창립의 의미를 갖고 새롭게 거듭나자는 의지를 표현한 것이다. 초스피드 혁신의 결과다.

필자는 약 50일 동안 하루도 빠지지 않고 야근을 했다. 누구의 강요가 아니라 스스로 해야 할 일이 산적했기 때문이다. 기관장이 스스로 뛰지 않으면 누가 대신할 수도 없는 일이다. 그야말로 자나깨나 '재단혁신' 업무에만 몰두했다. 생각을 집중하면 복잡한 실타래도 풀어졌다. 우여곡절은 있었지만, 기관장의 의지를 잘 이해하고 공감해준 직원들에게 감사할 따름이다.

월디와 디테일로 소통력 강화

매년 하반기는 예산철이다. 공공기관에서는 차기 연도 예산이 제대로 편성되어야 하기 때문에 신경이 곤두선다. 취임하기 전인 8월에 2022년 재단의 예산안이 서울시에 제출되었다. 이후 서울시 예산과에서 조정안이 회신되었는데 약 20%대로 삭감되었다. 팀장급 관계자들을 긴급 소집해서 재단의 검토의견서를 디테일하게 작성하여 제출했는데 다행히 잘 반영이 되었다.

만약에 대응을 적기에 적절하게 하지 않았다면 어떤 결과가 나왔을까. 여기에 그치지 않고, 재단의 긴급 의견서를 다시 작성하고, 관계 담당관을 진지하게 설득하고 이해를 시켜서 소기의 목적을 달성했다. 1년 농사를 지어야 하는데, 예산이 턱없이 부족한 상황에서 그냥 무책임하게 방기를 해서는 안 되었기 때문이다. 중요한 타이밍에 리더의 결정이 중요하다.

한 번의 시도만을 하지 말고, 다양한 안전 채널을 확보하고 집요하게 그 목적을 달성해야 한다. 상대방은 내 일처럼 이해하지도 않고, 절박하지 않기 때문이다. 기관장으로서 예산을 증액했다는 차원에서 뿌듯했다. 예산안을 두고도 교훈을 얻었다. "우는 아이에게 젖을 준다"는 말처럼 간절하게 호소를 해야 한다. 또 안 되면 꼭 '한 번 더'라는 다짐으로 완수해야 한다.

■ 재단의 신규 로고를 만들고 본사 입구 표지판, 표지석, 차량 랩핑 등 상징물을 새롭게 만들었다

재단은 2019년도에 개포동에서 이곳 상암동으로 이전을 했는데, 재단을 안내하는 표지판, 표지석, 재단 깃발, 재단기 등이 전무했다. 그래도 공공기관이면 당연히 있어야 하는 것인데, 아무도 인지를 못 한 것일까. 어느 날 담당팀장과 함께 사무실 밖으로 나가서 주변을 돌아다 보았다.

표지판, 표지석 등의 위치를 정하고, 어느 방향으로 할 것인가 등 세부적 논의를 했다.

기존에 세워졌던 안내판 여백 하단에 '서울디지털재단', '서울스마트시티센터'라는 글자판을 새겨 넣었다. 같은 건물에 입주한 TBS처럼 비석도 세우고, 또 건물 입구에 입간판도 만들었다. 국기 게양대에도 재단기를 만들어서 게양했다. 재단의 공용차량에도 재단 이름과 로고를 랩핑했다. 이런 홍보 안내판을 완성하고 나서, 비로소 재단이란 외형적 존재감이 드러났다.

사무실의 내부환경도 개선했다. 소통룸도 마치 카페 분위기를 연출하도록 인테리어를 다시 했다. 실내로 들어오는 입구에 D 자로 형상화하여 '디지털 관문'을 세워 포토존도 만들었다. 전 직원의 메타버스 아바타 사진도 모아서 벽화를 만들었다. 삭막한 복도에 자작나무, 소나무 벽화를 만들어 자연속에 있는 분위기도 연출했다. 모두 직원들의 사기를 북돋우는 일이다.

기관장 부재로 미루어진 승진심사도 신속히 진행하여 대상자를 승진시켰고, 직원도 신규채용을 했다. 정원보다 부족한 상태로 사업추진에 어려움이 있었다. 승진과 채용으로 직원들의 사기도 올라갔다. 직장인은 "사기를 먹고 산다"는 말이 있다. 소통이 안 되면 체증이 생기고 불편하게 되었다. 흔히 말하는 "소통과 화합이 제일이다"는 '소화제'가 조직에는 필요하다.

■ 재단 캐릭터인 '월디'는 월드 디지털 리더의 줄임말이고, 1997년 금성에 태어나고 재단에 입사를 한 재미있는 세계관을 갖고 있다. 월디는 재단의 각종 홍보에 적극 활용되고 있다.

재단의 캐릭터를 만들었다. CES 2022에 참가했던 스타트업 AI카툰 전문 회사가 만들었다. '월디'라는 이름은 월드(World) + 디지털 리더스(Digital Leaders)의 합성어로 직원들이 투표를 하여 정했다. 1997년 세계 와이파이 규약이 최초로 제정되던 해에 금성에서 태어났다. 나이는 27세이며 재단의 신입 홍보사원으로 시민들과 소통하고 있는 세계관을 가졌다.

월디는 머리 위에 와이파이를 달고, 큰 귀로 시민들의 이야기를 청취하며, 디지털과 청렴을 강조하는 파란색 컬러의 옷을 입었다. 재단의 각종 홍보물 및 영상물에 삽입 이미지로 들어가고, 각종 행사에서 인형으로 등장하여 재롱을 피운다. 월디는 제작사의 AI기술과 연결되어 튜닝 서비스를 통해 다양한 동작으로 표현한다. 월디는 충분히 홍보 역할을 제대로 하고 있다.

재단에는 이외에도 가상의 직원이 있다. 바로 디지털 휴먼(서지훈, 서유진)이다. 재단과 함께 스페인 바르셀로나 2022 SCEWC(스마트시티 엑스포 월드 콩그레스)에 참가한 스타트업인 디지털휴먼 제작사가 만들었다. 응모해서 제출한 서울시민 남성 500명, 여성 500명의 사진을 각각 합성하여 얼굴 이미지를 만들었다. 성은 서울 서 씨로 스토리텔링을 하여 의미를 더했다.

■ 재단의 디지털 휴먼(서지훈, 서유진)은 서울 스마트시티센터 방문자에게 재단 소개 및 행사의 사회자 역할을 맡기도 한다.

'서지훈과 서유진'은 각종 행사에 등장하여 사회자로서 역할을 한다. 시나리오를 사전에 입력하면 그대로 진행하고, 사회자를 특별히 섭외하지 하지 않아 비용 절감도 된다. 디지털 휴먼을 만들 때도 소속 기관과 관련된 스토리텔링을 만드는 것이 좋다. 외부인에게 호기심과 관심을 끌어내기 때문이다. 디지털 휴먼을 홀로그램으로 다시 만들어서 몰입감을 높였다.

보통 팀 단위로 조직이 구성되어 팀원 이외에는 소통이 적은 편이다. 이를 해소할 방법으로 미니 체육행사를 기획했다. 실내에서 할 수 있는 다트, 미니 탁구, 테이블 축구 등 세 종목으로 '제1회 월디배 체육대회'를 실시했다. 남녀 직원이 모두 참여할 수 있고, 리그전과 토너먼트를 병행하여 3개월간 점심 후 시간을 이용하여 진행했다. 조용하던 분위기가 반전되었다.

처음 시작할 때 반응이 미지근했으나 매주 수요일 오후가 되면 게임이 기다려진다는 직원들이 생겨났다. 퇴근 후 시간에도 다트 연습을 하기도 한다. 또 팀별로 모여서 이길 수 있는 방안도 강구한다. 게임을 하는 동안 평소에 이야기를 나누지 않던 직원 간에도 자연스럽게 대화를 나눈다. 선수가 아니어도 옆에서 응원하면서 소리도 크게 지르며 일체감을 느낀다.

11월 행정감사 직전에 최종 결승전을 치렀다. 각 종별로 금, 은, 동이 정해지고 우승팀에게는 소정의 상품과 상장도 주었다. 제1회 시상식은 재단과 가까운 거리에 있는 하늘공원 정상에서 진행했다. 억새풀 축제가 열리는 기간에 직원들과 '억새풀 플로깅'이란 타이틀로 의미를 더했다. 벌써 제3회 월디배 행사가 진행 중이고, 종목도 다양하게 하여 소통을 강화할 예정이다.

월디라는 이름의 타이틀로 행사가 이어졌다. 월디 웹툰 공모전도 열렸다. 선정된 작품은 인스타그램에 올려져서 인기가 높았다. '월디 칭찬함'을 만들어서 직원들을 상호 격려하는 분위기도 조성했다. '월디 포토존'이 만들어져서 방문객들은 사진을 찍는다. 이렇듯 캐릭터 하나가 재단 직원들 간의 소통의 촉매제 역할을 하고, 외부적으로는 홍보 역할을 톡톡히 하고 있다.

디지털 전환은 나부터 실천한다

조직의 관리자에게 미래를 예측하고 대비하는 일은 매우 중요한 일이다. 전후 상황을 신중하게 고려하여 직관력으로 판단한 일은 신속하게 집행해야 한다. 우물쭈물하다가 실기를 하면 효과도 떨어지고, 선제적인 기회를 놓칠 수 있다. 이사장으로 취임 후 단행했던 조직개편(메타버스/감사팀 신설, 팀명칭 개칭 등)과 비전체계도 완성 및 디지털 전환은 모범적인 사례이다.

코로나19가 심각한 상황에서 비대면 줌 화상회의도 일상화되었다. 재단에서는 메타버스 기반으로 비대면 회의를 처음에 국내 플랫폼으로 계획했는데 비용이 너무 고가여서 변경했다. 2.5D 메타버스 플랫폼인 게더타운을 이용했다. 재단의 내부 구조와 유사하게 공간을 만들었다. 외부 용역이 아니라 메타버스 팀장이 직접 만들었다. 비용이 없는 비예산이다.

게더타운 플랫폼에 가상의 재단을 꾸며 놓고, 여기서 비대면 회의를 진행했다. 이런 방식의 공간을 '메타피스'라고 이름을 새로 만들었다. 즉 메타버스와 오피스의 합성어이다. 메타피스에서 팀장회의, 자문회의 및 공식적인 이사회도 진행했다. 메타피스에서 팀장들이 재택근무자의 업무 진행여부를 확인했다. 이런 소식을 알고 싱가포르 '고브인사이더' 언론에서 취재했다.

NFT가 유행어처럼 이야기될 때 간과하지 않고 "우리 재단에서 직접 NFT 공모전을 개최하자"고 제안했다. NFT(Non-Fungible Token)는 '대체 불가능한 토큰'이라는 뜻으로, 희소성을 갖는 디지털 자산을 대표하는 토큰을 의미한다. NFT는 블록체인 기술을 통해 디지털 자산의 소유주를 증명할 수 있으며, 주로 예술인과 디자이너들의 작품이 거래될 때 사용되고 있다.

■ 공공분야 도시 단위에서 최초로 '디지털 서울 NFT 챌린지'를 개최하여, 수상작을 선발하고 NFT를 발행했다.

민간 부문에서는 NFT 공모전을 하지만 지자체 주관으로 하는 것은 첫 시도였다. '디지털 서울 NFT 챌린지'는 NFT 개념부터 발행 방법 교육까지 지원하는 공모전으로, 디지털 신기술인 NFT 활용 문화를 확산하고 메타버스 시민 크리에이터 문화를 장려하기 위해 마련됐다. 공모 작품은 서울시 상징물과 랜드마크를 직접 이미지, 영상 등 디지털 창작물로 제작했다.

서울시 상징물은 개나리(시화), 은행나무(시목), 까치(시조), 랜드마크로는 남산타워, 경복궁, 광화문, 청계천 등이 있다. 디지털 창작물은 웹툰, 그림, 이모티콘, 영상, GIF 애니메이션, 3D 애니메이션 등 NFT 발행이 가능한 창작물 모두를 의미한다. 한 달간의 공모전에서 17개팀이 입상했고, 시상식도 개최했고 46개 작품이 아트스텝(artsteps) 가상 갤러리에서 전시되었다.

재단 업무를 디지털 전환하는 일을 시도했다. 이것은 ESG 경영(친환경·사회적 책임·지배구조) 및 행정 혁신과도 궤를 함께하고 있다. 사무실 입구에 직원들의 출퇴근을 체크하는 지문 인식기가 있다. 코로나19로 다른 사람의 지문과 접촉하는 것도 염려가 되었다. 그래서 지문 인식기를 안면 인식기로 교체했다. 모 기업에서 개발한 테스트 베드 제품으로 AI 기반이다.

직원들이 야근을 하면 특근매식비를 지원한다. 현금으로 하는 것이 아니라, 주변에 계약된 식당에서 식사 후에 수기로 작성하고 월별 결산을 한다. 이런 방식을 모바일 식권으로 대체했다. ㈜식신 기업과 MOU를 맺고, 식권 도입 및 가맹권 확대를 하기로 했다. 이후 직원들이 수기를 대신해서 가맹점 식당에서 모바일로 메뉴와 금액을 입력하면 한꺼번에 처리된다.

직원 채용에 있어서 'AI 면접'도 보조적 활용 측면에서 도입을 했다. 인공지능 기술을 기반으로 한 영상 장치와 컴퓨터를 이용하여 면접자의 표정, 행동, 목소리를 분석하는 방법이다. 이사회 등 각종 회의록 기록을 AI로 하는 기술의 도입은 시도했으나, 오류가 많아서 중단을 했다. 어떻

■ '메타버스 서울' 회의실을 활용하여 '메타버스 서울 시민 윤리 선언식'을 개최하였다. 세계 최초 공공분야 도시단위에서 오픈된 '메타버스 서울'의 건전한 메타버스 활용 문화 정착을 위해 재단에서는 '메타버스 윤리 가이드라인'을 만들었다.

게 효율적으로 디지털 기술을 적용해야 하는가는 지속적으로 추진할 업무영역이다.

2022년 10월, 재단은 페이퍼리스(Paperless)를 선언했다. 아날로그식 종이문서에서 디지털 전자문서로 업무를 처리하는 것이다. 사무실 복사기 옆에는 복사용지 박스가 수북이 쌓여 있다. 습관적으로 인쇄하는 낭비를 없애야 한다. 한 은행에서 1년에 발생하는 종이문서가 약 1억 장인데, 박스에 넣으면 7만 3천 박스가 나온다고 한다. 서류 보관 비용도 상상을 초월한다.

재단에서 페이퍼리스를 시작하기 위해 우선 팀장급에게 태블릿을 지급했다. 이사장에게 모든 결재는 종이 서류가 아닌 태블릿으로만 보고하게 했다. 그간 종이 서류에 익숙했던 나에게 불편함이 있었지만, 차츰 시행하고 보니 자연스러워졌다. 이제는 불편함이 없이 오히려 편해졌다. 재단의 신년 업무보고 때도 그렇게 시행했다. 내 방에 쌓였던 서류가 점점 줄어들었다.

서류는 처음엔 필요할 것 같아서 보관하지만 시일이 지나면 올드버전 이 된다. 또 새롭게 다른 문서가 발생하기 때문에 뒷전에 밀려서 나중엔 결국 버리게 된다. 쌓인 서류를 처리하는 것도 일이다. 그냥 버릴 수도 없고 내용에 따라 세절해야 하기 때문이다. 페이퍼리스가 대세이다. 종이 1톤을 만드는 데 30년생 이상인 나무 17그루가 소요된다고 한다. 지구 환경을 살려야 한다.

○ 디지털리스트, **강요식**

작은 틈 크게 보면
큰 위험 작아진다.

* 위 카피는 필자가 육군 대위 시절 표어 공모전에서
육군참모총장 특등상을 수상한 작품이다.

Go to Digital Innovation Leadership

Part 2

Digital 혁신
리더십으로 가다

"리더십은 더 나은 미래를 창조하는 데서 시작된다"고 브라이언 트레이시는 말했다. 디지털 심화기에 혁신 리더는 미래 세계의 트렌드를 읽고 신속대응을 해야 한다. 생성형 AI, 메타버스, 확장현실 등 신기술이 나날이 새롭게 융복합하는 현실에서 주춤하는 사이에 도태되는 위기 상황을 맞을 수 있다. 진정한 리더는 다른 사람에게 불가능한 것을 가능하게 만들어 준다.

Digital
Innovation
Leadership

1장

디지털 혁신 리더십을
학습Learning하라

○─ Digitelling ─────────────────────

온라인과 오프라인이 하나로 융합된 체계로 발전해 나아가는 하이브리드형 시대에 적합한 새로운 리더십 개발이 시대적 요청 사항이다. 세계는 글로벌 AI 전쟁에 돌입했고, 디지털 혁신 리더십을 절실하게 요구하고 있다. 미래를 위해서 과연 스마트 리더가 될 것인가, 팔로워가 될 것인가. 패스트 팔로워가 될 것인가, 퍼스트 무버가 될 것인가. 지금 바로 행동할 때이다.

디지털 혁신 리더란?

기후변화, ESG경영, 초거대 AI 등 메가톤급 화두가 이 시대를 선점하고 있다. 빅데이터, AI, 크라우드, IoT, 블록체인 등 4차 산업혁명 기술의 등장으로 디지털 전환이라는 패러다임으로 변환되는 시점에 나온 새로운 이슈다. 폭풍처럼 몰아치는 거역할 수 없는 사회 변화에 리더들은 어떤 역할을 하고 대응해야 하는가. 옛날 아날로그식 전통방식으로 생존이 어렵게 되었다.

필자는 2011년 『소셜 리더십』이란 책을 펴냈다. 한국간행물윤리위원회 '이달의 읽을 만한 책'으로 선정된 이 책은 SNS 바이블로 소셜미디어 혁명을 예고하고, 디지털 전환(Digital Transformation)의 필요성을 역설하고 있다. 매스미디어를 넘어 '소셜미디어'는 뉴패러다임으로 일상에 큰 변화를 몰고온 혁명적인 사건이었다. SNS에 대한 이해와 활용이 매우 중요했었다.

1인 미디어 시대에 트위터, 페이스북 등의 다양한 소셜 채널을 활용하여 소통이 이루어졌다. 소셜미디어 시대에 인플루언서는 SNS에 구독자가 많은 사람이다. '트위터 대통령'이었던 고 이외수 소설가는 구독자가 1백만 명이 넘었을 때는 주요 일간지에 버금가는 영향력을 가졌다. 이런 영향으로 사회 지도층에게 소셜미디어 활용은 리더가 갖추어야 할 핵심 요소가 되었다.

글로벌 디지털 사회에서 한 기업의 생존 문제는 해당 국가뿐만 아니라, 국제적 환경의 영향을 직·간접적으로 받기 때문에 더욱 복잡하다. 디지털 신기술의 급속한 발전은 하루가 다르게 경쟁시장의 변화를 가져오고, 조직의 생존을 예측할 수 없을 만큼의 기복이 심한 지금의 여건에서 리더십의 중요성은 더욱 커진다. 특히 디지털의 이해와 활용 리더십은 더욱 절실하다.

세계적인 리더십 연구의 권위자인 워런 베니스는 저서 『리더와 리더십』에서 "리더십 부족이 조직의 생존 기회를 감소시킨다."[4]라며 리더십의 중요성을 강조했다. 지금 우리의 문제는 '현시대에 맞는 리더는 어떤 사람'이고, '그의 리더십은 무엇인가?' 하는 것이다. 과거의 리더와 리더십에 대한 개념은 버려야 한다. 바로 전통적, 권위주의적 사고는 지워야 할 요소이다.

즉 전통적이며 권위주의적인 사고를 유지한 채 새로운 패러다임을 외면하는 리더십은 워런 베니스의 말처럼 조직의 생존 기회를 감소시키는 핵심 요인이 된다. 글로벌 시대를 강조하자 글로벌 리더가 나왔다. 글로벌 리더는 글로벌 환경에서 리더십을 효과적으로 발휘할 수 있는 사람이다. 소셜미디어 시대를 강조하면서 소셜환경에 성과를 내는 소셜 리더가 나왔다.

2016년 다보스 포럼의 핵심 의제는 '제4차 산업혁명'이었다. 기업들이 제조업과 정보통신기술(ICT)을 융합해 작업 경쟁력을 제고하는 차세대

혁명으로 모든 것이 연결되며, 모든 것이 보다 지능적인 사회로의 변화가 되어 기존 산업에서의 생산력과 효율성을 극대화한다는 것이다. 소셜미디어 등장으로 지구촌은 거미줄처럼 촘촘히 연결되고 하나의 망으로 연결되었다.

이러한 소셜미디어 시대의 특징인 글로벌 소통 네트워크와 4차 산업혁명의 기술의 융복합으로 뉴노멀 시대를 맞이하게 되었다. 기존의 정보통신기술(ICT)를 뛰어넘는 신기술은 디지털 전환의 핵심 요소이다. 디지털 전환은 무엇인가를 디지털로 바꾸는 것이고, 무엇인가는 물질이고 디지털은 정보를 의미한다. 즉 디지털 전환은 물질을 정보로 바꾸는 것이라고 할 수 있다.[5]

디지털은 사전적 의미로 아날로그를 연속적 실수가 아닌, 특정한 최소단위를 갖는 이산적인 수치를 이용하여 처리하는 방법이다. 물질을 정보로 바꾸는 디지털 전환은 물질의 영역이 계속 정보화될수록 데이터 양이 늘어난다. 데이터가 많이 쌓인 상태를 빅데이터라고 하고, 이를 처리하기 위해 고안된 것이 크라우드와 인공지능이며 이 기술의 발전이 계속되고 있다.

285 디지털 전환은 코로나19 팬데믹 비대면 사회에서 가속화되었다. 2021년 혜성처럼 등장한 메타버스는 기술이 아니라 개념이다. 가상과 현실의 경계가 없는 처음 경험하는 초월의 공간인 메타버스는 기존의 2D에서 3D의 새로운 패러다임을 열었다. 기존 줌(Zoom) 화상회의에서 아바타 기

반의 메타버스 공간에서의 회의는 더욱 향상된 현실감과 몰입감으로 효과를 극대화했다.

2022년 11월에 등장한 초거대 AI인 챗GPT는 세상을 놀라게 했다. 소위 '묻고 대답하는 기계'인 챗GPT는 컴퓨터가 인간과 대화를 한다는 것으로 관심을 불러일으켰다. 컴퓨터가 인간지능을 가진 것처럼 묻는 말에 꼬박꼬박 즉답을 하는 것은 혁명적 기술이다. 인공지능의 딥러닝 기술과 엄청난 데이터를 학습한 결과물이다. 초거대 AI의 등장은 리더십의 환경을 바꾸고 있다.

지금 도래한 생성형 AI 시대에 어떤 리더가 필요한가. 빅데이터, 인공지능, 사물인터넷, 크라우드, 블록체인 등 디지털 기술이 융복합되고 메타버스의 등장과 초거대 AI가 몰고 올 디지털 심화기에 조직과 국가 경영을 이끌어 갈 지도자에게는 뉴패러다임의 인식과 미래를 대비한 예측과 대응이 필수적 과제이다. 이러한 전략적 이슈를 해결하고 리딩할 사람이 디지털 혁신 리더다.

디지털 혁신 리더는 디지털 심화 환경에서 디지털 혁신을 촉진하는 리더십을 효과적으로 발휘하는 리더이다. 글로벌 디지털 신기술에 대한 이해와 적극적인 응용과 미래 변화의 전략적 접근을 통하여 조직을 이끌어 가는 리더야말로 이 시대가 진정 요구하는 뉴리더이다. 디지털 혁신 리더는 패스트 팔로워보다 퍼스트 무버의 도전적인 혁신 마인드로 무장되어야 한다.

디지털 혁신 리더십의 개념

뉴패러다임, 뉴리더십 등장

사회 패러다임의 변화에 따라 리더십의 모습도 다르게 나타난다. 과거 20세기 말까지 특징화된 전통적 리더십이 '통제의 패러다임'이었다면 21세기 리더십은 '자율의 패러다임'에서 찾아볼 수 있다. 통제의 패러다임에서 리더는 부하에게 복종을 강요하고, 위계질서에 초점을 맞춘 감독 기능이 필수적 요소였다. 또한 과업을 최우선으로 하고 선택적인 정보를 공유했다.

통제의 패러다임의 리더는 의견일치를 중시하고 상사에게 최종결정권이 있었다. 자율의 패러다임의 리더는 부하에게 자발적인 몰입을 유도하고, 내·외부 고객에게 초점을 맞추어 자아개발을 강조한다. 또한 과업과 생활의 균형을 우선시하고 정보를 공유한다. 의견의 불일치를 인정하며 당사자에게 최종 결정권이 있다. 시대의 변화에 따라 리더십도 이렇게 변하고 있다.

전쟁 시에는 강력한 지도력을 발휘하는 카리스마 있는 지도자가 필요하다. 그러나 조직이 안정될 때에는 조직원의 자발성을 유도하는 감성적인 지도자가 필요하다. 이렇듯 시대적 상황에 따라 그에 적합한 리더십이 요구된다. 글로벌 디지털 정보화 사회로 발전하면서 정보 독점이 아닌 개방의 문화로 바뀌게 되고, 개방의 리더십이 점차 요구되고 있는 실정이다.

이제는 리더 혼자 문제를 해결하는 해결사의 리더십이 아닌, 다수가 참여하여 문제를 해결하는 참여의 리더십으로 바뀌고 있으며, 권한을 독점하고 있던 리더십에서 공유하는 리더십으로의 변화가 요청되고 있다. 시대적 요청에 따른 새로운 리더십은 혁신, 포용, 융합, 개방의 리더십으로 압축할 수 있다. 이것은 생성형 AI 시대에 전개될 디지털 환경에 적용 요소이다.

21세기 초거대 AI 시대의 리더는 디지털 신기술 및 환경 변화에 능동적으로 대응하고, 조직원의 자발적인 참여를 유도하며 그들의 역량발휘를 지원해야 한다. 메타버스와 생성형 AI로 사회적 관계의 개념이 인터넷 가상공간으로 확대되었으며, 이로 인해 사회의 패러다임이 변화하는 것은 거부할 수 없는 현실이다. 그러므로 디지털 전환 마인드로 철저하게 재무장해야 한다.

디지털 혁신 리더십은 무엇인가?

권위적인 전통적 사회 시스템이 개인의 창조성을 독려하고 자율적 참여를 극대화하려는 사람 중심의 시스템으로 사회 전반적인 분위기가 변해가고 있다. 소셜미디어로 소통력이 강화되고 디지털 신기술로 사회 변화 속도가 배가되었다. 이에 걸맞게 리더십 이론도 다양해졌다. 모든 조직원의 역량이 최대한 발휘될 수 있도록 리더십 이론들이 새롭게 나오고 있다.

변혁적 리더십, 카리스마적 리더십, 슈퍼 리더십, 서번트 리더십 등 학문적으로 체계화된 리더십과 편의적으로 명명하여 사용하는 수많은 리더십이 있다. 또한 특정 과제를 중심으로 한 비전 리더십, 감성 리더십이나 그룹 총수 정주영, 이건희 리더십, 축구 감독 히딩크, 박항서 리더십 등과 같은 리더 개인의 성공적 요소를 중심으로 한 인명 리더십도 나오고 있다.

리더십은 일반 사회생활에 밀접한 일상의 용어와 함께 쉽게 통용되고 있다. 디지털 혁신 리더십은 디지털 기술이 국가 · 경제 · 사회의 근본적 변화를 초래하는 디지털 심화시대에 인류의 보편적 가치를 지향하며, 생성형 AI, XR 등 글로벌 디지털 신기술의 변화와 선제적 응용과 디지털 신질서에 능동적으로 대응하는 혁신의 지도력으로 변혁적 리더십의 유형이다.

디지털 혁신 리더십은 디지털 심화 환경에 적합한 최적화된 리더십으로 늘 변화하는 온 · 오프라인 환경을 능동적으로 이해하고 조직을 창조적으로 혁신하는 소통의 지도력이라 할 수 있다. 디지털 혁신 리더십의 범위는 현실공간과 가상공간은 물론, 새롭게 형성되는 '현실성이 공존하는 가상 속의 메타버스 공간'까지 포함한다. 현실 세계를 넘어 초연결로 무한세계를 연다.

디지털 혁신 리더십은 기존의 리더십과 구분되는 큰 산맥이자 양분되는 분수령이다. 즉, 기존의 다양한 리더십을 하나로 묶고 여기에 디지털

이란 요소를 가미하여 나온 것이다. 결국 디지털 혁신 리더십은 조직의 공동목표를 달성하기 위하여 영향력을 행사하고, 조직원을 설득하여 변화시키는 과정에서 디지털이라는 사회 트렌드를 접목하여 성과를 배가하는 신개념이다.

디지털 혁신 리더십의 특징은 무엇인가?

리더십 이론이 바뀌고 있다. 과거에는 계급 중심의 하향식 리더십으로, 카리스마, 권위주의적이고 안정지향적이었다면, 최근에는 임무 중심의 전방위 리더십으로, 능력 중심, 인간존중, 자아개발을 촉진하는 것으로 방향이 바뀌었다. 디지털 혁신 리더십은 이러한 리더십의 최근 변화 동향을 잘 반영하고 있다. 디지털 혁신 리더십은 혁신, 포용, 융합, 개방을 표방하고 있다.

디지털 혁신 리더십은 계급 중심, 하향식, 권위주의적 요소와는 거리가 멀고, 인간존중을 바탕으로 분권적이며 자율적인 리더십 발휘가 가능하다. 특히 발휘 공간 측면에서 보자면, 전통적 리더십은 가시공간에서 발휘되어, 리더는 조직원과 대면하여 지시하고 보고를 받았다. 그러나 가상 공간이 확대되어 감에 따라 리더와 조직원이 대면할 수 있는 시간과 기회는 줄어든다.

과거 대면적 리더십에서 사이버 리더십으로 그 중심이 옮겨가고 있다. 코로나19 팬데믹은 비대면 사회의 가속화를 촉진했다. 비대면 사회의 가속화는 디지털 신기술과 디바이스가 급속도로 발전한 계기가 되었다. 이런 경향을 받아들여 디지털 혁신 리더십은 기존의 영역에다 새로운 영역인 디지털 전환 환경을 포함하였고, 사회변화를 촉진하는 중추적 역할을 할 것으로 기대된다.

디지털 혁신 리더십의 특징은 첫째 혁신, 포용, 융합, 개방을 지향한다. 디지털 전환은 기술의 문제가 아니라 태도의 혁신이다. 빅데이터, AI, 블록체인, 메타버스, 챗GPT 등 사회의 변혁을 가져온 이런 기술에 대한 리더의 태도에는 혁신적인 접근이 필요하다. 또한 디지털 격차를 줄이는 포용, 기술 간 연결을 통한 융합과 참여를 확대하는 보다 개방적인 마인드를 가져야 한다.

둘째, 디지털 혁신 리더십은 초연결(超連結)의 리더십이다. 창조는 '무'에서 '유'를 만드는 것이 아니라 연결을 통해서 무한히 창조해낼 수 있다. 디지털 혁신 리더는 연결이 곧 창조라는 측면에서 초연결의 상상력을 발휘해야 한다. 연결은 디지털 기술적인 측면에서 빅데이터, 인공지능, 사물인터넷 등의 연결과 사람과 사람, 사람과 기술의 측면에서 연결로 신가치를 창출할 수 있다.

연결의 과정에서 단순한 1+1=2라는 수학적 연산이 아니라 1+1=100이라는 영감과 공유에서 나오는 무한한 가치 창출이 가능하다. 빅데이터, 인공지능의 공유(Sharing)는 기술적으로 상상한 만큼 가능하다. 아무리 디지털 시대라고 해도 기술보다 더 중요한 것은 바로 사람이다. 혁신 리더는 사람이 갖는 생각의 공유와 그 연결을 도전과 혁신적인 행동에서 추구해야 한다.

셋째, 디지털 혁신 리더십은 초지능(超知能) 리더십이다. 빅데이터·인공지능 시대에 데이터를 분석하여 활용하고, 알고리즘을 개발하여 시스템으로 활용하기까지 혁신적인 리더십을 발휘해야 한다. 인간이 하는 일을 인공지능을 통하여 시간, 비용을 절약하고 안전의 문제를 해결하는 방향으로 추구한다. 사람의 일자리를 대체하는 것이 아니라 보완하는 측면을 고려한다.

최근 초거대 AI의 등장은 기존의 인공지능의 패러다임을 완전히 바꾸었다. 규칙기반이 아닌 인간과 유사한 지능을 갖고 사용자와 대화하는 초지능을 발휘하는 영역까지 디지털 기술이 발전했다. 언어, 이미지, 영상, 음성 등의 영역에서 생성형 AI가 고성능의 결과를 내고 있다. 다양한 초거대 AI 모델이 줄을 잇는 상황에서 추격형이 아닌 선도형 태도를 취해야 한다.

넷째, 디지털 혁신 리더십은 초실감(超實感)의 리더십이다. 1992년 SF 소설[6]에서 처음 등장한 메타버스(Metaverse)라는 단어는 기술이 아닌 개념이다. 아바타 기반의 메타버스가 코로나19 팬데믹 비대면 사회에서 급부상했다. 지금까지 경험하지 못했던 3D 가상공간에서 몰입감 있는 소통이 이루어졌다. 게임이 아닌 회의를 하는 등 일상생활로 자리 잡게 되었다.

메타버스의 핵심기술인 AR(증강현실), VR(가상현실), MR(혼합현실), XR(확장현실) 등이 5G와 융복합되면서 뉴패러다임으로 전개되고 있다.

PART 2 디지털 혁신 리더십으로 가다   135

혁신 리더는 디지털 신기술의 동향과 개념을 정확히 이해하고 이를 개인과 조직의 역량강화에 활용하도록 해야 한다. 눈에 보이는 전통적 사고와 소통을 뛰어넘어 가상과 확장의 상상을 초월해서 이를 현실화하는 혁신이 요구된다.

○ 현대 경영학의 아버지, **피터 드러커**

리더십은
더 많은 것을 보게 하고,
더 많은 것을
할 수 있게 하는 것이다.

2장

디지털 리딩,
3대 노하우Knowhow를 개발하라

┌─○ Digitelling ─────────────────────────────────┐

 디지털 리딩 3대 노하우는 개인의 자기관리와 조직의 경영관리를 수행해
야 하는 혁신 리더를 위하여 디지털 혁신 리더십의 기본요소를 정리한 것이
다. 비전을 구체적으로 가꾸고, 잘 정리정돈하면 행복하고, 근원적 변화만이
성공한다는 '디지털 리딩 3대 노하우'는 최소한의 리더십 요소이며, 각자의
리더가 개인의 개성과 환경에 적합하게 추가적인 항목을 개발해야 한다.

└──┘

디지털 리딩 3대 노하우

경영자는 개인의 '자기관리'와 조직의 '경영관리'를 조화시켜 장단기의 이익을 유지하는 사람이다. 현대 경영의 아버지라 불리는 피터 드러커가 경영의 궁극적인 목적은 모든 개인의 '자기경영'이라고 강조했듯이, 개인과 조직에 있어서 자기관리야말로 가장 핵심적인 덕목이다. 자기관리가 제대로 되지 못할 때, 개인이나 조직은 어떤 성과도 기대할 수 없기 때문이다.

이러한 측면에 비추어보면 소셜네트워크서비스는 자기관리를 할 수 있는 획기적인 프로세스를 갖고 있다. 소통을 통해 자신의 홍보력을 강화하면 자신의 브랜드 가치를 쉽게 향상시킬 수 있기 때문이다. 소셜미디어에 대한 운영능력이 있는 사람이 취업에서도 가산점을 받고 있다. 모바일 서비스가 지속적으로 고도화되면서 메타버스 플랫폼에서 소통도 새로워지고 있다.

아바타 기반의 메타버스가 코로나19 팬데믹 비대면 사회에서 급속히 확장되었다. 국내에서는 네이버의 제페토, SK의 이프랜드가 대표적 메타버스 플랫폼으로 대중화되고 있다. 이 플랫폼을 이용해서 회의, 세미나를 개최할 수 있다. 서울시는 세계 최초로 도시단위 공공영역에서 '메타버스 서울'을 2023년 1월 오픈했다. 이와 같이 새로운 소통공간이 확장되고 있다.

2023년 7월 초 '트위터 대항마'로 떠오른 메타(페이스북)의 스레드가 출시 5일 만에 이용자 1억 명을 돌파했다. 스레드의 가입자 1억 명 근접 속도는 최근 세계적으로 초거대 인공지능(AI) 붐을 불러온 챗GPT의 2개 월보다 훨씬 빠르다. 틱톡은 9개월, 인스타그램은 2년 반 만에 가입자 1억 명을 달성했다. 소통 플랫폼도 부침이 있는데 곧 새로운 SNS가 또 등장할 것이다.

디지털 환경의 변화 중심에서 21세기 경영은 디지털을 리딩하는 리더 십이 우선할 것이다. 디지털의 진화는 사람들에게 편익을 제공하고, 새 로운 정보통신기술 시스템은 사람들을 블랙홀처럼 빨아들이고 있다. 결 국 디지털 환경의 급진적 변화를 리드할 수 있는 디지털 혁신 리더가 시 대적으로 요구될 것이며, 당연히 디지털 혁신 리더십은 21세기 경영의 요체가 될 것이다.

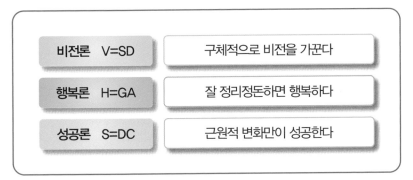

■ 디지털 리딩 3대 노하우

디지털 리딩 3대 노하우는 개인의 자기관리와 조직의 경영관리를 수행해야 하는 혁신 리더를 위하여 디지털 혁신 리더십의 기본요소를 정리한 것이다. 비전론, 행복론, 성공론은 각각 구체적인 3가지 실행 공식을 제시한다. 비전을 위한 3가지 실천 방안, 행복을 위한 3가지 실천 방안, 성공을 위한 3가지 실천 방안들은 최소한의 리더십 요소이며, 리더의 창의가 필요하다.

1. 비전론 V=SD (구체적으로 비전을 가꾼다)

Vision = Specifically * Dream (V=SD)

글쓰기: WSD(Writing, Specifically Dream)
말하기: TSD(Talking, Specifically Dream)
이미지: ISD(Imaging, Specifically Dream)

비전(Vision)은 이루고자 하는 열망을 구체적이고 의도적인 목표의식을 토대로 만든 것이다. 꿈은 모든 것이 가능하지만, 비전은 구체적인 행동이 있어야 한다. 행동 없이 꿈만 꾸는 사람을 헛된 망상가라고 부르는 이유도 그것이다. 반면, 비전은 아직 현실되지 않은 꿈을 선명하게 그려내는 것이라고 할 수 있다. 꿈이 뚜렷하고 구체적일 때 그 꿈은 원하는 현실로 나타난다.

경영 컨설턴트 스티븐 코비 박사는 "비전은 나침반의 자침이요, 리더십은 자침을 움직이는 지구의 자력과 같은 것이다."라고 비전과 리더십의 관계를 정의했다.[7] 그렇다면 우리에게 비전과 리더십은 왜 필요한가? 개인은 행복과 성공을 추구하는 삶을 살기 위해서, 조직은 조직 목표달성을 위해서 비전과 리더십이 필요하다. 비전 수립에서 조직과 개인의 과정을 살펴보자.

혁신 리더는 조직의 비전을 수립하기 위해 기본 틀을 짜야 한다. 먼저, 조직의 핵심가치를 찾아야 한다. 이는 조직의 영속적이고 내재적인 신념, 정체성, 사고 행동의 기준이 되는 경영철학이다. 이어서 조직의 존재 이유 및 사명, 궁극적인 목적 및 방향성을 포함하는 경영이념을 수립한다. 경영이념은 조직 내에서 공유되고 실천되어야 하고, 조직문화에 영향을 미친다.

경영이념이 수립되면 조직의 현상 진단 및 방향평가, 새로운 비전의 범위 설정, 미래의 조직 환경 분석 과정을 거쳐서 비전을 수립한다. 이렇듯 우리는 비전을 수행하기 위한 조직목표를 설정하고 핵심전략을 정해야 한다. 조직의 목표 달성을 위한 방향 제시와 의사결정에 도움을 주는 경영이념에는 고객 중심 경영, 품질 중심 경영, 혁신과 창조적 경영, 협업 경영 등이 있다.

리더는 자신이 이끌고 있는 조직의 비전을 온·오프라인의 융합적인 사고를 바탕으로 확고히 다져야 한다. 비전은 개인적인 차원에서도 조직과 마찬가지로 매우 중요하다. 자신의 성공 여부는 비전 수립에 달렸다 해도 과언이 아니다. 비전이 없는 인생은 망망대해를 유랑하는 빈 배와 다를 바 없다. 개인, 조직, 국가는 명확한 목표와 꿈, 즉 비전 없이는 성공할 수 없다.

사람들은 주변에 관심은 많으나, 정작 자기계발이나 자신의 정체성을 찾고 비전을 수립하는 과정은 소홀히 하는 경우가 많다. 비전 수립은 개인이나 조직에 있어서 노력을 효과적으로 이끌어내기 위한 가장 중요한 단계이다. 비전 관리가 잘되어야만 리더가 되어 조직을 성공적으로 이끌 수 있다는 차원에서 비전 수립에 대한 시간투자를 보다 적극적으로 권장한다.

존 고다드는 개인 목표를 가장 극적으로 달성한 인물이다. 그가 열다섯 살 때 "이것을 내가 젊었을 때 했었더라면 얼마나 좋았을까?"라는 할머니와 외숙모의 대화를 엿들었다고 한다. 이때 그는 "~했더라면"이라는 말을 하지 않는 인생을 살겠다고 다짐했다. 그리고 그의 생각을 기록하고 실천했다고 한다. 지금이라도 늦지 않았다. 버킷리스트(bucket list)를 작성해 보자.[8]

온·오프라인의 사회적 융합을 리드하는 디지털 혁신 리더는 어떻게 비전을 가져야 할까? 비전론에 대한 답은 간단하다. 비전을 구체적으로 만드는 것이다. 이것은 자타가 공인하는 위대한 성공가들의 성공기를 통하여 증명된 사례이기도 하다. 누구나 간절히 염원하고 갈구하면 그 뜻이 이루어진다는 진리이다. 이 평범한 진리를 행동으로 옮기는 것은 쉬운 일이 아니다.

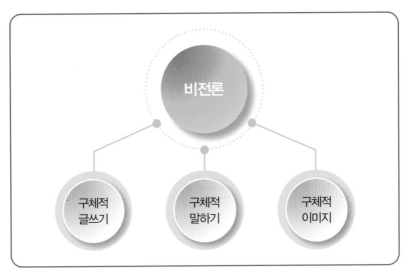

■ 비전론의 3가지 실천 방안

첫째, 비전에 대한 글쓰기이다. 조지 워싱턴은 12세부터 "나는 아름다운 여자와 결혼할 것이다. 나는 미국에서 가장 큰 부자가 될 것이다. 나는 군대를 이끌 것이다. 나는 미국을 독립시키고 대통령이 될 것이다."라고 자신의 목표를 글로 적으며 꿈을 키웠다고 한다. 종이 위의 기적, 글을 쓰면 이루어지는 것이다. 이와 같이 '꿈의 리스트'를 통한 성공 사례는 많다.

둘째, 비전에 대한 말하기이다. '말이 씨가 된다.'라는 말이 있다. 부정적인 말을 하면 그렇게 된다는 것이니 삼가라는 말이다. 이를 긍정적으로 보면 자신의 비전을 말로 반복하면 이루어진다는 것이다. 소프트뱅크 그룹의 손정의 회장은 "나는 장래에 반드시 몇천, 몇만의 사람을 거느릴 거야."라고 밥 먹듯이 말했다고 한다. 과연 당신은 밥 먹듯이 장래를 말하는가.

셋째, 비전에 대한 이미징이다. 글로 쓰고 말하기에 이어 이미징하는 것은 비전을 더욱 구체화하는 좋은 방법이다. 일상을 함께하는 컴퓨터, 스마트폰에 가고 싶은 곳, 사고 싶은 것, 롤모델을 상시 연상할 수 있도록 배경에 넣을 수도 있다. 만약 당신이 글로벌 디지털 혁신 리더가 되고 싶다면 '빌 게이츠, 일론 머스크, 젠슨 황, 제프 베이조스' 등의 사진을 이미징하라.

2. 행복론 H=GA (잘 정리정돈하면 행복하다)

Happiness = Good * Arrangement(H=GA)

시간정리: TGA(Time, Good Arrangement)
공간정리: SGA(Space, Good Arrangement)
사람정리: HGA(Human, Good Arrangement)

행복은 어디에 있는 것일까. 행복은 사람이 보이지 않는 곳에 꼭꼭 숨어 있는 것이 아니라, 늘 자신과 함께하고 있는데 단지 그것을 보지 못할

뿐이다. 우리는 시간과 공간, 사람을 잘 정리정돈한다면 마음도 한결 가벼워질 것이고 행복을 느낄 수 있을 것이다. 리더는 자기관리, 조직경영 차원에서 시간, 공간, 사람 정리를 통하여 효율적인 리더십을 발휘할 수 있다.

우리에게 시간, 공간, 사람은 늘 자신과 함께하는 것이면서도 정작 정리 부분에 소홀히 하는 경향이 있다. 하루 24시간, 주어진 시간을 효율적으로 사용한다고 생각하는가? 아마 우리는 불필요한 것 때문에 낭비하는 시간이 많을 것이다. 우리는 뒤죽박죽된 일상에 피로를 느낀다. 집 안이고 사무실이고 여기저기 지저분한데 정리하지 못해 우울한 기분을 느낀 적이 있는가.

아마 물건이 쌓인 것을 보고 정리 좀 해야겠다고 생각했을 것이다. 일명 마당발이라고 불리면서 이 모임 저 모임에 쫓아다니느라 시간을 허겁지겁 보낸 경험이 있는가. 제발 좀 사람을 정리해야겠다고 생각했을 것이다. 일본의 경제학자, 경제평론가인 오마에 겐이치는 사람을 바꾸는 3가지 방법으로, 시간의 배분, 만나는 사람, 사는 장소를 바꿔야 한다고 말했다.[9]

첫째, 시간정리다. '시간은 생명이다.'라고 하면서 정작 우리의 시간을 어떻게 보내는가. 당신은 당장 내일의 구체적인 계획이 있는가. 있다면 구체적인 시간 계획이 되어 있는가. 오전 업무, 점심, 오후 업무, 퇴근은 시간 계획이라고 할 수 없다. 시간을 '시' 단위 나아가 분 단위까지로 세

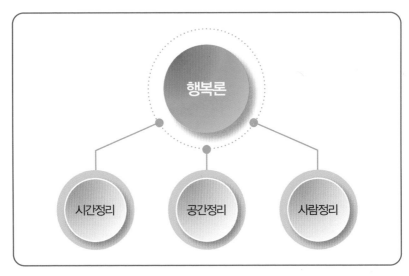

■ 행복론의 3가지 실천 방안

분화하고 시간을 보내는 내용도 업무와 자기계발, 충전으로 다시 배분해야 한다.

시간관리는 일상 생활에서 중요한 기술이다. 하루에 해야 할 일들을 목록으로 작성하여 우선순위를 정하고 계획적으로 진행하는 것이 효과적이다. 디지털 도구인 캘린더, 할 일 관리앱을 활용할 수도 있다. 과거의 아날로그식 24시간과 지금의 디지털식 24시간은 개념이 다르다. 온라인의 또 다른 세상이 함께하는 24시간은 사람에게 시간정리의 필요성을 증대시킨다.

『단순하게 살아라』의 저자인 시간관리 전문가 로타르 자이베르트는 "진짜 성공적인 시간관리를 위한 열쇠는 자기 자신을 위한 시간과 인생을 위한 기쁨을 위해 시간을 내는 데 있다."라고 말한 바 있다.[10] 직장인의 일상은 눈을 뜨고 출근하면서부터 시달린다. 직장에서도 숨 가쁘게 일하고, 허둥지둥 귀가한다. 한국인은 학연, 지연, 혈연 등 인맥 모임이 얼마나 많은가.

둘째, 공간정리다. 자기 주변 정리를 잘하면 깨끗해서 좋고, 업무에도 능률이 오른다. 반대로 주변이 지저분하면 잡동사니 때문에 무기력증과 우울증이 생긴다. 주변을 정리하는 것도 습관이다. 보통 시간이 없다는 변명으로 방치를 하는 경우가 있는데 실제 정리하는 시간은 그다지 오래 걸리지 않는다. 시간은 마음에서 나오고, 마음의 시간은 얼마든지 조절이 가능하다.

직장 동료들의 책상을 보면 책상 위에 책과 서류가 산더미처럼 쌓여 있는 것은 물론, 책상 주변과 바닥에도 1년에 한 번도 사용하지 물건으로 가득하다. 이렇게 어떤 물건을 버리지 못하고 쌓아두는 것이 단순한 습관인지, 혹은 '저장강박증'은 아닌지 확인해 봐야 한다. '더 많은 것을 넣고 싶으면 공간을 만들어라.'라는 말이 있다. 그렇지 않으면 과감히 버려야 한다.

이메일도 될 수 있으면 빠르게 확인하고 불필요한 것은 삭제해야 한다. 컴퓨터 바탕화면도 지저분하게 배치하지 말고 꼭 필요한 것만 띄워 놓자. 컴퓨터 파일, 스마트폰의 앱과 사진도 정리의 대상이다. 만약 정리하지 않으면 어떻게 되겠는가. 필요한 파일을 적시에 찾을 수 없을 것이다. 수시로 생성과 삭제를 반복하면서 정리를 해야 필요 시 빠르게 찾고 활용할 수 있다.

셋째, 사람정리다. 소통 수단의 발달로 사람이 접촉할 수 있는 기회가 많아졌다. 전화, 휴대전화, 이메일, 소셜웹 서비스, 메타버스 플랫폼 서비스 등 셀 수 없을 정도로 많은 소통 채널로 인해 인맥의 범위가 확산되고 있다. 사람이 사람을 만나는 것은 좋은 일이다. 그러나 사람은 제한된 시간을 살기 때문에 무턱대고 사람을 만나고 관계하는 것은 시간의 낭비일 수도 있다.

이기적으로 보일 수 있지만, 효율적인 시간관리 차원에서 보자면 사람과의 만남의 폭을 조정할 필요가 있다. 만나면 우울해지고 자신의 에너지를 떨어뜨린다고 생각되는 사람은 불필요한 사람으로 분류하고, 이들과의 만남 횟수를 줄여야 한다. 많은 사람과 관계를 맺는 것도 중요하지만 관리도 매우 중요하다. 맺은 인연을 상호 도움이 되도록 하는 배려와 정성이 필요하다.

우리는 소중한 사람, 비즈니스 관계자, 추억의 사람 등 인맥 가계부를 만들어 관리해야 한다. 받은 명함도 버릴 것과 취할 것을 분류하고 다양한 앱을 활용하는 것도 방법이다. 정리력 컨설팅, 정리력 세미나 등 정리력을 향상시키기 위해 다양한 비즈니스와 이벤트가 생겨났다. 바로 정리의 필요성이 증대되고 있다는 것이며, 정리를 통한 행복을 얻을 수 있기 때문이다.

3. 성공론 S=DC (근원적 변화만이 성공한다)

> Success = Deep * Change(S=DC)
>
> **개인의 근원적인 변화:** IDC(Individual, Deep Change)
> **조직의 근원적인 변화:** ODC(Oranization, Deep Change)
> **사회의 근원적인 변화:** SDC(Social, Deep Change)

'조직행동과 인적자원 관리' 분야의 권위자인 로버트 E. 퀸은 자신의 저서 『Deep Change or Slow Death』에서 책 제목 그대로 "근원적인 변화 없이는 점진적으로 죽어간다."라고 강조한다.[11] 상황에 따른 유동적인 변화가 아니라 쉽게 변하지 않는 비가역적인 변화를 일으켜야만 조직의 목표를 달성한다는 것으로 해석된다. 점진적 변화는 타성에서 절대 벗어날 수 없다.

과거의 연장선인 예전 방식으로 돌아갈 수 있다. 반면, 근원적 변화는 새로운 사고와 전혀 다른 행동양식을 요구한다. 근원적인 변화 없이는 결국 개인이나 조직이 아주 느린 속도로 죽어간다는 것이다. 그것도 죽어간다는 의식조차 하지 못한 채 돌이킬 수 없는 상황을 맞이한다. 변화를 두려워하고, 시도조차 하지 않는 개인과 조직은 결코 미래의 편이 될 수 없다.

진정 성공을 원한다면 근원적 변화를 시도해야 한다. 기존의 명예, 지 ³⁴⁰

식, 권위, 기능을 벗고 과감한 변화를 주도해야 한다. 보다 나은 미래를 위해서는 남과 다른 변화가 전제되어야 한다. 성공의 법칙은 간단하다. 고치를 벗은 나비처럼, 알을 깨고 나온 새처럼 새로운 변화를 창조하는 것이다. 강한 자가 살아남는 것이 아니라, 적응하고 변화하는 자가 살아남는다.

"하루라도 새로워질 수 있거든 나날이 새로워지고, 또 나날이 새로워지리라." 은나라의 탕왕은 자신의 세숫대야에 이 문구를 써놓고 얼굴을 씻을 때마다 마음까지 씻으려 노력했다고 한다. 변화 없이는 오늘보다 더 나은 미래를 기대할 수 없다. 변화는 자연법칙이다. 이 세상에서 유일하게 변하지 않는 것은 '모든 것은 변한다.'라는 사실이다. 누구도 예외일 수 없다.

변화는 '비전'이나 '변하겠다.'라는 촉진요인이 억제요인보다 우세한 경우에 시작된다. 존 코터는 『변화관리』란 책을 통해, 급변하는 경영환경 속에서 변화는 선택이 아니라 생존의 문제로 인식되고 있음을 역설하였다.[12] 디지털 전환을 넘어 심화기에 새로운 디지털 경영환경이 조성되었다. 이러한 변화 속에서 디지털 전환은 선택사항이 아닌 생존 문제가 되었다.

성공하는 사람들의 공통적인 정신은 도전, 개척, 신뢰, 신념, 근검, 창의, 혁신, 변화, 책임정신이라 할 수 있다. 제너럴일렉트릭의 잭 웰치 CEO는 "변화를 받아들이고, 변화를 두려워하지 마라."라고 했다. 그는

45세의 역대 최연소 회장이 되었으며, 속도가 느리고 사업영역이 넓은 조직구조에서 과감하게 워크아웃을 단행하였다. 그는 최고의 경영자라는 명성을 얻었다.

혁신 리더는 3가지 차원의 근원적인 변화를 모색해야 성공을 보장받을 수 있다. 근원적인 변화는 리더 자신으로부터 출발해야 한다. 그리고 조직의 변화를 시도하고 나아가 사회의 변화에 기여해야 한다. 리더의 변화관리는 매사에 단호한 의사결정과 행동으로 자신이 말한 것을 실천하는 것이 중요하다. 그 의사결정은 빅데이터, AI 기반이 된다면 설득력이 클 것이다.

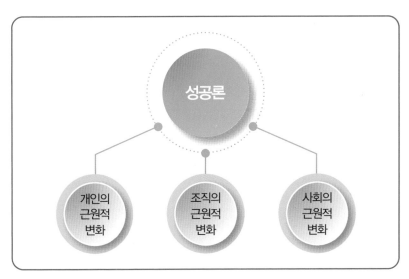

■ 성공론, 3대 실천 방안

첫째, 개인의 근원적인 변화 추구이다. 디지털 환경이 급변하고 있다. 초거대 생성형 AI 시대가 도래하여 세상의 패러다임이 변하고 있는데, 10년 전 노하우로 조직관리를 지속하겠다면 어떻게 되겠는가. 얼리 어답터(Early Adoptor)가 되어 새로운 소셜웹 서비스, 디지털 신기술이 등장하면 체험 과정이 어렵겠지만 공부하고 사용해서 그 분야의 선도자가 되어야 한다.

"메타버스는 뜬구름이다"라는 말이 나올 때, 초거대 AI인 챗GPT가 2022년 11월경 대중화되기 시작했다. 오픈 AI 회사의 사이트에 회원 가입을 하고, 컴퓨터에게 질문과 답을 하고 대부분의 사람들이 놀랐다. 처음 경험하는 신기술이기 때문이다. 챗GPT 뿐만 아니라 구글의 바드, 메타의 라마, 알리바바의 Qwen-7B와 국내의 초거대 AI모델이 경쟁적으로 모습을 드러냈다.

초거대 AI의 오픈 소프를 활용하여 조직에 맞는 다양한 개발이 이루어지고 있다. 챗GPT 활용법에 대한 연구 및 교육도 활발하게 진행되고 있다. 초거대 AI의 프롬프트 엔지니어라는 신 직업도 생겨나고 있다. 프롬프트 엔지니어의 고용을 통해서 조직을 개편하려는 움직임도 있다. 메타버스, 초거대 AI가 등장한 디지털 심화기에 당신은 근본적인 변화를 위한 시도를 했는가.

둘째, 조직의 근원적인 변화 추구이다. 근원적인 변화를 추구하기 위해서는 큰 위험도 감수해야 한다. 조직과 변화는 상호 보완적인 개념이 아니다. 조직에 변화를 주는 것은 다른 체계를 의미한다. 세계 최대 소셜 미디어인 페이스북의 마크 저커버그는 2021년 10월 28일 페이스북의 사명을 메타(Meta)로 변경하고 대대적인 이미지 변신에 나섰다. 이것이 근원적 변화이다.

저커버그는 "우리 정체성에 관해 많이 생각해왔다"면서 "오랜 시간에 걸쳐 나는 우리가 메타버스 회사로 여겨지기를 희망한다"고 말했다. 그래픽 카드의 황제 엔비디아 젠슨 황은 "가속 컴퓨팅, 딥러닝, 인공지능 등 3가지 힘으로 컴퓨터 공학은 100만 배 도약할 것이다"고 강조했다. 글로벌 디지털을 선도하는 리더들은 조직의 근원적 변화를 지속적으로 추구하고 있다.

오늘날은 경쟁이 매우 치열하다. 조직이 경쟁력을 유지하려면 수시로 근원적 변화를 감행해야 하고, 개별 구성원들에 대한 근원적인 변화 요구가 더욱 절실해야 한다. 종종 구성원들은 기존의 일에 익숙하여 가급적 변화를 억제하려 하고 본인이 변화의 대상이라는 사실을 잊는다. 혁신 리더는 이러한 부분을 잘 이해하고, 변화를 두려워 말고 변화 중심에서 도전해야 한다.

셋째, 사회의 근원적인 변화 추구이다. 개인과 조직의 근원적인 변화는 곧 사회의 근원적인 변화를 일으킨다. 근원적인 변화는 개인과 조직, 나아가 사회의 발전을 도모하는 키워드다. 우리 사회는 점점 밀도가 높아지고 있다. 소셜네트워크 사회로 가면서 개인과 개인, 개인과 조직, 조직과 조직은 더 촘촘히 연결되고 있다. 네트워크로 인해 소통의 범위가 심화되고 있다.

소셜서비스가 확대되어 소통의 혁명을 가져온 긍정적인 부분도 있으나, 이를 악용할 경우의 문제점을 제기해 봐야 한다. 바로 개인정보 유출로 인한 범죄가 우려되기도 한다. 이러한 차원에서 리더가 사회 공익과 기여 차원에서 고려해야 할 점은 '신뢰사회의 구축'이다. 건전한 디지털 가이드라인을 세우고 신뢰 문화정립에 기여하는 사회운동을 추진하는 것도 필요하다.

이 시대의 당면한 화두는 '기후변화 대응과 디지털 대전환'이다. 또한 ESG 경영이 강조되고 있다. 기업은 수익창출이 목적이지만 친환경, 사회적 책임, 투명 경영을 기반으로 존립해야 하는 시대적 당위성을 갖고 있다. 장기적인 관점에서 불신의 사회를 넘어 신뢰 사회로의 근원적인 변화를 추구하는 일은 개인과 조직, 사회의 성공을 위한 가장 훌륭한 업적이 될 것이다.

성공은 주관적인 기준이기 때문에 적절한 목표 달성으로 성공의 보람을 느낄 수도 있다. 그러나 성공은 정점이 없다. 새로운 비전을 완성하고, 계속해서 성장하는 것이 바로 성공이기 때문이다. 그렇기 때문에 자신의 지속적인 성장을 위한 성공은 '근원적 변화만이 성공한다.'라는 공식으로 환원될 수 있다. 이 공식을 당신이 인지한다면 바로 근원적 변화를 시도해야 한다.

근원적으로 변하지 않으면

서서히 죽어간다.

(Deep Change or Slow Death.)

미시간대 교수, **로버트 퀸**

3장
—

디지털 혁신 리더의
5대 역량Ability을 강화하라

○— Digitelling ──────────────────────────

디지털 심화시대에 적합한 리더는 어떤 사람일까. 사회가 변화하면서 그 시대적 상황에 맞는 리더가 있다. 디지털 환경을 잘 이해하고 이를 응용할 수 있는 디지털 혁신 리더가 이 시대의 최고 리더이다. 그렇다면 혁신 리더는 어떤 사람이 되어야 하는가. 진정한 소통, 소셜미디어 활용, 뚜렷한 소신, 미래 지향적 소망, 충분한 소일 등 5가지의 역량을 발휘할 것을 제안한다.

디지털 혁신 리더의 5대 역량

글로벌 시대는 경영혁신의 시대이다. 또한 디지털 심화시대로 과거보다 더 우수한 리더십을 가진 리더를 요구한다. 다변화하는 시대에 시대의 흐름을 잘 파악하고 앞서 준비하는 리더만이 경영에 성공할 수 있다. 디지털 시대에 아날로그식으로 변화를 거부하는 경영자가 있다. 기업은 지속가능한 조직을 추구한다. 현실의 변화에 둔감한 리더는 미래를 이끌어 갈 수 없다.

조직은 관리자가 아닌 진정한 지도자를 찾고 있다. 리더십의 대가인 워런 베니스 교수는 "나는 지금의 현실이, 지금의 세상이, 지금의 이 나라가, 지배하려는 자는 있어도 지도하려는 자가 없다고 생각한다. 관리자는 많으나 리더는 없다. 리더는 만들어지는 것이며, 스스로 만드는 것이다."라고 언급했다. 현실에 안주한 관리자는 미래를 이끌어갈 리더의 자격이 없다.

이 시대의 화두는 단연 소통과 디지털이다. 리더십은 시대적 요청에 따라 달라지는데, 과거와 달리 현대의 리더가 디지털을 모르면 절반의 리더라 할 수 있다. 디지털이 리더십의 강력한 도구로 등장하며 디지털을 제대로 알아야 조직의 자산활용과 과학적 의사결정을 할 수 있게 되었다. 원유 같은 빅데이터를 방치하고 있지 않은가. 주먹구구식 의사결정을 하지 않는가.

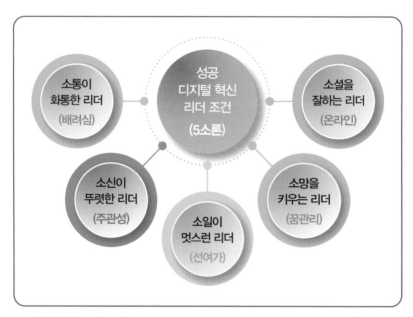

■ 디지털 혁신 리더가 강화해야 할 5대 역량

　디지털 심화시대에 적합한 리더는 어떤 사람일까. 사회가 발전하면서
그 시대적 상황에 맞는 리더가 있다. 조직이 혼란스러울 때 일사불란하
게 조직을 끌어갈 수 있는 카리스마 있는 강력한 리더가 요구된다. 조직
이 안정화되었을 때는 구성원의 복지적인 측면을 고려하는 서번트 리더
를 필요로 할 수 있다. 디지털 전환 시기에는 혁신 마인드가 있는 리더가
필요하다.

　디지털 환경을 잘 이해하고 이를 응용할 수 있는 디지털 혁신 리더가
최상의 리더이다. 그렇다면 혁신 리더는 어떤 사람이 되어야 하는가. 미
래 지향적인 성공 디지털 혁신 리더가 가져야 할 5가지 역량을 아래와 같

이 정리하였다. 이는 필자가 '뉴하이파이브 전략-5소론'이라고 명명하고, 이에 대한 설명을 덧붙였다. 첫 단어가 '소'로 시작하여 '5소론'이라는 의미를 더했다.

1. 소통이 화통한 리더 (배려심으로 소통하라)

인류의 역사를 '소통의 역사'로 표현할 만큼 소통의 발달이 사회에 미치는 영향은 지대하다. 요하네스 구텐베르크의 인쇄술은 종교개혁과 과학발전을 가져왔고, 책의 대중화는 혁명이었다. 전화, 라디오, 신문, 잡지, 방송이 등장할 때마다 인류발전은 전환기를 맞았다. 1990년대 중반부터 인터넷이 대중화되었을 때에도, 사회는 또 한 번의 패러다임 혁명을 맞이하였다.

인터넷이 일반인에게 공개된 1990년부터 대중화되기 시작한 1993년까지 약 3년이 소요되었다. 1990년대 중반부터 대중화가 되면서 인터넷 홈페이지, 카페, 이메일로 소통이 다변화되었다. 2000년대까지 폴더폰, PDA, 슬라이드폰 등 다양한 형태의 휴대폰이 등장했고, 소셜미디어와 함께 스마트폰, 태블릿 PC, 스마트 워치의 등장은 전과 다른 디지털 혁명을 몰고 왔다.

문자 메시지, 카카오톡, 보이스 등 소통의 콘텐츠도 점차 늘어나고, 인스타그램, 페이스북, 유튜브 등 다양화된 소셜채널은 소통체계를 훨

썬 복잡하게 만들었다. 개인의 취향, 직업적인 특성에 따라 편의적으로 SNS를 선호한다. 이용자들은 소통체계의 다각화로 다양화된 채널을 편리하게 이용할 수 있지만, 소통의 양극화와 소통으로 인한 피로감, 소외감을 느끼게 되었다.

개인의 취향, 직업 또는 국가별로 커뮤니케이션이 다르다. '카카오톡'은 한국의 대표적 메시징 플랫폼이다. 스마트폰 이용자 중에 카카오톡을 하지 않는 극소수의 사람도 있다. 반대로 글로벌 메신저인 왓츠앱, 라인, 위챗, 바이버, 스냅챗, 시그널, 텔레그램, 스카이프, 링크드인 등 다양한 채널을 모두 이용하는 사람도 있다. 그만큼 다양한 사람과 소통을 하고 있는 셈이다.

여러분이 리더라면 어떤 소통을 하고 싶은가. 카카오톡만 할 것인가 아니면 글로벌한 메신저를 병행하여 이용할 것인가. 필자의 경우 외국인을 만나면 링크드인이나 왓츠앱, 페이스북을 통해서 서로의 연락처를 확인하고 바로 연결을 한다. 글로벌 커뮤니케이션망을 통해서 서로 소통의 통로를 개설하는 것이다. 세계의 어디에서 온 사람과도 연결하는 소통력을 발휘한다.

디지털 혁신 리더가 갖추어야 할 리더십의 중요한 요소 중 하나는 '배려심을 통한 화통한 소통'이다. 농경사회에서 산업사회로 발달하고, 핵가족화가 진행되면서 개인주의가 발달했다. 산업기술, 정보통신, 디지털 등의 발달로 인간적인 감성이 사라지고 인간이 부품화되는 상실감도 느끼게 되었다. 모바일 서비스가 본격화되면서 소통이 더욱 절실해진 이유가 여기에 있다.

H < A

■ 소통의 유형: H형과 A형

소통은 크게 2가지 형태, 알파벳 H자형과 A자형으로 나눌 수 있다. H의 글자 형상을 보면 가운데가 연결되었지만 끝은 평행선을 달리고 있다. A의 글자 형상을 보면 가운데에 연결되었고 끝도 하나의 점에서 만난다. 즉, H형은 두 사람의 관계에서 소통라인이 있어 소통은 되겠지만, 근본 생각이 다르기에 평행선을 달리고 있다. 진정한 소통이라고 할 수 없다.

A형은 소통라인도 연결되었고, 생각도 같아서 함께 손잡고 미래를 지향하는 형상이다. 이것이 바로 우리가 필요로 하는 진정한 소통의 형태다. 많은 리더들이 H형의 소통을 하고 있으면서 제대로 소통하고 있다는 착각을 한다. 이러한 리더들은 A형으로 그 소통구조를 바꿀 필요가 있다. 그래야 조직이 살고 목표를 달성할 수 있다. 당신은 어떤 형태의 소통을 하고 있는가.

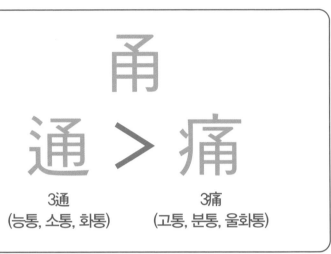

3通
(능통, 소통, 화통)

3痛
(고통, 분통, 울화통)

■ 소통할 통通과 아플 통痛의 의미

한문에서 '소통할 통(通)은 '길 용(甬) Street'에다 '쉬엄쉬엄 갈 착(辶)'
을 조합해서 만든 회의문자이다. 즉, 길을 쉬엄쉬엄 쉬어 가라는 뜻이다.
소통은 급하게 몰아쳐서 되는 것이 아니라, 쉬어가면서 진정한 마음으
로 통해야 한다는 의미일 것이다. 아름다운 소통에는 능통, 소통, 화통의
3통이 있다. 자신이 하는 일에 전문가의 능통한 실력과 이왕이면 화끈하
게 통하는 것이다.

한문에서 동음이의어로 아플 통(痛)이 있다. 아플 통은 '길 용(甬)'에 '병
들어 누울 녁(疒)'을 조합해서 만든 회의문자이다. 즉, 길을 가다 병이 들
어 누웠으니 아플 수밖에 없다. 소통이 원활하게 안 되면 불통이 되고 아
픔이 있기 마련이다. 고통, 분통, 울화통은 없어야 할 3통이다. 사람 간

에 소통이 안 되면 고통이 따르고 분통이 올라오고 울화통이 생겨 화병이 생긴다.

소셜은 네트워크라는 관계망을 통하여 사람과의 관계를 형성하고 확산하는 것이다. 사람의 관계를 형성하는 전제조건은 소통이다. 소통하지 않고서는 관계 형성이 어려울 수밖에 없다. 디지털 전환과 심화시기에 온라인과 오프라인에서도 소통은 원활해야 한다. 디지털 혁신 리더는 자신뿐만 아니라 조직의 소통력을 통합관리하는 미래 지향적 경영체계를 수립해야 한다.

2. 소셜을 잘하는 리더 (디지털 미디어를 이해하고 활용하라)

수레는 두 개의 바퀴가 있어야 굴러가듯이 투트랙을 동시에 가야 하는 것이 현시대의 리더에 요청되는 사항이다. 리더는 스페셜리스트보다는 제너럴리스트가 되어야 한다. 조직의 수장으로 각양각색의 조직원을 통솔해야 하기 때문이다. 제반 분야에서 식견을 가지고 종합적인 판단으로 의사결정을 해야 한다. 이때 빅데이터와 인공지능을 기반으로 판단한다면 어떨까.

지금 우리는 개미와 베짱이 중 누가 좋은가를 판단할 때가 아니다. 개미와 베짱이가 결합된 '개짱이'를 추구해야 한다. 토끼와 호랑이 중에 누가 힘이 센가를 따질 때가 아니라 '토랑이'를 생각해야 한다. 모바일 서비스 혁명으로 소통채널은 다양성이 가중되고 있다. 디지털 신기술의 융복합으로 무한한 시너지를 창출할 수 있다. 고정관념을 벗어나면 신세계가 열린다.

디지털 혁신 리더는 첫째, 웹(Web)의 역사 발전과정을 이해해야 한다. 정보의 흐름이 단방향인 웹1.0, 양방향 상호작용을 하는 웹2.0이라면 웹3.0은 지능화되고 탈중앙화되어 인터넷 플랫폼으로 독립적이고 개인 맞춤형 서비스 제공을 한다. 웹3.0 시대에 리더는 과연 어떤 스탠스를 취해야 하는가. "알아야 면장한다."라는 말이 있는데, 웹3.0의 특징과 기술을 이해해야 한다.

둘째, 리더 자신이 인스타그램, 페이스북, 트위터, 링크드인, 틱톡, 핀터레스트 등 소셜웹(소셜미디어 플랫폼이나 커뮤니티와 관련된 애플리케이션) 서비스에 가입하고 적극적인 활동을 해야 한다. 소셜에는 다른 방법이 없다. 백문이불여일견이다. 리더라면 투명해야 하고, 용기 있게 활동해야 한다. 두려움을 갖는 어리석음보다 용기를 갖고 뛰어드는 현명함이 필요하다.

국내에서 소셜 활동을 적극적으로 하는 기업인으로 두산그룹의 전 박용만 회장이 있다. 그는 두산그룹을 떠난 후 봉사하고 사진 찍는 인생 후반기를 살고 있다. 그의 인스타그램은 온라인 전시회장이다. 신세계 정용진 부회장(1968년생)은 SNS 인플루언서로 왕성한 활동을 하고 있고,

사회적 이슈나 정치적인 문제에 대해 개인적인 생각을 올려서 논란이 되기도 했다.

셋째, 리더는 배우고 익힌 소셜 정보를 조직에 활용해야 한다. 소셜을 직접 활용해 보면 느낄 수 있다. 소셜은 한때의 유행이 아닌, 무한한 잠재력이 있다는 것을 발견하게 될 것이다. 만약 느낌이 덜하다면 한 번 더 소셜에 집중하고 몰입할 필요성이 있다. 소셜은 개인과 조직역량 강화에 필수요소이며, 전사적 차원에서 '소셜전략'을 수립하고 적용하는 것이 바람직하다.

넷째, 리더가 소셜을 시작했다면, 잘하는 방향으로 가야 한다. 소셜이 무엇인가 궁금하여 가입만 하고, 잠수해버려서는 안 된다. 소셜에 대한 기본 원리를 이해하고, 활용한 다음에는 적극적으로 응용을 하고 비소셜인을 지도하는 능력까지도 보유해야 한다. 인터넷 서비스는 소셜웹 서비스를 빼고는 생각할 수 없다. 소셜은 인터넷을 통해서 이루어지는 적극적인 소통이다.

소셜, 소통, 인터넷의 관계를 연구하면서 한글, 한자의 모양과 의미를 아래 그림으로 정리해 보았다. 소셜을 하는 사람을 소셜인, 소통하는 사람을 소통인이라고 할 수 있다. 우선 소자는 한문 '人'과 한글 모음 'ㅗ'가 결합이 되어 '소'가 된다. 소셜은 인터넷을 통해서 이용되는데, 인터넷의 인은 '人'이다. 그런데 공교롭게도 '넷'의 끝 자음도 '人'이다. 인터넷에 사람이 있다.

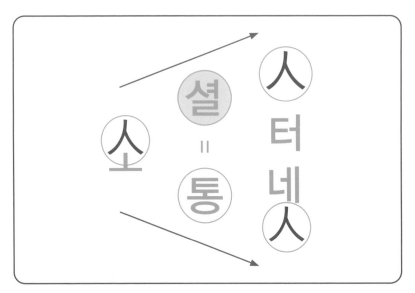

■ 소셜과 소통, 인터넷의 의미 관계도

3. 소신이 뚜렷한 리더 (뚜렷한 주관을 가져라)

디지털 심화시대에 혁신 리더는 소신과 어떤 관계가 있을까. 소신의 문제는 혁신 리더가 아니더라도, 개인뿐 아니라 일반 리더들에게도 중요한 리더십 요소다. 리더는 의사결정을 해야 하는 중대한 기로에 직면하게 될 때가 잦다. 대외적 문제와 내부조직의 의견 수렴 과정이 갈등을 해소하고 정리된 결과라면 문제의 소지가 없겠지만, 반대의 경우라면 이야기가 달라진다.

페이스북을 창업한 마크 저커버그는 창업 후 2년 뒤, 야후에게 10억 달 ³⁸⁰ 러의 인수 제안을 받았지만 이를 거절했다. 소셜커머스로 '세계에서 가장 빠르게 성장하는 기업'으로 꼽힐 정도로 성장한 그루폰의 창업자 앤드류 메이슨 역시 야후와 구글로부터 각각 20억, 60억 달러의 인수 제안을 받았지만 거절했다. 천문학적인 인수금액에 현혹되지 않고 자신의 길을 걸어갔다.

현대인은 넘쳐나는 정보의 홍수 속에 살고 있다고 해도 과언이 아니다. 방송, 신문, 라디오 등의 기존 매스미디어의 수적 팽창과 더불어 사회가 전문화되고 특화되면서 다각화되고 있다. 기존 공중파는 위성방송, 케이블방송, 전문방송으로, 중앙일간지도 지역신문 및 전문 직종 신문, 인터넷 신문까지 가세하고 있다. 소셜채널의 서비스도 하루가 다르게 제공되고 있다.

10년 전 SNS의 중심이었던 트위터, 미투데이, 요즘 등에서 인스타그램, 카카오톡, 유튜브, 틱톡 등으로 그 중심이 이동했다. 정신 못 차릴 정도의 소셜 다채널 시대에서 디지털 혁신 리더는 뚜렷한 소신을 갖고 개인과 조직에 적합한 채널을 선택해야 한다. 리더라면 메인채널 이외에 다른 부가채널에 대해서도 핵심 내용을 이해하고 효용성의 가치를 판단해야 한다.

소신은 자신이 살아온 삶이며, 행동 지향적인 신념이다. 소신은 혁신을 추진하기 위해 필요한 강력한 무기이다. 소신이 없으면 줏대 없는 리더가 된다. 소신은 리더에게 자신을 지키는 자존심이자 철학의 바탕이다. 다른 사람의 성공 케이스를 찾기 이전에 자신의 소신 있는 행동으로 개척한 성공 케이스를 만드는 것이 더 중요하다. 레드오션이 아닌 블루오션으로 도전하라.

디지털 신기술이 하루가 다르게 발전함에 따라 여기에 쫓아가기도 바쁜 처지다. 여기서 중요한 점은 추격형인 패스트 팔로워(Fast Follower)가 되기보다 선도형인 퍼스트 무버(First Mover)가 되는 전략을 택하는 것이다. 퍼스트 무버는 위험 요소가 내재되고, 결과를 쉽게 담보할 수는 없다. 하지만 '모험과 도전'이라는 강력한 소신으로 선점의 기회를 쟁취할 수 있다.

조직에 데이터가 쌓이고 있다. 바로 빅데이터라는 큰 자산이다. 빅데이터는 인공지능의 먹이다. 정제된 빅데이터는 알고리즘으로 개발되고 시스템으로 서비스화가 가능하다. 혁신 리더는 자신의 의사결정에서 주먹구구식이 되어서는 안 된다. 빅데이터와 인공지능을 활용하여 의사결정을 과학적으로 할 뿐만 아니라 예측을 하고 미래를 대비해야 한다. 미래형 소신의 리더이다.

뚜렷한 주관과 소신으로 무장하기 위해서는 디지털 분야에서 전문가적 식견을 갖추어야 한다. 디지털은 빅테크나 기술인의 전유물이 아니다. 전 산업분야뿐만 아니라 사회 모든 영역에서 중심이 되는 분야다. 디지털 전환을 통해서 시간과 비용을 절약하고 안전을 보장하여 조직 목표의 달성을 극대화하는 것은 현대 경영의 기본이다. 디지털은 상상이 아니라 실행이다.

4. 소망을 키우는 리더 (생각하고 상상하고 비전을 가져라)

빌 게이츠는 하버드대학 시절을 회상하면서 "나는 심오한 생각에 잠긴 우울한 젊은이처럼 방에 틀어박혀 평생 무엇을 하며 살 것인지 열심히 생각했다."라고 말했다. 열심히 생각한다는 것은 곧 꿈으로 이어질 수 있는 첫 출발이다. 그는 MS 초창기에 "모든 책상과 모든 가정에 마이크로소프트의 소프트웨어를 사용하는 컴퓨터를 놓자."라고 자신의 소망을 구체화했다.[13]

쉴 새 없이 창조적 발상을 하는 스티브 잡스도 "책상마다, 가정마다 컴퓨터가 놓이게 하자."라는 소망을 만들었고, 페이스북 창업자 마크 저커버그는 "세계를 좀 더 열린 곳으로 만들고 싶다."라는 소망을 키웠다. 빌 게이츠, 스티브 잡스, 마크 저커버그가 간절히 소망했던 일들은 이루어졌고, 그 소망들은 아직도 진행형이다. 만약 이들의 꿈이 멈추었다면 어떻게 되었을까.

컴퓨터 없는 세상, 윈도우 없는 세상, 소셜미디어가 없는 세상이 되었을 것이다. 하지만 지금은 그들의 소망대로 책상마다, 가정마다 윈도우가 깔린 컴퓨터가 있고, 페이스북을 통해서 세계는 연결되고 이전보다 훨씬 개방되었다. 일론 머스크의 첫 사업 아이템은 인터넷 기반의 지역 정보 제공 시스템으로 미국 신문사들에게 서비스를 제공한 것이었는데, 240억원에 매각을 했다.

20대 초반에 수백억 원의 자산가가 된 일론 머스크는 "나는 아직 배고 프다"며 온라인 결제 송금 서비스 회사인 페이팔을 2000년에 설립했다. 그는 "내 꿈은 우주에 있다"며 민간 우주 항공 장비 제조 및 우주 수송회 사인 스페이스X를 설립한다. 그의 최종 목표는 "인류를 여러 행성에 살 아가는 종족으로 만들겠다"이다.[14] 그의 상상력과 실행력에 찬사를 보낸 다.

소망의 뜻은 '어떤 일을 바람'이다. 비슷한 말로 '꿈'이나 '비전'을 말할 수 있다. 소망은 감성적이며 간절한 뜻이 담긴 서정적인 표현이다. 그래 서 부드러우면서 애틋한 의미를 가진다. 우리는 이 시대를 '감성시대'라 고 하며 감성의 리더십을 강조하기도 한다. 이런 의미에서 소망을 키우 는 리더는 디지털 심화시대에 더욱 절실한 리더가 아닌가 한다. 당신의 소망은 무엇인가.

리더십의 정의에 포함되는 첫 번째 요소는 바로 '꿈과 비전의 제시'라 고 할 수 있다. 리더가 구성원들을 향해 조직의 꿈과 비전을 제시해야, 조직원들이 그것을 따를 수 있기 때문이다. 비전 없는 조직에 몸담을 조 직원이 어디 있으며, 꿈이 없는 조직에 누가 헌신하겠는가. 즉, 간절한

■ 빌 게이츠 / 스티브 잡스 / 마크 저커버그 / 일론 머스크

소망이 없는 리더는 진정한 리더가 아니다. 어떤 조직이든지 목표가 분명해야 한다.

비전이란 조직의 미래에서 이루고자 하는 소망을 명확하게 의도적인 목표의식을 갖고 기술한 것이다. 비전의 밑그림에는 소망이 잘 깔려 있어야 한다. 이 소망은 조직의 경영철학, 경영이념, 경영목표를 구현하는 바탕이 된다. 혁신 리더는 디지털 심화시대에 부합하는 소망을 키워야 한다. 소망 없는 리더는 감정이 없는 리더로 조직원의 자발적인 몰입을 유도할 수 없다.

소망은 클수록 좋다. 리더 자신의 소망이든 조직의 소망이든 좀 더 구체화하여 실행으로 옮기는 과정에 몰입해야 한다. 앨빈 토플러는 "미래는 예측하는 것이 아니라 상상하는 것이다."라고 했고, 아인슈타인은 "다가올 삶을 미리 보고 싶은가? 그렇다면 그 미래를 상상하라."라고 했다. 상상이 얼마나 중요한가를 지적한 말이다. 미래는 당신의 상상의 크기에 좌우된다.

컴퓨터와 인터넷, 디지털 전환이 이루어지자 상상할 수 없었던 일들이 일어났다. 그러나 이 모든 것들은 내가 생각하지 못했을 뿐이지 세상을 바꾼 위대한 리더는 생각하고 꿈으로 그려내고 실행으로 옮긴 것이다. 혁신 리더는 이미 도래한 글로벌 AI시대에 늦었다고 머뭇거리지 말고, 또다시 "○○혁명이 온다."라고 생각해야 한다. 그리고 미래를 마음껏 상상해야 한다.

5. 소일이 멋스런 리더 (일에 대한 불안에서 벗어나라)

현대인들은 정보의 홍수 속에 살고 있다. 매스미디어로부터 소셜미디어까지 다양한 매체와 급변하는 디지털 신기술로 한시라도 배우고 익히지 않으면 결국 뒤처지고 소외당하기 십상이다. 메타버스, 챗GPT를 모르면 디지털 혜택에서 소외된다. 산업혁명이 인류발전에 크게 이바지했지만, 사람을 대신한 기계로 말미암아 인간성 상실, 인간 소외감을 맛보았듯이 말이다.

페이스북, 유튜브, 인스타그램, 메타버스 등의 다양한 소셜채널로 네트워크가 형성되고 있다. 메타버스, NFT, 챗GPT 등 디지털 신기술로 개발된 새로운 플랫폼은 기존과 전혀 다른 세계이다. 2D에서 3D 공간으로 이동을 했다. 만약 이 도도한 소셜과 디지털 물결들을 외면하고 홀로 외로운 섬에 있다고 가정하자. 누가 반겨주겠는가. 바로 원시인 취급을 받을 수도 있다.

새로운 소셜채널로 다양성을 갖고 새로운 인맥을 갖게 되는 좋은 점도 있지만, 동시에 이로 말미암은 피로감도 날로 높아가고 있다. 단 하루라도 가입한 소셜채널을 방문하지 않는다면, 어떤 일이 벌어지겠는가. 친구요청이 쌓이고, 쪽지가 오고, 중요한 이벤트를 지나쳐 버릴 수 있다. 적시에 반응하지 않으면 시기를 놓쳐서 난처할 때가 종종 발생한다. 부지런해야 한다.

우리가 직장에 출근하여 바로 하는 일이 무엇일까. 바로 컴퓨터를 켜는 일이다. 이메일을 확인하고, 즉시 처리할 것은 답변한다. 포털에서 궁금한 내용을 검색하고, 소셜채널에 접속해서 친구들의 소식을 챙기고, 자신의 생각을 올린다. 그리고 반응도 살펴본다. 챗GPT를 통해서 궁금한 것도 묻고 대답도 한다. 그리고 현업사항에 대한 업무를 대부분 컴퓨터로 처리한다.

우리는 컴퓨터로 업무를 하면서 전화도 받는다. 커피도 옆에 놓고 마신다. 잠시도 컴퓨터에서 눈을 뗄 수 없는 상황이 된다. 핸드폰도 옆에 놓고 수시로 확인하고 응신을 한다. 전화로 무슨 말을 했는지, 커피가 코로 들어가는지도 모른다. 현대인은 자신도 모르게 'ADT(주의력 결핍성향)'를 체험하고 있다. 오후에도 오전과 비슷한 일과를 보낸다. 현대 직장인의 삶이다.

하버드대 정신과 의사인 에드워드 할로웰은 ADT를 통제하는 방법으로 첫째, 몇 시간마다 한 번씩 '인간적 순간'을 위한 시간을 만들어라. 둘째, 충분한 수면을 취하고 균형 잡힌 식사를 하며 적절한 운동을 해라. 셋째, 큰 업무는 실행 가능한 작은 업무들로 나누고, 업무 공간의 일부를 '해방특구'로 유지하라. 넷째, 일과에 이메일에서 '해방'된 시간을 포함하라고 한다. [15]

리더는 조직원의 능력과 기술에 맞게 업무를 조정해 주어야 ADT를 예방할 수 있다. 어느 누구도 ADT에서 자유로울 수는 없다. 자신의 처리 용량을 초과하는 정보를 동시에 처리하려 한다면 우리의 뇌는 어떻게 될까? 신경학적인 이상 현상이 일어나는 것은 당연하다. 할로웰 박사의 권고처럼 해방된 시간을 반드시 마련하고, 조직원의 쾌적한 근무여건을 보장해야 한다.

디지털 심화시대에 혁신 리더는 여가를 잘 보낼 수 있는 '소일의 멋'을 가져야 한다. 잘 노는 사람이 일도 잘한다. 일할 때는 일에 집중하고, 놀 때는 놀이에 집중해야 한다. 메타의 마크 저커버그는 업무시간에는 다른 리더들처럼 일에 빠져 지내지만, 일이 끝나면 직원들과 청바지와 티셔츠 차림에 맥주 마시는 것을 즐긴다고 한다. 여기서 창의적 사고가 나온다.

메타 사내에 배포된 '저크와 함께 일하는 법'이라는 메모에는 "당신이 논의를 진전시킨 데 대한 보상을 기대하지는 말라. 오직 결과물만이 보상될 뿐이다."라고 적시되었다. 이것은 프로답게 일하는 저커버그의 일면을 보여주고 있다. 저커버그는 지시를 내리거나 회의할 때를 제외하면 너그러운 사람이라고 한다. 페이스북의 사무실 분위기는 산만하다 싶을 만큼 자유롭다.

휴테크 전도사인 김정운 명지대 교수는 "휴식은 삶에 활력을 불어넣는 자극제이자 무덤덤한 일상 탈출의 비타민이다."라며 일하는 법 못지않게 쉬는 법이 중요하다고 강조한 바 있다.[16] 혁신 리더는 자신의 일과 휴식을 조화롭게 해야 한다. 그 균형이 깨지면 결국 효율이 떨어진다. 경영관리 측면에서도 조직원들의 총체적인 일과 쉼의 균형을 데이터로 관리해야 한다.

좋은 리더는 다른 사람들에게
힘을 주는 것이 아니라
그들에게서 힘을 끌어내는 사람이다.

리더십 전문가, 존 C. 맥스웰

4장

디지털리스트의
10대 팁Tip을 활용하라

┌─○ Digitelling ──────────────────────────────────

  디지털 세상은 온오프라인의 거대한 글로벌 공간이다. 국경이 없는 지구
촌에는 무궁무진한 인맥의 숲이 되기도 하고, 정보의 바다가 되기도 한다. 그
러나 자유롭게만 느껴지는 '디지털 세상'을 향해하면서도 디지털리스트로 활
용하면 좋을 팁이 있다. 해야 될 5가지와 하지 말아야 할 5가지의 특성 즉,
디지털인 10대 팁을 이해하고 활용하여 디지털 심화기를 리딩하라.

디지털리스트를 위한 10대 팁(TIP)

오늘날 디지털 기기를 사용하고, 디지털 문화를 형성하며 디지털 혜택을 향유하는 보통 사람을 디지털인이라고 한다. 반면에 디지털과 전혀 관계하지 않는 사람은 아날로그인이라고 부를 수 있다. 아날로그인이 디지털인으로 전환하는 시기이고, 연령층에 따라 차이가 난다. 소위 디지털 원주민(Z세대)은 태어나서 바로 디지털 환경을 접하고 자연스럽게 터득하게 된다.

디지털적인 사고와 행동을 하는 사람으로, 사회적 가치의 중심축이 아날로그에서 디지털로 바뀌어 가는 현대사회에서 디지털 문화를 선도해 갈 주도세력을 디지털리스트라고 한다. 세계를 움직이는 정치 · 경제 · 사회 · 문화 · 정보기술을 활용한 새로운 사업분야에서 일할 수 있는 경쟁력 있는 지식근로자라 할 수 있다. 디지털 전환, 심화기에 리더는 디지털리스트가 되어야 한다.[17]

디지털 세상은 성공을 무한대로 가져올 수 있는 터전이다. 국경이 없는 온라인 지구촌에는 무궁무진한 인맥의 숲이 되기도 하고, 정보의 바다가 되기도 한다. 그러나 자유롭게만 느껴지는 '디지털 세상'에서도 지켜야 할 최소한의 '법도'가 있다. 4차 산업혁명의 디지털 신기술의 등장으로 뉴패러다임 시대에 디지털인으로 지켜야 할 사항인 '디지털인 10대 팁'을 설명하고자 한다.

디지털 융복합 기술이 급속도로 발전하면서 사회문화적 가치와 격차가 벌어지는 뉴패러다임의 시대에 살고 있다. 10년 전, 1년 전을 되돌아보면 더욱 실감할 수 있다. 그리고 앞으로 1년 후, 10년 후 어떤 세상이 될지 예측이 곤란하다. 지금까지 경험으로 보아 새로운 혁명이 또 다시 올 것이다. 혁신 리더는 새롭게 변화하는 환경에 능동적으로 수용하는 태도가 필요하다.

진정한 디지털리스트로서 디지털 세상에서 가치와 행복을 찾고, 조직과 개인의 디지털 역량을 강화하는 차원에서 제안하는 10가지 팁을 잘 활용하면 도움이 될 것이다. 다만 해야 할 것과 하지 말아야 할 것을 명확히 구분하고 실천하는 혁신 리더가 되어야 한다. 해야 할 것을 하지 않고, 하지 말아야 할 것을 하게 된다면 리스크가 발생한다. 위험요소를 최소화해야 한다.

Do it 5 (5성 하라): 신뢰성, 개방성, 혁신성, 지속성, 포용성

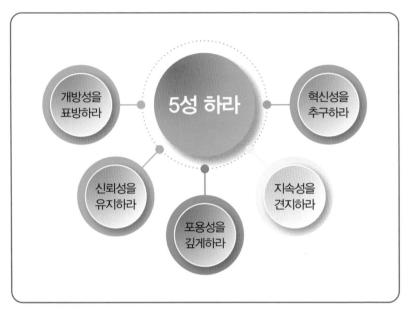

- 디지털리스트의 10대 팁 중, 5가지(신뢰성, 개방성, 혁신성, 지속성, 포용성)를 해야 한다.

1. 신뢰성을 유지하라

디지털 사회의 핵심 키워드는 '신뢰(信賴)'다. 동서고금을 막론하고 신뢰만큼 중요한 것은 없다. 또한 아날로그나 디지털 사회에서도 신뢰는 누구에게나 주요한 요소이다. 신뢰는 사람과 사람의 관계에서도 가장 필요한 요소다. 신뢰가 깨지는 순간 인간관계도, 비즈니스 관계도 끝난다.

이처럼 신뢰의 중요성은 아무리 강조해도 지나침이 없다. 신뢰는 사람의 생명과도 같다.

디지털 세계에서는 오프라인보다 온라인에서 많은 일들이 이루어지고 있다. 사람과 소통하기, 물건 구입하기, 정보 알아보기 등 대면이 아닌 비대면으로 소통과 거래가 일상으로 이루어지고 있다. 디지털 사회에서 윤리의식의 결여는 사이버 폭력, 사기, 인권 침해 등의 형태로 부작용을 낳고, 익명성과 비대면이라는 특성 안에서 각종 성희롱과 언어 폭력에 노출되었다.

사이버상의 비윤리적 부작용과 비대면의 특성이 악용될 수 있다는 점에서 혁신 리더는 신뢰성을 유지할 수 있도록 플랫폼 개발 시 유념해야 한다. 온라인의 소통 수단은 '글'이다. 얼굴을 보고 직접 대화를 한다면 표정과 보디랭귀지, 접촉 등 다양한 수단으로 상대에게 어필할 수 있지만, 온라인상에서는 '글'이 기본적인 신뢰의 도구이다. 글이라는 것은 진정성이 있어야 한다.

신뢰는 눈에 보이지는 않지만 사람이 느낄 수 있는 체감을 가지고 있다. 상대의 반응을 보면 나의 신뢰가 어디에 있다는 것을 알 수 있다. 디지털 사회에서 신뢰받는 리더가 되기 위해서는 말과 행동에서 신중을 기해야 할 것이다. 소셜서비스 활동 시에는 상대에 대한 반응을 시의성 있게 잘해야 하고, 부지런하게 '손가락' 운동을 통해서 소통력을 강화하는 것이 필요하다.

2. 개방성을 표방하라

415 디지털 사회에서 가장 큰 특징은 개방성이다. 온라인은 참여, 개방, 집단지성을 발휘하는 공간이다. 과거에는 대기업 중심의 힘의 논리가 지배적이었다. 빅테크 중심으로 데이터를 수집하고 관리를 하고, 중소기업과 소비자는 그에 종속이 되었다. 이때는 개방이 아니라 폐쇄적으로 독점경영이 이루어졌다. 바야흐로 디지털 전환시대에 접어들면서 개방무드가 조성되었다.

개방성(Openness)은 디지털 사회에서 매우 중요한 가치이다. 인터넷에 접속할 수 있는 기회와 자원에 대한 공정한 분배, 인터넷 네트워크의 중립성과 차별 없는 접근, 그리고 인터넷의 개방적인 플랫폼과 서비스는 개방성의 예시라고 할 수 있다. 공공기관과 조직은 공공 데이터의 개방, 개방적인 접근, 투명성을 유지하여 시민들이 접근하고 활용할 수 있도록 해야 한다.

개방적인 협업 도구와 플랫폼을 통해 사람들은 지리적인 제약 없이 협력할 수 있으며, 크라우드소싱이나 공동 창작 플랫폼을 통해 문제를 해결한다. 오픈 소스 소프트웨어는 개방적인 협업과 지식 공유를 장려하며, 누구나 자유롭게 사용, 수정 및 배포할 수 있다. 이러한 개방성은 혁신과 발전을 촉진하며, 다양한 사람들이 기술을 학습하고 활용할 수 있는 기회를 제공한다.

디지털 사회에서 개방성은 혁신과 창조성을 촉진하며, 정보 격차를 해소하고 참여의 기회를 제공한다. 개방적인 사고방식과 개방적인 시스템을 통해 디지털 사회는 보다 포용적이고 혁신적인 방향으로 발전할 수 있다. 메타버스 플랫폼, 초거대 생성형 AI 플랫폼에서도 오픈소스를 통해서 공동으로 참여하고, 이를 통해서 창의성을 촉진하고 집단지성의 힘을 발휘하게 된다.

3. 혁신성을 추구하라

디지털 혁신성은 빠르게 변화하는 디지털 환경에서 조직의 존속과 성장을 위해 중요한 역할을 한다. 변화의 기회는 항상 혁신적인 사고를 통해서 계기가 된다. 기존의 비즈니스 모델이나 방식이 변화해야 할 때, 디지털 혁신성은 기업이 이러한 변화에 적응하고 성공할 수 있도록 돕는 역할을 한다. 디지털 심화기에 혁신은 혁신에 혁신을 반복해야만 선도할 수 있다.

미국의 농기계 및 건설장비 업체인 존디어(John Deere)라는 기업이 있 ⁴²⁰다. 180년의 역사를 가진 농기계 회사가 여전히 전성기를 구가할 수 있는 것은 바로 혁신적 사고로 디지털 전환에 성공했기 때문이다. 농슬라(농기계의 테슬라)라는 별명이 붙은 존디어는 CES 2023에서 로봇 기반 비료살포기 이그젝트샷을 선보였다. 명실공히 디지털 기술 중심의 플랫폼 기업이 되었다.

AI와 스마트 디바이스가 등장하면서 전통방식으로 장사를 잘하는 가게가 빅테크의 주문앱 사용으로 여기에 종속이 되어 수익이 감소되기도 한다. 이것은 파괴적 혁신이라고 할 수 있다. 궁극적으로 비파괴적인 사용자 중심의 공유 플랫폼를 통해서 상호 이익이 될 수 있는 포지티브섬 전략의 길로 가야 한다. 혁신 리더는 모두가 승자가 되는 비파괴적 혁신에 앞장서야 한다.

문제를 혼자 해결하기보다는 관계자의 협업을 통해서 시너지를 내야한다. 제로섬 게임은 승자와 패자가 나뉜다. 디지털 세상은 가상공간의 무한한 영토가 있다. 상대를 파괴하는 혁신이 아니라, 비파괴적인 창조적 혁신을 통해서 모두가 윈윈하는 포지티브섬 전략을 구사해야 한다. 누구나 디지털 혜택을 누리는 생태계를 만들고, 이해 관계자 간의 파트너십이 중요하다.

4. 지속성을 견지하라

디지털 사회의 지속성은 디지털 기술과 사회의 상호작용을 통해 지속 가능한 방향으로 발전하고 유지되는 능력을 말한다. 디지털 기술의 빠른 발전과 넓은 보급으로 인해 우리의 삶과 사회 전반에 영향을 미치고 있다. 사회가 안정적이고 산업적 생태계가 선순환되는 지속성이 중요하다. 이를 위해 4가지 측면 즉 환경적, 사회적, 경제적, 기술적 지속성을 유지해야 한다.

환경적 지속성 측면에서 디지털 기술은 많은 전기 에너지를 소비하고 전자 폐기물을 생성하고 하고 있다. 이를 해결하기 위해, 친환경적인 데이터센터 구축, 에너지 효율적인 기술 개발, 재활용 가능한 재료 사용 등의 노력이 필요하다. 사회적 지속성 측면에서 디지털 격차해소를 위한 포용정책을 발전시키고, 개인정보 보호 및 사이버 보안의 사회적 지속성을 추구해야 한다.

경제적 지속성 측면에서 디지털 기술을 활용한 새로운 비즈니스 모델과 소득 창출 기회를 찾아내는 것이 중요하다. 또한, 디지털 기술이 일자리를 대체할 수 있는 부작용을 최소화하기 위한 전략을 개발해야 한다. 기술적 지속성 측면에서 연구와 개발을 통해 새로운 기술을 탐구하고, 기술의 안정성과 신뢰성을 확보하기 위한 품질 관리와 유지보수도 중요하다.

이러한 측면들을 고려하여 디지털 사회의 지속성을 추구하면, 우리는 보다 지속 가능한 미래를 구축할 수 있다. 디지털 기술은 우리에게 많은 잠재력과 혜택을 제공하지만, 이러한 혜택을 최대한 활용하면서도 환경, 사회, 경제, 기술의 지속 가능성을 유지하는 것이 우리의 과제이다. 혁신 리더는 사회의 미래 발전을 지속하기 위한 혁신을 강도 높게 강화할 필요가 있다.

5. 포용성을 깊게 하라

디지털 포용성은 디지털 기술과 서비스를 모든 사람들이 동등하게 접근하고 활용할 수 있는 상태를 말한다. 이는 경제, 사회, 기술, 문화적 배경이 다양한 사람들이 모두 디지털 기술의 혜택을 누릴 수 있도록 보장하는 것을 의미한다. 디지털 포용성은 디지털 사회에서 새롭게 등장한 디지털 양극화 문제를 해결하고 공정한 접근을 실현하기 위한 중요한 목표이다.

디지털 심화기에 디지털 전환과 디지털 포용은 투트랙으로 균형되게 동시에 진행해야 한다. 디지털 전환의 수준이 개인, 조직, 기관별로 편차가 생기면 결국 디지털 격차가 발생하고 이는 사회적 문제로 양산된다. 디지털 격차를 포용의 차원에서 해결하는 노력을 정부 또는 기업에서도 추구해야 하고, 혁신 리더는 경영의 차원에서 디지털 포용성을 실천해야 한다.

모든 사람들이 인터넷 및 디지털 기술에 접근할 수 있도록 인프라 및 연결성 개선, 비용 절감 조치, 미디어 및 정보 접근성 확보 등이 필요하다. 디지털 기술을 사용하는 방법을 배우고 활용할 수 있는 기회를 제공하는 것이 중요하다. 정부 및 지자체에서는 어르신을 비롯한 디지털 약자의 디지털 격차해소를 위한 다양한 교육 프로그램(디지털 배움터 등)을 운영하고 있다.

디지털 포용성을 실현하면서 개인정보 보호와 디지털 보안도 중요한 430 문제이다. 디지털 환경에서 개인정보가 안전하게 보호되며, 디지털 활동을 할 때 불필요한 위험을 감수하지 않아야 한다. 정부와 규제기관은 디지털 포용성을 촉진하기 위한 정책 및 규제를 마련하고 이행하는 역할을 해야 한다. 디지털 포용성은 사회적 공정성과 평등을 추구하는 데 중요한 가치이다.

Stop it 5 (5성 말라): 강제성, 상업성, 혼돈성, 배타성, 중독성

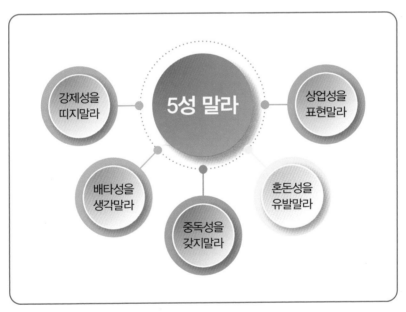

■ 디지털리스트 10대 팁 중, 5가지(강제성, 상업성, 혼돈성, 배타성, 중독성)을 하지 말라.

6. 강제성을 띠지 말라

디지털 사회에서는 인터넷과 기술 기반 서비스에 접근하는 것이 필수적이다. 일상 생활에서는 온라인상에서 은행 업무, 쇼핑, 예약, 정보 검색 등을 처리하는 것이 보편화되었다. 이와 같은 디지털 접근성에 어려움을 겪는 사람들은 사회적으로 소외될 수 있다. 디지털 문해력이 부족한 사람들은 정보 접근에 어려움을 겪고, 교육, 일자리 등에서 불이익을 받을 수 있다.

개인 정보가 많은 기업과 조직에 의해 수집, 저장, 활용되는 경우가 많다. 디지털 사회에서는 개인 정보를 보호하고 이용 동의에 대한 관리를 명확히 하는 것이 필요하다. 개인이 디지털 서비스를 이용하는 과정에서 다양한 제약과 강제성을 경험할 수도 있다. 이러한 강제성에 대해서는 법적, 정책적 조치와 함께 기술 교육 및 정보 접근성을 개선하는 노력이 필요하다.

디지털 사회에서 소셜미디어와 소셜채널을 사람들이 만나는 연회장이라고 생각하자. 이곳에는 지인도 있고, 처음 보는 사람도 있다. 사람은 첫 대면에서 상대의 '매력'에 끌려 호감을 갖고 대화를 시작한다. 이때 상대방의 표정을 보거나 말씨에서 호감도를 알 수 있다. 이처럼 소셜에서도 '눈치'를 살피는 일이 필요하다. 소셜에서 상대방의 의사를 무시한 강제성은 금물이다.

페이스북에서는 친구요청에 대한 승인이 있어야만 상대의 정보를 자세히 알 수 있고 담벼락에 글을 남길 수 있다. 친구요청을 했는데도 답이 없을 때는 기다릴 수밖에 없다. 친구 수에 관심이 있는 사람은 친구요청에 바로 승인을 하지만, 폐쇄적으로 활동하는 사람은 친구요청 자체가 부담될 수 있기 때문이다. 상대를 압박하면 부담이 되고, 결국 친구는 멀리 달아난다.

7. 상업성을 표현 말라

디지털 기술과 인터넷의 발전으로 인해 전 세계적으로 상업 활동이 크게 변화하고 있다. 이전에는 실제 물리적인 공간에서 이루어지던 상업 활동들이 대부분 디지털 공간으로 이동하고 있다. 이러한 변화는 다양한 산업 분야에서 비즈니스 모델의 혁신과 새로운 기회를 만들어내고 있다. 전자상거래 플랫폼은 소비자와 판매자 간의 거래를 원활하게 만들어준다.

전통적인 물리적인 상점이나 시장에 비해 더 낮은 비용으로 제품을 판매하고 전 세계적으로 소비자에게 접근할 수 있는 기회를 제공한다. 온라인 광고와 디지털 마케팅이 상업적으로 매우 중요한 역할을 한다. 소셜 미디어 플랫폼, 검색 엔진, 웹사이트 등을 통해 개인화된 광고와 마케팅 전략을 펼칠 수 있으며, 대상 고객을 타겟팅하고 광고 효과를 분석할 수 있다.

기업들은 수집된 데이터를 분석하여 소비자의 행동 패턴과 선호도를 이해하고, 이를 기반으로 제품과 서비스를 개선할 수 있다. 인공지능 기술을 활용하여 데이터 분석 및 예측을 수행함으로써, 기업들은 비즈니스 운영에 있어 더욱 효율적인 결정을 내릴 수 있다. 은행 업무, 음식 주문 및 배달, 여행 예약, 음악 스트리밍 등 다양한 서비스가 온라인을 통해 제공되고 있다.

디지털 사회는 상업 활동을 변화시키고 새로운 기회를 제공하지만 디지털인으로 신뢰를 유지해야 한다. 소셜에서 상업성을 표방하는 것은 친구의 발길을 끊는 것과 같다. 어떤 목적만을 표방한다면 그것은 상대에게 부담이 된다. 인간관계에 있어서 가장 중요한 것은 상대에 대한 배려이다. 상대에게 어떤 가치를 주기 이전에 자신의 이윤을 추구하는 상업성을 피해야 한다.

8. 혼돈성을 유발 말라

온라인 플랫폼에서 언쟁이나 분란을 조장하지 말고, 건강한 토론과 다양한 의견을 존중해야 한다. 타인의 저작권을 존중하고, 온라인에서 저작물을 사용할 때는 출처를 명시하고 저작권을 침해하지 않도록 해야 한다. 거짓 정보를 퍼뜨려서 혼돈성을 유발하지 말아야 한다. 가짜 허위 정보를 공유하지 말고, 신뢰할 수 있는 정보를 확인하고 배포하도록 한다.

사이버 불링(Cyber Bulling)은 사이버 폭력이라는 카테고리에 속한 소수적 용어로 보편적으로는 인터넷 상의 집단 괴롭힘을 뜻하는 신조어이다. 다수의 사람들이 자신의 부정적인 감정을 한 명에게 퍼붓는 행위라는 점에서 오프라인의 집단 괴롭힘과 유사하다. 온라인에서 다른 사람을 괴롭히거나 협박하지 말고, 상호 존중과 배려를 기반으로 하여 대화해야 한다.

디지털인은 디지털 소유권을 존중해야 한다. 소프트웨어, 음악, 영상 등 디지털 자산의 소유권을 존중하고 불법적인 복제나 유포를 하지 말아야 한다. 이러한 불법적인 행위는 온라인 플랫폼을 불신의 장으로 만들 수도 있다. 온라인에서의 예의를 지키고, 온라인 커뮤니티에서 예의를 지키고, 다른 사람을 존중하며 종교적, 정치적, 문화적인 갈등을 피하도록 해야 한다.

온라인 세계에서 서로를 존중하고 안전하게 상호작용하는 데 도움을 주는 원칙들이 있다. 이를 준수함으로써 더 건강하고 윤리적인 디지털 환경을 만들 수 있다. 사이버 공격, 해킹, 스팸 메일 등 사이버 범죄 행위를 하지 말아야 한다. 인터넷 윤리, 디지털 윤리, 메타버스 윤리, AI 윤리 등 건전한 디지털 문화 조성을 위해 디지털 윤리의식을 강화해야 한다.

9. 배타성을 생각 말라

디지털 사회의 배타성은 디지털 기술과 인터넷의 발전으로 인해 생겨난 사회적 현상을 가리키는 용어이다. 이는 정보 접근에 제한이나 차별이 발생하거나 디지털 기술의 사용에 있어서 일부 그룹이나 개인이 다른 그룹이나 개인보다 우위에 있거나 특권을 가짐으로써 사회적 불평등이 심화되는 현상을 의미한다. 이러한 사회적 불평등을 해소하는 디지털 포용이 필요하다.

디지털 기술의 발전으로 정보에 접근하는 것을 용이하게 해 주었지만, 일부 지역이나 사회적 약자들은 여전히 디지털 접근이 어려울 수 있으며, 이로 인해 정보의 불균형과 불평등이 발생할 수 있다. 디지털 기술을 잘 활용하는 것은 현대 사회에서 필수적인 능력이 되었다. 하지만 디지털 리터러시에 자원이 부족한 사람들은 이러한 능력을 습득하기 어려울 수 있다.

디지털 기술은 새로운 경제 기회를 제공하기도 하지만, 일부 기술 기업이 점유하고 있는 시장 지배력 때문에 경쟁이 어려운 새로운 기업들은 애로사항을 겪기도 한다. 이러한 경제적 불평등은 사회적 격차를 확대시킬 수 있다. 배타성을 없애기 위해서는 사회적 정의를 강조하는 노력과 디지털 기술을 폭넓게 활용하고, 디지털 환경에서 평등하게 참여하도록 해야 한다.

디지털 사회에서는 다양한 소통의 채널이 생겨난다. 소통의 핵심 열쇠는 관용과 배려다. 즉, 서로 다름을 인정하는 것이 가장 중요하다고 할 수 있다. 친구의 글이 자신의 생각과 전혀 다르다면 어떻게 할 것인가. 이 상황에서는 본의 아니게 실수할 수 있다. 친구가 처한 상황을 직접 보지 않고 글을 통해 보기 때문이다. 우리는 이같은 상황에 매우 신중을 기해야 한다.

10. 중독성을 갖지 말라

디지털 기술과 서비스는 우리의 삶에 많은 편의와 혜택을 제공하지만, 동시에 의존성을 야기할 수도 있다. 예를 들어, 모바일 기기나 소셜 미디어 등에 의한 연결성과 정보 제공은 사람들을 계속해서 디지털 세계로 끌어들일 수 있다. 이로 인해 현실 세계와의 균형이 깨지고, 디지털 중독이나 사회적 관계의 손실 등과 같은 심각한 사회적 문제를 유발할 수 있다.

SNS, 메타버스 등 사람이 많이 몰리는 이유는 분명히 다른 곳에서 찾아볼 수 없는 특별한 것이 있기 때문이다. 소셜미디어를 시작하면 '중독'에 빠질 수 있다. 왜냐하면 흥미롭고 행복감을 주기 때문이다. 중독이란 어떤 사상이나 사물에 젖어 정상적으로 사물을 판단할 수 없는 상태를 말한다. 비슷한 예로 인터넷 중독이 있다. 이것은 우리 사회의 문제로 분류되고 있다.

인터넷은 좋은 도구임에도 불구하고, 지나친 사용은 사회생활에 지장을 가져오기 때문이다. 과유불급이란 말이 있듯이, 세상에 지나쳐서 좋을 것은 없다. 도박, 흡연은 물론이고 각종 스포츠나 취미생활도 그 세계에 깊이 빠지면 중독이 된다. 디지털인의 참다운 문화로 정립하기 위해서는 맺고 끊음을 분명히 해야 한다. 소셜미디어 활용시간을 의도적으로 제한해야 한다.

450 필자도 소셜미디어를 처음 시작할 때 아침에 눈을 뜸과 동시에 소셜을 시작하고 소셜로 하루를 마무리했다. 나는 무슨 말을 해야 하나 등 시시각각으로 움직이는 소셜 스트리밍은 흥미를 유발하기 때문이다. 디지털 기기 사용도 습관적으로 확인하는 버릇이 있다. 중독이 될 만큼 유인성이 있기 때문에 결단력을 갖고 목적에 맞게 유익하게 사용하는 것이 바람직하다.

인내심과 유연성은
디지털 리더십에서 중요한 가치이다.
실패는 성공의 전제이다.

아마존 의장, **제프 베이조스**

See digital
innovative
technology

Part 3

Digital 혁신
기술을 보다

디지털 대전환은 피할 수 없는 숙명이다.
4차 산업혁명시대의 디지털 혁신 기술이 대
중화되고 우리의 일상으로 깊숙이 들어왔다.
초거대 AI의 등장으로 패러다임이 바뀌었다.
AI가 단순히 빅테크의 전유물이 아니고, 사
용자 중심으로 전환되고 있다. 앞으로 AI가
어디까지 진화할 것인가는 상상하는 자의 몫
이다. 혁신 리더는 디지털 심화를 위해서 혁
신을 가속화해야 한다.

Digital
Innovation
Leadership

1장

글로벌 인공지능AI을
리딩Leading하라

─○ Digitelling ──────────────────────────

인공지능은 빅데크의 전유물이 아니다. 이제 우리의 일상생활에 스며드는 초거대 언어모델인 챗GPT 등장은 디지털 신기술의 중심에서 게임 체인저 역할을 하고 있다. 여태껏 접하지 못한 컴퓨터의 대혁명이라고 할 수 있다. 현대 인공지능의 아버지라 불리는 위르겐 슈미트후버 박사는 "AI for ALL"을 강조했다. 인류 삶의 질을 향상하는 사용자 중심 AI 시대가 올 것이다.

인공지능이란 무엇인가?

인공지능은 인간의 지적 능력을 컴퓨터에 인공적으로 구현한 기술이다. 컴퓨터가 사람처럼 스스로 생각하고 학습할 수 있게 하는 것이다. 인공지능이 큰 화제가 되면서 머신러닝과 딥러닝이란 단어를 흔히 들을 수 있다. 인공지능은 가장 큰 개념이라 할 수 있고, 머신러닝과 딥러닝 분야로 나누어진다. 머신러닝과 딥러닝은 인공지능이 점점 발전한 형태라고 할 수 있다.

머신러닝은 초기의 규칙 기반 AI(Rule based AI)와 다르게 머신러닝부터는 기계가 스스로 학습하고, 문제를 해결한다. 이때 정보(데이터)가 필요하고, 사람이 공부할 때 책이나 자료가 필요하듯이 머신러닝에서 기계가 스스로 학습을 하려면 정보가 있어야 한다. 이로써 기계는 사람이 하나하나 프로그래밍하면서 데이터만 있다면 규칙을 정해주지 않아도 규칙을 만든다.

알파고, 자율주행 자동차 등 AI라고 하면 생각나는 기술들은 대부분 딥러닝에 해당한다. 머신러닝과 마찬가지로 스스로 학습을 하며 규칙을 만들지만, 인간의 신경세포 구조를 본떠 만든 인공 신경망을 이용하여 더 어렵고 복잡한 일을 수행할 수 있다. 인공 신경망은 인간 뇌를 구성하는 신경 세포(뉴런)의 동작 원리에 기초해 인공적으로 구축한 신경망이다.

인공지능은 1950년대부터 연구가 시작되었으며, 공상과학 영화에서 로봇이 등장했는데 이제는 일상생활에서 흔히 접한다. 인공지능 스피커로 정보를 검색하고, 인공지능 청소기로 집 안을 청소한다. 인공지능 로봇이 사람의 손과 발을 대신하며 시간, 비용과 노동을 줄여주었다. 이제는 손과 발이 아닌 두뇌까지 진화하면서 인공지능의 확장성은 우리의 상상을 초월하고 있다.

인공지능 AI가 모든 것을 대체하는 미래가 멀지 않았다. 미래에는 인공지능이 우리 삶의 일부가 될 것이고, 다양한 영역에서 광범위하게 활용될 것이다. 직업의 세계도 달라지고, 경험과 지식의 유형도 다양해질 것이다. 영화 〈아이언맨〉의 인공지능 비서인 자비스가 있다. 이 자비스가 영화가 아닌 현실로 되는 날이 점점 가까워지고 있다. AI 주권 시대가 멀지 않았다.

초거대 AI는 지식업무의 생산성을 증대한다

왜 사람들은 챗GPT에 열광하는 것일까? 인공지능의 대혁명이라 할 수 있는 챗GPT 사용자가 100만 명을 달성하는 데 딱 5일 걸렸다. 2주일 만에 200만 명을 달성하고, 2달 만에 월간 사용자가 1억 명을 돌파했다. 1억 명을 돌파하는 데 틱톡은 9개월, 인스타그램은 30개월, 텔레그램은 61개월, 우버는 70개월, 구글번역기는 78개월이 걸린 것에 비해 전례없는 기록을 달성했다.

2016년 3월, 구글이 인수한 딥마인드가 개발한 머신러닝 기반 바둑프로그램인 알파고(Alpha Go)가 이세돌과 바둑대결에서 5전 4승 1패로 승리했다. 세계 최고의 기사인 이세돌이 인공지능에게 패배한 'AI 쇼크'이다. 그러나 최근 세계 최강 AI 바둑인 카타고를 상대로 15전 14승 1패를 거둔 미국의 아마추어 기사가 있다. 기존의 전통적 정공법 대신 AI의 약점을 파고든 것이다.

이세돌도 은퇴했고, 알파고는 퇴역했다. AI 바둑은 허점이 있다. UC버클리대 스튜어드 러셀 교수는 "인공지능은 과거 데이터 중 특수한 상황만 이해한다. 인간에게 일반화된 상식을 모두 숙지하고 있다고 과대평가하는 경향이 있다."라고 지적한 바 있다. 알파고 AI 쇼크를 통해 일시적으로 인공지능이 "대단하고, 놀랍다."라는 평가를 받았지만, 이것이 대중적으로 파고들지는 못했다.

챗GPT는 어떤가. 분류형이 아닌 대화하는 생성형 AI이다. 지금까지 들지도 보지도 못했던 AI 대혁명을 몰고왔고, 디지털 전환의 패러다임을 바꾸게 된 계기가 되었다. PC나 핸드폰 프롬프트에 질문을 하면 즉각 답변을 주는 '묻고 대답하는 기계'이다. 기존에 검색에서는 이미 만들어진 참고자료를 나열했다면, 챗GPT는 질문자 의도에 따라 신규 정답지를 제출하는 셈이다.

챗GPT는 사람과 대화하는 것처럼 답을 준다. 사용자의 질문을 기억하고 상황에 따라서는 인간지능과 인공지능을 구분하지 못할 정도로 놀라운 답변을 한다. 챗(Chat)은 대화라는 뜻이고, GPT는 Generative(생성하는), Pre-trained(미리 훈련된), Transfomer(변환기)로 '미리 훈련된 생성 변환기'로 해석이 된다. 챗GPT는 Open AI에서 개발한 자연어 생성 모델이다.

2018년 처음 공개된 GPT-1는 매개변수(파라미터)가 1.17억 개이고, 2019년 GPT-2는 15억, 2020년 GPT-3는 1,750억, 2022년 GPT-3.5는 1,750억 개로 같은 성능 면에서 차이는 없지만 인간 피드백을 통한 강화학습을 적용하여 대화에 최적화 기능을 보강했다. 지금 논의되는 챗GPT는 GPT-3.5 기반으로 사용자의 질문을 이해하고 사람과 대화하며 의사소통을 한다.

챗GPT는 2022년 11월 30일 처음 공개되었고, 2023년 2월 말쯤 뜨거운 주목을 받았다. 신문 방송에서도 연일 보도가 되고, 사람이 모인 곳이면 화젯거리였다. 필자도 Open AI 사이트에 들어가서 가입을 하고 PC와 핸드폰에서 활용을 했다. 내가 직접 활용한 첫 사례는 어느 행사의 축사였다. "'디지털 소비자 문제 이대로 둘 것인가' 세미나의 축사를 써줘."라는 질문을 했다.

눈 깜짝 할 사이에 축사를 써내려갔다. 참 신기하다는 말이 연신 나왔다. "디지털 시대에 우리는 더 이상 물리적인 제약이 없는 세상을 살고 있습니다."라는 첫 문장이 올라왔다. 그럴싸하다. "하지만 이에 따라 발생하는 디지털 소비자 문제도 끊임없이 증가하고 있습니다."로 이어졌다. 이 내용을 참고로 해서 축사를 하면서 챗GPT 이야기를 꺼냈더니 모두 박수를 쳤다.

사회적으로 관심이 집중되는 챗GPT에 대해서 그냥 지나칠 수는 없었다. 나는 팀장회의에서 챗GPT TF를 만들고, 활용법을 연구하라고 지시했다. 먼저, 챗GPT를 사전에 연구한 직원에게 전 직원을 대상으로 챗GPT 가입요령부터 활용법까지 특강을 하도록 했다. 일주일 만에 TF에서 '챗GPT 활용사례 및 활용 팁(업무활용편)' 보고서를 만들었다.[18] 훌륭한 직원들이다.

■ 서울디지털재단에서 작성한 공공분야 최초 챗GPT 활용 보고서(업무활용편, 일상생활편)

‘챗GPT 활용사례 및 활용팁’ 보고서 관련 기사가 중앙일보에 보도 ⁴⁶⁵
(2023. 03. 12)되었다. "일주일치 업무가 10분 만에 끝, 서울시 공무원 숨
겨둔 비결"이란 제목의 기사였다. 정부 · 기업 · 대학 등 각계각층에서 챗
GPT 열풍인 상황에서 서울디지털재단이 12일 ‘챗GPT 활용보고서(업무
활용편)’를 선보였다고 했다. 이 기사는 하루 50만 뷰 넘게 조회가 되어
큰 관심을 모았다.

재단의 홈페이지 월 평균 트래픽은 3~4만인데, ‘챗GPT 활용사례 및
활용팁’ 보고서로 인해 3월에는 18만 회를 상회했다. 또 이 보고서는 한
달 동안 무려 87,000 조회수를 기록했다. 챗GPT에 대한 대중의 관심이
많다는 것을 방증한 것이다. 공공기관은 사회적 이슈에 대해서 민첩하게
대응한 것도 적극 행정의 일환이다. 결국 일은 방향성을 잡고 타이밍이
중요하다.

이 보고서가 나오기 전에 한 연구원이 주말 동안 스스로 연구를 하여
보고서 초안을 보고했다. 이때 필자는 감(感)이 왔고, 보고서에 대한 편
집 및 내용에 대한 보완을 해서 가장 빨리 보고서 형태로 만들 것을 결정
했다. 만약, 우유부단하게 결정을 못 하고, 직원의 보고를 가볍게 넘겨
버렸다면 좋은 기회를 놓쳤을 것이다. 챗GPT는 우리 재단의 정체성을
돋보이게 했다.

이 보고서가 나온 뒤로 공공기관, 일반은행, 학교 등에서 강의 요청
이 쇄도했다. 재단의 사정상 개별 기관의 강의를 할 수 없어서, 대신 자

료 제공과 질의에 대한 답변을 성실히 해주었다. 이러한 사회적 분위기를 감안하여 서울 시민을 대상으로 한 특강을 준비했다. '메타버스 서울' 참여 활성화를 겸해서 '챗GPT, 메타버스 서울'이란 2가지 주제로 특강을 진행했다.

■ 챗GPT 열풍이 불고 많은 시민들이 관심이 높아질 때, 재단에서는 민첩하게 대응하여 챗GPT 특강을 실시했다.

4월 하순, 서울여성가족재단 강당에는 300여 명의 시민들이 자리를 가득 메웠다. EBS방송(AI와 토론하고 공부), 산업종합저널(AI 대중화 시대)에서는 현장 취재를 했고, 다음 날 보도가 되었다. 특강을 기획하고 실행한 것은 시민을 위한 민첩한 대응의 성공 사례이다. 특강을 일회성으로 끝내지 않고, 각 구청과 협력하여 순회특강을 하고 수강생 목표 1천 명을 달성했다.

재단의 챗GPT TF는 2권의 보고서를 펴냈다. 첫 번째는 'ChatGPT활용 470 사례 및 활용팁' 업무활용편이다. 일반인을 대상으로한 광범위한 챗GPT 활용법 관련 책은 있지만, 공무원이나 공공기관 종사자를 위한 보고서가 나온 건 이번이 처음이다. 업무 활용 분야는 보고서 자료조사, 사업기획 아이디어, 글쓰기, 보도자료, 번역, 엑셀업무 활용, 프로그래밍으로 나누어 소개했다.

두 번째 보고서에서 일상생활편은 법률자문, 투자자문, 건강상담, 심리상담, 학업/직업/진로 상담, 자동차 정비문의, 쓰레기 처리 방법 문의, 음식 요리 질문, 육아 관련 질문 등의 사례를 살펴보았다. 창작활동은 글쓰기, 음악 작업, 그림 이미지 생성의 사례를 들었다. 교육활용은 교육지도 가이드, 주요 교과목 학습보조 도구로서의 보조 역할을 하는 예문을 살펴보았다.[19]

시의적절하게 이 보고서의 기획 아이디어를 내고, 제작 업무에 집중한 연구원을 '이달의 우수직원'으로 표창했다. 조직관리에 있어서 방향성을 잡고, 집중하고, 타이밍을 잘 잡는 것이 중요하다. 또 솔선수범하여 자기 시간을 투자하여 최선을 다한 직원에게는 반드시 상응한 격려와 사기를 북돋는 것을 잊어서는 안 된다. 설령 실수를 하더라도 용기를 꺾어서는 안 된다.

챗GPT는 인공지능이 일상생활에 스며드는 신호탄이다. AI 바둑 알파고와는 다르다. 알파고는 대중이 사용하는 것이 아니지만, 챗GPT는 누구나 사용할 수 있기 때문에 영향력은 매우 크다고 할 수 있다. 챗GPT는 정확한 대화형 검색 기능을 갖고 있는 장점이 있는 반면 단점으로 21년 9월 이전 데이터를 학습하여 정보의 실시간 반영이 불가능하고, 거짓 답변 현상이 있다.

챗GPT는 대화형 인공지능 서비스에 특화한 자연어 이해와 정확성이 매우 높고, 맥락을 이해하여 연결 질문이 가능하며, 수많은 파라미터(매개변수) 값을 조합하여 결과 값을 출력한다. 모델이 노출된 데이터에 특정한 경향성을 학습하면 치우친 결과를 출력할 수 있다. 파라미터 값을 조합하는 과정에서 거짓으로 정보를 만들어 내거나, 편향된 결과 값을 도출하기도 한다.

챗GPT는 만능은 아니다. 원하는 모든 것을 답해주는 것도 아니고, 또 그럴싸하게 작성한 문서가 완벽하지도 않다. 인간이 갖고 있는 지식과 상식으로 오류를 수정 보완하여 활용할 수 있다. 사용자가 인공지능의 답변에 대해서 오류를 지적하면 스스로 학습하여 오류를 줄여가는 시스템이다. 분명한 것은 챗GPT는 전 산업 지식 업무 보조로 생산성을 증대할 것이다.

챗GPT가 등장하고, 세계 각국의 초거대 AI가 출시되고 공개를 앞두고 있다. 치열한 AI 전쟁이 벌어지고 있다. 초거대 AI를 개발한 나라는 현재 미국, 중국, 이스라엘, 우리나라 등 4개국에 불과하다. 우리나라 5개 기업(네이버, KT, SKT, LG, 카카오) 및 일반 기업도 개발에 뛰어들어 안정

성과 고도화에 힘쓰고 있다. 앞으로 초거대 AI의 진화가 크게 주목되고 있다.

AI 미래, 사용자 중심 인공지능(UCAI)으로 간다

2023년 1월 30일, 전경련 컨퍼런스홀에서 사용자 중심 인공지능 창립 포럼 세미나가 개최되었다. UCAI(User Centric Artificial Intelligence)라는 단어는 생소한 용어이다. UCAI는 사용자 중심의 목적을 달성하는, 사용자 중심으로 통합된, 사용자 정보를 보호하는 AI를 의미한다. 빅테크 중심 인공지능 개발에 따른 독점과 격차 심화 문제를 해소하는 데 중점을 둔다.[20]

자동차, 컴퓨터, 미디어 등이 큰 기업 및 조직 소유물에서 개인 소유물로 발전해온 것처럼, 인공지능 소유와 개발 및 활용을 사용자에게 줘야 한다는 사회적 비전이자 실천과제다. 이날 키노트 연설은 현대 인공지능 아버지라 불리는 위르겐 슈미트후버 교수가 'AI for ALL(모두를 위한 인공지능)'이란 주제로 발표했다. 그는 독일의 컴퓨터 과학자, 머신러닝의 선구자이다.

스위스 루가노대, 사우디아라비아의 KAUST 교수를 겸하고 있는 위르겐 교수는 1991년 트랜스포머 모델을 연구하고, 1997년 인공지능 딥러닝의 중요한 모델 중 하나인 LSTM(장단기 기억 모델)을 개발했다. 그의 제자들이 딥마인드 공동창업자 및 AI 분야에서 활발한 활동을 하고 있어 'AI 아버지'라 불릴 만하다. 그는 UCAI가 추구하는 개념에 동의하여 공동의장을 맡았다.

그는 기조강연에서 "AI는 이미 인간의 삶을 행복하게 만들고 있다"며 "10년마다 AI 비용은 100분의 1 수준으로 떨어지고, 모든 사람이 저렴하고 강력한 AI를 소유하고 다양한 방식으로 삶을 개척할 것이다"라고 강조했다. 사용자 중심 인공지능의 설계자인 박경양 공동의장은 '초개인화 AI 서비스로 균형적 발전과 신경제 질서 구축 및 데이터의 사용자 주권'을 강조했다.

빅테크 플랫폼은 자본, 데이터, 고급인력, 대규모 고객 접점(PC · 모바일 앱) 등을 기반으로 디지털 독과점을 심화시키고 있다. 이로 인한 승자독식, 데이터 독점, 과다 수수료 등 소상공인, 중소기업의 양극화 문제가 국내외적으로 이슈가 되고 있다. 이것은 디지털 전환시대에 디지털 격차 문제와 함께 등장한 새로운 양상의 사회문제가 아닐 수 없고, 이를 대혁신해야 한다.

■ 인공지능의 아버지라 불리는 스위스 루가노대, 사우디아라비아의 KAUST대 위르겐 슈미트후버 교수는 UCAI 포럼의 공동의장을 맡고 있다. 포럼 창립식에서 'AI for ALL'을 강조하고 있다.

사용자 중심이 된다는 것은 데이터 자체를 어떤 기업에게 모든 걸 일방적으로 주는 것이 아니라, 데이터를 사용자 중심으로 모이게 만드는 것이다. 데이터의 흐름 자체가 180도 바뀌게 되는 새로운 패러다임이다. 사용자의 데이터가 집적되면 그것을 통해서 이루어지는 다양한 분석 데이터를 기반으로 해서 인공지능 서비스가 만들어지게 되는데, 이것이 UCAI의 개념이다.

ICEC(국제전자상거래 컨퍼런스) 2022가 개최되었는데 여기서 '데이터 공유 없는 인공지능 공유'라는 주제 발표가 눈길을 끌었다. 키워드인 'AI 공유(Sharing)'가 신선하다. 각 주체 간 데이터를 공유하는 것이 아니라, 인공지능 학습결과와 이에 기반한 파생 서비스를 공유하는 새로운 플랫폼 개념이다. AI 공유 플랫폼은 곧 사용자 중심의 인공지능을 위한 전제이다.

데이터는 개인과 기업의 자산이다. 그래서 소상공인, 중소기업 등은 디지털 · AI 기술역량을 확보한다 하더라도 AI 서비스를 위한 데이터 확보도 말처럼 쉬운 것이 아니다. 'AI 공유 플랫폼'은 데이터의 공유가 아닌 AI의 공유이다. 각 참여자들이 보유한 데이터는 공유하지 않기에 데이터 소유와 개인정보 이슈에서 자유롭다. 데이터 공유에 불필요한 인시를 줄일 수 있다.

모든 플랫폼 참여자가 AI의 결합으로 고객접점을 공유하고 상품 서비스의 확장도 가능하다. AI 기술역량이 없는 소상공인, 중소기업 등도 AI

의 공유만으로 고객접점을 늘리고 초개인화 추천서비스, 타겟 마케팅 등이 가능하다. 개별사업자로서 불가능하였던 서비스로 사업 경쟁력을 강화할 수 있다. 이것이 곧 새로운 개념의 사용자 중심의 'AI 공유 플랫폼'이다.

사용자 중심의 'AI 공유 플랫폼'은 소상공인, 중소기업 등이 별도 시스템 구축 없이 공유플랫폼을 활용한 저비용으로 자사 브랜드의 자체 플랫폼화도 가능하기에 플랫폼 독점에 의한 사회적 양극화 문제를 해소할 대안이 될 수도 있다. 물론, 'AI 공유 플랫폼'을 위한 사회적 합의와 데이터의 AI 활용을 위한 기술적 표준화를 위한 거버넌스 구축 등 선결과제가 필요할 것이다.

'AI Sharing'은 기존의 중앙집권화의 틀을 깨고 또 다른 인공지능 혁명의 새로운 가치를 창출할 것으로 보인다. 디지털 혁신기술은 상호 연결되어 융합되고 시너지가 확산되는 특징을 갖고 있다. 뉴노멀 시대에 빅테크 중심이 아닌 누구나 디지털 · AI기술 혜택을 누릴 수 있는 사용자중심의 'AI 공유(Sharing)'가 디지털 양극화를 해소하는 솔루션이 될 것으로 기대된다.

UCAI 포럼은 '사용자의 역량과 행복증진, 이익창출과 성장, 디지털 격차해소, 신경제질서 구축'의 4가지 실천과제를 제시하고 있다. 글로벌 균형발전과 경제성장을 통한 인류행복의 최고 비전이다. 챗 GPT가 새로운 패러다임을 선도하는 중대한 시점에 사용자 중심 인공지능(UCAI)의 등장은 인류발전의 새로운 변곡점이 될 것이다. "미래를 이해하는 자가 미래를 리딩한다."

재단의 인공지능 연구 사례

서울디지털재단의 미션 중의 하나는 빅데이터, AI를 기반으로 한 서울시의 과학화 행정의 지원이다. 인공지능은 사람이 하는 일의 시간, 안전과 비용을 절약해주는 기능을 하기 때문에 알고리즘을 개발하고 이를 시스템으로 서비스화를 하고 있다. 인공지능 연구 및 개발 소요는 서울시실, 국 또는 투출기관을 통해서 접수하거나, 재단 자체적으로 발굴하여 진행한다.

AI기반 하수관로 결함탐지 알고리즘[21]

서울시 하수 시설 및 관리체계는 세계 최고의 수준으로 하수관 보급률은 100%이다. 부산시가 61%, 전국 평균 81%에 비해 매우 높은 편이다. 2019년 기준 노후 배관 관리 및 오염수 처리에 약 5,489억 원의 막대한 예산이 투입되고 있다. 약 1만 km에 달하는 서울시 하수도 영상을 육안으로 검사하고 있는데, 오류 발생 확률이 높고, 시간과 비용이 많이 소요되고 있다.

이 연구를 통해서 컴퓨터가 영상, 이미지 등을 인식하는 '컴퓨터 비전 기술'을 활용하여 하수관로 CCTV 영상 내 결함을 자동으로 식별함으로써 비용, 시간, 인력을 줄이고자 했다. 딥러닝 모델기반 CNN (Convolution Neural Network) 알고리즘에 해당하는 YOLOv5 모델을 적용하고 인식률을 측정하기 위해서 하수관로의 파손, 손상에 대한 클래스는 20개로 나누었다.

하수관로 결함 탐지 및 분류를 위한 데이터셋은 총 6,541장의 이미지로 구성했다. 하수관로 결함/탐지를 위해 두 개의 시나리오(훈련 및 테스트 데이터셋 9:1, 8:2 비율)로 나누게 되었다. 결함유형은 관천공(관침하, 관파손), 균열/원주(라이닝 결함, 변형/강성관), 뿌리침입(연결관 돌출, 이음부 손상), 이음부 이탈(좌굴 구부러짐, 토사퇴적, 폐유부착) 등 총 20종이다.

총 3번에 걸친 실험을 통해 YOLOv5 모델이 하수관 탐지 및 분류 문제에 대해 가장 성능이 좋은 모델이라는 것을 발견했다. 비교 분석 결과 제안된 YOLOv5 모델은 90% 이상의 정확도(9:1 비율, fine-tuning 기술을 사용 시)를 보였고, 이는 전통적인 영상 처리 및 패턴인식 접근법에 비해 매우 향상된 성능을 보였고, 자막정보를 추출하기 위해 OCR시스템을 개발하였다.

2020년 개발된 AI기반 하수관로 결함탐지 알고리즘은 총 결함유형 8종을 식별 및 분류가 가능하도록 개발되었고, 2022년 고도화 연구에서는 20종으로 개선되었다. 이 연구로 한국지능정보시스템학회 2022 인텔

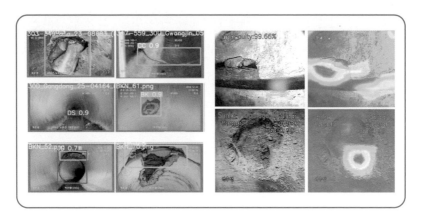

■ 안전 및 시간, 비용 절감 목적의 AI기반 하수관로 결함탐지 알고리즘 개발

리전스 대상과 시티넷(유엔 산하기구)의 SDG 어워드 수상의 영예를 안았다. 앞으로 서울시에서 구축할 AI 하수관로 결함탐지 시스템에 탑재하여 활용될 예정이다.

재단의 연구원들이 아무리 우수한 연구를 발표해도 이를 적용하고 활용하지 않으면 의미가 없다. 또 연구원들의 연구 결과 스케줄이 다른데 일괄적으로 연 단위로 묶어서 책자로 발간하게 되면 중요도가 떨어지게 된다. 따라서 연 4회로 나누어서 연구가 끝나면 성과를 극대화하는 과정을 거치도록 개선했다. 이 연구의 경우는 적극 홍보로 좋은 성과를 얻은 모범 사례이다.

AI 기반 중소규모 공사장 위험요소 관제 알고리즘

중대재해 처벌법은 사업 또는 사업장, 공중이용시설 및 공중교통수단을 운영하거나 인체에 해로운 원료나 제조물을 취급하면서 안전·보건

조치의무를 위반하여 인명피해를 발생하게 한 사업주, 경영책임자, 공무원 및 법인의 처벌 등을 규정함으로써 중대재해를 예방하고 시민과 종사자의 생명과 신체를 보호함을 목적으로 한다. 이 법은 2022년 1월 17일부터 시행되었다.

중대재해 처벌법 시행으로 사업주, 경영책임자 등은 모든 사람의 안전 및 보건을 확보하기 위한 노력이 강화되었다. 50인 미만 소규모 사업장의 사고재해는 전체의 76.7%로 비중이 매우 크다. 법 제도가 미치지 못하는 민간 건축 공사장의 안전 사각지대를 최소화하기 위해 서울디지털재단에서는 중소규모 공사장 위험요소를 관제하는 AI 기반 알고리즘을 개발하게 되었다.

서울시내 1만 ㎡ 이하의 중소형 건축 공사장에 설치된 CCTV 영상을 실시간 분석하여 위험요소를 판별하고, 현장에 자동으로 알려주는 시스템을 지원함으로써 현장 자체 안전관리를 강화하여 안전사고를 예방하려는 솔루션이다. 기존에는 관제요원이 각종 이벤트가 무작위로 등장하는 모니터를 지켜보았다. 문제는 시간이 지날수록 집중도와 변별력이 급속히 떨어졌다.

AI 기반의 이 시스템은 이벤트가 발생하면 이벤트 설정을 통한 지능형 처리를 함으로써 우선순위에 따른 중요 정보만 관제하게 된다. 선별 분배된 채널의 영상 및 객체 정보를 실시간 표출하고 이벤트 감지 정보를 팝업, 점멸, 사운드 등 다양한 방식으로 표출하여 신속하게 대응할 수 있다. 카메라는 현장 출입문 내부, 중앙 2대, 작업자 통행로 감시용 등 4대를 설치했다.

■ 중대재해 예방 목적의 AI 기반 중소규모 공사장 위험요소 관제 알고리즘 개발

필자는 실제 공사현장에서 학습 데이터를 구축하는 과정을 살펴보았다. 작업자가 안전모를 미착용하고, 쓰러지고, 작업경계선을 통과하고, 배회하는 등의 이벤트를 발생시키고 학습데이터를 구축한다. 이벤트 영역에서 내부 데이터셋 평가 기반으로 이벤트별 정확도는 90%로 나왔다. 정확도는 판독항목 정탐 수/(판독항목 정탐건수+판독항목 오탐건수) X 100%로 산출했다.

AI 기반 중소규모 공사장 위험요소 관제 시스템의 고도화는 지금도 진행 중에 있다. 서울시 지역건축안전센터에서는 39개소(CCTV 134채널)에서 실시간으로 탐지되고 있는 위험요소 데이터를 축적하고, 고도화를 위한 데이터를 별도로 관리하고 있다. 사각지대를 최소화하여 안전을 강화하는 취지를 실제 살리기 위해서 지속적으로 기술 개발과 고도화를 해야만 한다.

AI 기반 도시건물 변화탐지 알고리즘

도시 안전과 불법 건축물 단속을 위한 건물 변화 모니터링은 필수적이다. 관리 사각지대에 놓인 불법 건축물에 대한 선제 대응을 위하여 현재 지자체에서는 연도별 항공사진을 육안으로 정밀 판독하여 외관이 변화한 건물을 식별하고 있다. 하지만 이러한 인력 의존형 도시 변화탐지 업무방식은 100% 수동으로 수행되고 있기 때문에 효율화 방안의 개발이 필요하게 되었다.

서울시의 경우 건물변화 판독에 매년 6개월 동안 수억 원의 예산이 소요된다. 또한 매년 구축되는 항공영상 활용 수요 중 건축물 변화 판독 요청이 지속적으로 증가하고 있다. 따라서 불법 및 무허가 건축물 단속, 녹지 변화탐지 등의 광역적인 도시 변화화 모니터링 업무를 신속하고 효율적으로 수행하기 위한 AI 기반의 자동 도시 변화탐지 기술을 개발하게 되었다.

기 구축된 2가지 기종의 변화탐지 학습 데이터 통합 및 속성을 표준화, 항공 영상 건물 변화탐지 학습 데이터 구축, GeoAI 기반 도시 변화탐지 모델 성능 고도화 및 알고리즘 확대 설계, GeoAI 기반 도시 변화탐지 알고리즘 현업화 지원 등이 연구 내용에 포함되었다. 지형 공간정보가 가지는 특성을 융합해 객체 탐지, 인식, 변화, 분할 등의 GeoAI 기술을 적용했다.

학습 데이터셋은 2021년 서울경제진흥원(SBA)에서 서울 테스트베드 실증 공모사업으로 진행되었으며, 수행사에서 구축한 건물 변화탐지 학습 데이터 약 8만 장과 한국지능정보사회진흥원(NIA)의 디지털 뉴딜 사업의 일환으로 서울디지털재단이 주관하여 구축한 5만 장의 이미지와 그에 따른 속성 정보로 이루어졌다. 이 두 종류의 데이터셋을 하나의 기준으로 통일하였다.

■ 불법 무허가 건물 탐지 목적으로 AI 기반 도시건물 변화탐지 알고리즘 개발

데이터셋을 통합하기 위해 첫째, 통합 데이터 스키마를 정의하고, 둘째, 파일의 규격을 정의하고, 셋째, 공통 데이터 저장 구조를 정의하고 통합된 규격에 맞도록 데이터를 변환하였다. 데이터 스키마는 데이터셋 정보, 이미지 정보, 라벨링 정보 등 3가지 영역으로 정의하여 학습에 필요한 정보와 부가적인 정보를 기록하여 향후 누구나 편리하게 활용할 수 있도록 했다.

구축된 통합 데이터를 이용해, 기존 변화탐지 모델의 고도화를 수행하고, 모델의 유효성 평가를 위해 4개의 자치구에 대한 실증을 수행하였다. 변화탐지 AI모델의 자체적인 정확도는 목표로 하는 F-1 Score 88%를 달성하였으며, 고도화된 공간정보 기반 후처리 기술을 적용한 서비스를 실제 자치구에 적용한 결과 이전 검증 정확도보다 10% 이상 향상된 것을 확인했다.

드론 영상을 이용한 도시변화 탐지 가능성을 검증하기 위해, 드론을 이용해 서울시의 일부 지역에 대한 데이터를 취득하고, 데이터를 구축하고, 변화탐지 모델을 학습하고 테스트한 결과 항공영상을 이용한 변화탐지 모델을 활용할 때와 큰 차이가 없었다. 향후 국소적인 지역에 대해서는 드론을 이용한 변화탐지 방법도 실용적으로 활용할 수 있을 것으로 판단되었다.

만약, 이 서비스가 실용화된다면 직접적인 행정업무의 효율성, 경제성, 신속성, 체계성, 활용성, 정확성이 크게 증가할 것이다. AI 변화탐지를 수행하는 데 걸리는 시간이 평균 6시간 소요되는데, 산술적으로 서울시 25개 전체를 할 경우 약 7일이 소요된다. 이론적으로 서울시 전역에 병렬 프로그램을 적용하여 동시에 수행한다면 6시간 만에 변화탐지 수행이 가능하다.

510 이렇게 신속성과 효율성이 증가한다면, 점차적으로 비용적인 측면에서도 구축사업 이후에는 변화탐지를 위해 매년 투입되는 판독 비용을 획

기적으로 줄일 수 있을 것이다. 현시점에서는 GeoAI를 이용한 변화탐지 기술로 100% 사람의 판독을 대체하기는 어렵기 때문에 사람과 GeoAI가 서로 협업하고 보조하는 형태로 기술을 도입하고 활용하면 효율성이 증대될 것이다.

마이크로소프트 설립자, **빌 게이츠**

**명심하라, 지금 일어나는 혁신은
인공지능이 이룰 성취의 첫걸음에 불과하다.
AI는 우리가 미처 알아차리기도 전에
오늘날 문제가 되는 모든 한계를
돌파해버릴 것이다.**

원유 같은 빅데이터를
활용Use하라

○ Digitelling

　　다양하고 방대한 규모의 데이터는 미래 경쟁력의 우위를 좌우하는 중요한

자원으로 주목받고 있다. 대규모 데이터를 분석해서 의미있는 정보를 찾아

내는 시도는 예전에도 존재했다. 그러나 현재의 빅데이터 환경은 과거와 비

교해 데이터의 양은 물론 질과 다양성 측면에서 패러다임의 전환을 의미한

다. 디지털 혁신 리더는 데이터 자원에 대한 효율적 활용에 집중해야 한다.

빅데이터란 무엇인가?

빅데이터(Big data)란 디지털 환경에서 생성되는 데이터로 그 규모가 방대하고, 생성 주기도 짧고, 형태도 수치 데이터뿐 아니라 문자와 영상 데이터를 포함하는 대규모 데이터를 말한다. 빅데이터의 특징은 3V(Volume 규모, Velocity 속도, Variety 다양성)로 설명되고, Varacity(정확성), Value(가치), Visualization(시각화), Volatility(휘발성)를 더하여 4V~7V라고 한다.

빅데이터는 기본 데이터베이스 관리도구의 능력을 넘어서는 수십 테라바이트의 정형 또는 비정형의 데이터 집합조차도 포함한 데이터를 말한다. 1990년 이후 인터넷이 확산되어 정보의 바다, 정보의 홍수를 넘어 정보의 폭발 단계에 와 있다. 또한 2016년 4차 산업혁명시대의 도래로 인하여 정보통신기술(ICT)의 발달과 디지털 융합으로 빅데이터는 가속화되고 있다.

빅데이터는 IT와 스마트혁명 시기에 혁신과 경쟁력 강화, 생산성 향상을 위한 중요한 원천으로 간주되고 있다. 빅데이터는 21세기의 원유라고 한다. 빅데이터는 인공지능의 먹이다. 이것이 없으면 학습을 할 수도 없거니와 인공지능의 기능을 할 수 없기 때문이다. 원유와 빅데이터는 소량으로 있을 때는 사용처가 불분명하지만 대량으로 커질 때 큰 의미를 가질 수 있다.

빅데이터에 기반한 분석방법론은 과거에 불가능했던 일을 가능하게 만들고 있다. 그것은 데이터를 기반으로 과학적인 예측을 하고, 의사결정에 근거가 되기 때문이다. 구글은 독감과 관련된 검색어 빈도를 분석해 독감 환자 수와 유행 지역을 예측하는 독감 동향 서비스를 개발했다. 기업의 빅데이터 활용은 고객의 행동을 미리 예측하고 대처방안을 마련할 수 있다.

공공 기관의 입장에서도 빅데이터의 등장은 시민이 요구하는 서비스를 제공할 수 있는 기회로 작용한다. 스마트시티는 발생된 도시문제의 해결을 다양하게 수집된 빅데이터로 분석하고 활용한다. 이는 사회적 비용 감소와 공공 서비스 품질 향상을 가능하게 만든다. 2012년에 열린 다보스 포럼에서도 빅데이터가 사회현안 해결에 강력한 도구가 될 것으로 예측한 바 있다.

서울시는 시 전체 데이터 활용 거버넌스 체계 및 통합관리 시스템 구축을 통해 도시문제를 데이터로 활용하여 과학적으로 해결하는 스마트 데이터 도시 구현을 목표로 하고 있다. 시정 전 분야에 걸쳐 AI 기반의 지능형·맞춤형 행정 서비스 제공으로 예측, 안전 행정구현 및 업무 효율성 증진을 도모한다. 재단에서도 과학행정 지원을 위한 빅데이터 업무를 담당하고 있다.

재단의 빅데이터 분석 및 활용 사례

서울디지털재단은 매년 서울시청 실·국, 투출기관, 자치구로부터 빅데이터 분석에 관한 수요조사를 한다. 수요조사를 종합하여 우선순위와 타당성 검토를 하여 사업을 선정한다. 각 기관별로 해가 갈수록 데이터는 축적이 되고, 그만큼 분석의 소요는 늘어난다. 선정된 사업은 수요기관과 함께 협업하여 분석을 하고, 그 결과를 토대로 기관에 실제 적용하는 절차를 밟는다.

CCTV 입지분석 사례[22]

데이터 기반행정 활성화에 관한 법률이 제정(2020.6.9.)되면서 데이터 분석 기반의 과학행정의 제도적 기반이 마련되었다. 이 법은 객관적이고 과학적인 행정을 통하여 공공기관의 책임성, 대응성 및 신뢰성을 높이고 국민의 삶의 질을 향상시키는 것을 목적으로 하고 있다. 이에 각 중앙부

처, 지자체에서는 공공행정, 재난안전, 보건의료 등에 과학행정을 추진하고 있다.

서울시의 경우에도 디지털 대전환을 통한 스마트시티 서울의 경쟁력 강화를 위해 객관적인 데이터 기반의 과학행정 활성화 사업을 추진하고 있다. 인공지능, 빅데이터 기반의 지능형 공공서비스 개발 및 확산, 시정 빅데이터 분석, 시민참여 기반의 고품질 데이터를 창출하고 있다. 특히 안전분야 스마트도시 인프라의 핵심인 공공 CCTV 신규 입지선정에 활용하고 있다.

범죄예방 효과 측면에서 공공 CCTV의 신규 설치와 운영에 대한 시민의 수요는 각종 범죄, 사회문제 증가로 인해 지속적으로 발생하고 있다. CCTV의 범죄예방 효과에 대한 대시민 설문에서 전체 응답자의 88.9%가 긍적적이라고 응답(한국형상정책연구원. 2019. 4)했다. 과거에는 체계화된 기준의 부재로 인해 설치 요청 민원 중심으로 장소를 결정하는 경우가 빈번했다.

다양한 입지 환경요인을 과학적으로 고려하지 않고 민원 위주의 CCTV 설치는 객관성 확보가 어려우며, CCTV 활용성을 저해할 수 있다. 따라서 신규 공공 CCTV 입지 선정은 다양하고, 복합적인 입지 환경요인에 대해 객관적인 기준으로 적절히 반영해야 하므로 보다 필수적으로 데이터 분석 기반의 의사결정이 필요한 부분이다. 과학적인 데이터를 근거로 하는 행정이다.

꾸준히 수요가 발생하는 도시 인프라(CCTV)의 특성상 다양하고 지속적으로 변하는 입지 요건, 환경 등을 신속하고 적절하게 반영해야 할 필요가 있다. CCTV, 보안등, 가로등 미설치 지역 등 안전시설 사각지대, 유동인구, 거주인구(아동, 여성, 1인 가구 등) 변화, 범죄발생 현황 및 범죄다발 상권현황 등에 대한 보다 다양한 입지선정의 요소가 포함이 된다.

■ 도시데이터표준분석모델: CCTV 입지분석편 보고서

지리적, 환경적 특성은 시정 업무 담당자가 가장 잘 파악하고 있고, 의사결정도 가장 빠르게 적용할 수 있으므로, 시정 업무 담당자의 데이터 분석 및 활용 역량강화가 필수적이라고 할 수 있다. 따라서 시정 업무 담당자의 과학행정 활성화를 위해 다양한 시정 현장에서 담당자가 지속적으로 직접 응용하여 활용할 수 있는 표준화된 가이드라인 개발이 필요했다.

이 연구는 일회성이 아닌 지속적인 데이터 분석, 활용이 가능하도록 하는 것을 목적으로 했다. CCTV 설치가 필요한 지역의 환경적 요인을 반영하기 위해 감시취약요인(감시취약지수), 감시필요요인(1인세대, 범죄발생, 유동인구, 유흥환경, 아동/청소년 시설)으로 구분하고 총 6개 지표로 구성했다. 분석 기본단위로 가로·세로 각 100m의 정사각형의 격자를 활용했다.

CCTV 최적 설치 등급 산출은 각 요인별 산출된 지수(감시취약요인, 감시필요요인)를 5개 등급(E~A)으로 분류한다. 예를 들어 감시취약요인 지수에서 CCTV 미감시 영역 75% 초과지역을 E등급으로, 감시필요요인 지수에서 범죄발생 위험, 취약수준에 따른 CCTV 감시 필요도가 매우 높은 지역을 E등급으로 나눈다. 위 2가지 등급을 조합하여 최종 등급을 산출한다.

감시취약요인 등급 E, 감시필요요인 등급 E, D인 경우는 최우선 설치 필요 지역이고, E등급과 C, B, A 등급의 조합은 우선 설치 필요지역으로 분류된다. C, B 등급과 E, D, C, B, A 등급의 조합은 CCTV 감시 양호지역으로 나뉜다. 이와 같은 지수와 등급 산출을 통해서 최적 설치 등급을 산출하고 그 결과에 따른 과학적인 데이터를 기반으로 우선순위를 정한다.

가락시장 내외부 교통 혼잡도 동적패턴 분석연구 사례[23]

전국 최대 농수산물 공영 도매시장인 가락시장은 내외부로 교통 혼잡도에 대한 관심이 지속적으로 증가하고 있으며, 자체적으로 현장조사 중심의 실태조사를 실시하거나, 인력 등의 물리적 애로사항이 존재했다. 본 연구는 서울시농수산식품공사 가락시장 내부 출입차 데이터와 통신사 유동인구 데이터, 외부도로 교통현황 데이터를 융합 활용하여 동적 패턴을 분석했다.

가락시장 내부 도로현황은 가락시장 출입차 현황 데이터와 통신사 유동인구 데이터를 결합 활용했고, 외부 도로현황은 교통소통정보 데이터를 활용했다. 내부 데이터는 가락시장 LPR(차량번호판 자동 인식·분석장치) 데이터, 가락몰 주차장 데이터, 가락시장 경매 데이터이다. 외부 데이터는 교통소통정보 데이터(국가교통정보센터)와 통신사(SKT) 유동인구 데이터이다.

가락시장의 입출차 현황은 시간대별, 요일별, 시간대별–요일별, 전체 차량 화물 구분(화물/승용)별, 화물구분별(냉동탑차, 탑차, 벤 차량), 업무구분별, 출입문별 등 다양한 현황을 분석했다. 예를 들어 시간대별 가락시장의 차량 입출차량은 2시~10시 구간에 점점 증가하는 추세를 보였고, 요일별 가락시장 입출차량은 토요일 경매가 없으므로 일요일 입출차량이 적었다.

가락시장 외부 도로교통 현황은 국가교통정보센터의 표준 노드/링크 데이터 기준으로 가락시장 외부 도로구간(양재대로, 송파대로, 중대로, 탄천로)을 분류했다. 송파대로는 가락시장 화물차 입출차량에 따른 교통 혼잡 영향도가 낮았고, 상대적으로 차로수가 적은 양재대로, 중대로, 탄천로의 경우 화물차 입출차량에 따른 교통 혼잡 영향도가 높게 나타났다.

■ 가락시장 내외부 교통혼잡도 동적패턴 분석연구
보고서

가락시장 북문-헬리오시티 정문 진입차량 혼잡도 현황은 헬리오시티(9,510세대)가 2018년 12월 입주 후 주변도로 정체 민원이 지속적으로 제기되었다. 양재대로 2가 교통혼잡도가 높았다. 김장철, 명절 등 출입차량이 많은 기간의 상습정체가 우려되나, 분석 결과를 보면 특정 기간의 반복적인 정체라기보다 내외부도로 이슈 발생으로 인한 간헐적 정체로 판단되었다.

가락시장 내부 차량점유 현황은 전반적으로 일, 주, 월 단위의 일정한 패턴을 보였고, 설 연휴, 추석 연휴에는 차량 점유량이 급감하는 현상을 보였다. 추석연휴 직전에는 차량점유량이 가장 큰 폭으로 상승했다. 시간 단위 시계열 분해는 월~토요일에 증가하고 일요일에는 감소하는 추세(Trend)를 보였고, 일 단위의 빈도로 주기적으로 반복되는 패턴을 보였다.

도로구간별 전체차량 점유현황은 가락시장 내부 도로구간 중 동편로, 중앙로, 청과배송도로(무/배추), 청과반입도로(과일/채소) 구간이 전반적으로 혼잡한 구간으로 나타났다. 시간대별 도로구간별 점유현황, 화물차량(출하자, 입주자, 구매자, 정기권) 점유현황으로 분석했다. 화물차 주차요금 면제시간 변경 후의 전체차량 점유량은 변경 전 대비 전반적으로 증가했다.

본 연구는 빅데이터 분석 기반으로 장기간(2년 이상)의 가락시장 교통혼잡도 현황 및 화물차 주차 면제시간 변경 전후의 교통혼잡도를 파악한 것이다. 향후 도로구간별 교통혼잡도 파악의 정확도를 개선하기 위한 인공지능 기반의 도로구간별 CCTV 영상 내 차량 자동탐지 분석, 도매권 주차구역별 주정차 감지 IoT센서 인프라 마련 등의 추가 연구의 필요성을 파악했다.

집중호우 피해 선제대응 위한 침수 취약지역 분석 등

장마철 및 집중호우시 서울시내 침수피해 반복 발생 지역을 분석함으로써 사고 선제대응과 소방 출동력 보완 관리를 위해서 관리가 필요한 취약지역을 제시할 목적이다. 최근 5년 119 신고접수를 기준으로 침수사고 다발 지역 및 접수원인을 분석했다. 서울시 건물 높이, 해발고도 공간정보 등을 반영했다. 수요기관은 서울 소방재난본부(재난대응과, 종합방재센터)이다.

매년 집중호우시 침수피해로 인명 및 재산피해가 반복하여 발생하고 있다. 행안부 자료에 의하면 22년 8월 8일부터 17일까지 내린 집중호우로 인한 피해액이 3,155억 원이고, 복구비용이 7,905억 원에 달했다. 특히 서울지역은 기존 설치된 우수관거(빗물을 수집하거나 내보기 위해 설치한 관로) 배수용량이 부족하여 도심 상가 주택지역에 침수 피해가 집중되고 있다.

서울 경기 중심으로 저지대 주택 27,262세대 침수 피해를 비롯하여 공공시설은 하천, 소하천 1,153건, 도로/교량 263건, 상하수도 346건 등 16,842개소에 피해가 발생했다. 집중호우 시 119 신고 접수 급증으로 인해 출동 마비상태가 발생하기도 한다. 저지대 · 대심도 도로 및 지하공간 수해대응 계획의 과학적 근거와 소방출동력 부족지역 보완 등 선대응이 필요하다.

기상청 호우 기준을 참고하여 최근 5년 중 선별 대상일자를 선정하고, 호우 기간에 해당하는 119 신고/출동 건 선별 및 발생현황을 분석했다. 분석결과는 사고다발 지역을 공간정보 시각화와 관할 구역별(안전센터/소방서/자치구) 평균 사고율 및 빈도로 도출했다. 사고다발 지역 분석결과 및 관련 공간정보를 반영하여 자문의견을 수렴하여 침수 취약지역을 도출한다.

집중 관리가 필요한 침수지역을 추출하여 반복되는 인명과 재산 피해 확산을 방지하고, 재난안전 유관기관 대상으로 상습 침수지역 공유를 통해 시설물 보강(다리유실, 도로붕괴 등)을 추진하여 서울시 재난대응 역량을 강화할 수 있다. 재단에서는 시정 빅데이터 분석과제로 효율적인 미세먼지 저감을 위한 청소차 최적경로분석 등 2023년에 10개를 선정하여 추진하고 있다.

시정 빅데이터 분석 10개 과제는 재난안전 · 조기대응 분야로 집중호 ⁵⁴⁰ 우 관련 분석 이외에도 고장 · 노후 소방용수 시설 교체 우선순위 분석, 소방차 통행로 확보를 위한 진입불가 · 곤란 지역 분석을 한다. 스마트시티 인프라 · 환경 분야로 공공 WiFi 필요지역 분석, 미세먼지 저감을 위한 청소차 최적경로 분석, 시민편익 및 관리 효율 증대를 위한 공원 이용자 분석을 한다.

시민체감 서비스 발굴 분야로 스마트 주거환경을 위한 앱 연동 서비스 및 데이터 발굴 연구, 민원 효율화를 위한 STT 적용방안의 기대효과 분석을 한다. 위와 같은 과제는 수요부서가 있으며, 이에 따라 분석 결과는 해당 부서의 정책 수립에 실제로 적용될 예정이다. 데이터 분석 과제는 시민의 안전 증진을 지원하고, 서울시 정책 수립과정에 합리성 향상에 기여하게 된다.

빅데이터 기반으로 소상공인의 매출 증대

소상공인 매출증대 프로젝트는 민관 빅데이터 플랫폼을 활용한 서울시 골목상권과 지역 소상공인 경제회복 추진으로 경제적 가치 창출 및 빅데이터의 대시민 활용 가치를 확산하는 내용이다. 공공데이터 활용 교육을 수료한 MZ세대(대학생)팀을 소상공인 점포와 1:1로 매칭하여 매출 증대 컨설팅을 실시하게 된다. 첫 행사에는 대학생-소상공인 30개를 매칭했다.

선발한 대학생을 대상으로 10시간 동안 공공데이터 활용 교육을 실시한다. 교육시 빅데이터는 KT의 잘나가게, 서울신용보증재단의 골목상권 분석을 활용한다. 교육 수료 후 대학생팀은 매칭된 소상공인 점포와 직접 만나서 컨설팅을 진행한다. 빅데이터 기반 상권 및 고객분석을 통해 주요 타깃을 설정하고, SNS, 배달앱 등 다양한 매체를 활용한 홍보 마케팅 방안을 제시한다.

이 프로젝트에 참여한 기관은 서울시, 서울디지털재단, 서울신용보증재단, KT가 협업하고, 서울디지털재단은 대학생팀을 집합시켜서 공공데이터 활용 교육을 하고, 전반적인 프로젝트를 주관해서 실시했다. 3개월 동안 컨설팅한 결과 프로젝트 시행 전 대비 평균 27%의 매출 상승의 성과를 거두었다. 소상공인 만족도 조사결과 70% 이상이 크게 만족하다는 응답을 얻었다.

최종 시상식 때 참여팀의 활동사항에 대한 발표가 있었다. MZ세대의 감성으로 소상공인 점포 대표를 설득하고 변화시켜서 얻은 결과이다. 총 10개 팀(대상 4, 최우수상 2, 우수상 4)에 대한 포상이 주어졌다. 좋은 성과를 바탕으로 제2회 행사는 팀수를 50개로 늘렸다. 최근 주목을 받고 있는 챗GPT에 대해서 소상공인 및 대학생을 대상으로 교육 컨설팅도 제공한다.

젊은 청년들의 감성으로 점포를 찾는 매출증대 요인을 찾고 개선하는 일이 쉽지만은 않다. 업종별 점포 사장의 개성에 따라 변화를 거부하

■ 빅데이터 기반 골목경제 부활 프로젝트 시상식에서 수상팀에게 시상을 하고 있다.

는 경우도 있다. 또한 바이럴 마케팅 홍보도구인 SNS에 대한 활용 역량도 중요하다. 상호명, 간판 디자인, 메뉴판, SNS 계정, 홍보카피 등 전통적인 마케팅에서 간과하는 부분을 컨설팅을 통해 보완해 고객 및 매출을 증대하는 것이다.

AI 시대를 맞이하여 소상공인의 매출 증대를 위한 방안으로 'AI 공유플랫폼' 도입 논의가 되고 있다. 각 점포별 매출에 따른 다양한 데이터가 쌓인다. 거래 관련 데이터를 점포가 아닌 빅테크가 가져가는 구조를 개선하여 데이터 주권을 갖게 해서, 점포관리에 활용토록 하는 것이다. 데이터를 굳이 수집하지 않고, AI 공유를 통해서 데이터 주권, 정보보호를 하는 것이다.

누구나 자신의 데이터를 쉽게 공유하지 않는다. 데이터 공유가 아닌 AI의 공유시대가 머지 않아 다가올 것으로 기대한다. 자신의 일기장과 같은 데이터를 쉽게 내놓지 않고, 알짜 정보가 누락될 여지가 많다. 그래서 AI의 연합학습 기술을 통해서 이러한 문제점을 개선할 새로운 패러다임의 전환이 필요하다. 이런 기술이 고도화되면 소상공인의 매출증대에 적용될 수 있다.

공공데이터 활용·분석 교육

데이터 디지털 교육은 발전하는 디지털 기술에 있어 데이터의 중요성이 커짐에 따라 시민의 기초 데이터 리터러시(Data Literacy)와 데이터 활용 역량 향상을 위해 온·오프라인 데이터 교육을 제공한다. 디지털 리터러시란 인터넷과 디지털미디어 등을 사용하는 과정에서, 자기에게 필요한 정보를 탐색하고 평가 및 조합 등을 통해 제대로 쓸 줄 아는 디지털 문해력이다.

서울디지털재단의 에듀테크캠퍼스 온라인 교육 사이트에 접속하면 데이터 디지털 교육을 수강할 수 있다. SDF 데이터 클래스는 학습자의 데이터 역량 격차해소와 데이터 주권강화를 지향하고 있다. 이 과정은 기본교육(7종), 초급교육(3종), 중급교육(2종), 고급교육(3종)으로 구성되었다. 수강생의 역량 수준에 따라 신청을 해서 수강을 하고, 온라인 수료증도 발급한다.

기본교육은 데이터 분석에 관심이 있으나 기초 지식이 부족한 시민을 대상으로 하며, 짧은 시간에 쉽게 들을 수 있도록 했다. 중급교육은 Power BI, Python, R 등의 분석 도구에 대한 자율실습 및 연습문제, 과제 등을 제공한다. 중급교육은 Power BI, Python을 활용한 공공데이터 시각화를 배우고, 고급교육은 공공데이터 머신러닝, 열린 데이터텍스트 분석을 배운다.

22년도에 온프라인으로 데이터 리터러시 교육을 받은 수료자는 약 1만 명에 이른다. 또 서울시 투출기관에서 단체로 교육 신청을 하는 경우에는 별도의 강의 탭을 만들어서 편리를 제공하기도 한다. 공공기관의 데이터 기반 과학 행정 기반 마련을 위한 지원을 하기 위해 맞춤형 데이터 활용 컨설팅 및 역량 강화 교육을 운영한다. 성과확산을 위한 행정포럼도 개최한다.

전자정부에서는 공공기관의 자료를 전산화하는 일이 중요했다. 디지털 전환을 넘어 심화기에는 누적된 빅데이터를 어떻게 분석하고 활용하느냐에 따라 조직의 역량이 달라진다. 쌓여 있는 소중한 빅데이터가 잠자고 있어서는 안 될 것이다. 방치된 데이터를 정제하고, 분석하고 활용도를 넓혀가야 한다. 이러한 시점에 리더십 차원의 빅데이터 거버넌스가 더욱 중시되고 있다.

우리가 살아가면서
매 시간, 매 순간 만들어내는
수많은 데이터가 사실은
매우 값진 자원이다.

알리바바 기술위원장, **왕젠(王堅)**

3장

메타버스 세상을
즐겨라 Enjoy

○ Digitelling

메타버스는 지나가는 유행이 아니다. 코로나 비대면 시대에 새롭게 등장한 신개념으로 현실과 가상의 경계가 없는 공간이다. 증강현실, 가상공간, 거울세계, 라이프로깅의 영역에서 계속 진화하고 있다. 인류의 상상에 대한 끝없는 도전과 욕망은 지속될 것이고, 이에 따른 메타버스 기술이 뒷받침될 것이다. 챗GPT가 불러온 그 이상의 제2 메타버스 혁명이 다가올 것이다.

메타버스란 무엇인가 ?

메타버스(Metaverse)는 초월을 의미하는 메타(meta)와 세계 또는 우주를 의미하는 유니버스(universe)의 합성어이다. 가상과 현실이 융·복합되어 사회, 경제, 사회, 문화 활동과 가치 창출이 가능한 디지털 세계이다. 메타버스는 웹이나 앱에서 '나'인 아바타를 통해 현실과 비현실 모두 공존할 수 있는 생활형, 게임형 가상 세계라는 의미로 폭 넓게 사용되고 있다.

메타버스 4가지 유형에는 증강현실, 라이프로깅, 거울세계, 가상세계가 있다. 증강현실은 실제 공간에 3D의 가상공간을 겹쳐 보이게 하는 것으로 실례로 최근에 유행했던 '포켓몬 GO'가 있다. 라이프로깅은 내 삶의 기록으로 SNS에 공유하는 행위다. 거울세계는 현실 세계의 모습을 복사하듯이 구현하는 것이며, 가상세계는 현실에 존재하지 않는 신세계를 구축하는 자체이다.

디지털 심화기에 주목을 받는 메타버스 기술은 확장현실(XR)이다. 확장현실은 가상현실(VR)과 증강현실(AR)을 아우르는 혼합현실(MR)의 기술을 총칭하는 단어이다. XR은 VR과 AR 기술을 개별 혹은 혼합해서 자유롭게 활용해서 확장된 현실을 창조하는 것을 뜻한다. 앞으로 제조, 교육, 의료 등 다양한 분야에서 사용될 것으로 생각되고, 문화와 예술 분야로 확대되고 있다.

메타버스(Metaverse)가 우리나라에서 가장 핫하게 등장한 것은 2021년 7월 경이다. 메타버스가 도대체 뭐길래 이렇게 요란할까. 나는 서점으로 가서 김상균 교수가 쓴 『메타버스, 새로운 기회』 책을 구입해서 줄을 그어가며 흥미롭게 읽었다.[24] 그리고 김미경 온라인 강의로 '메타버스'에 대해서 이론과 실습 공부를 했다. 아바타도 만들고, 오브젝트도 만들어 보았다.

서울디지털재단 이사장으로 2021년 9월에 부임해서 두 달 만에 '메타버스 TF'를 만들었다. 이때 당시에는 메타버스 인력도 없는 상황이었다. 디지털 전략팀에 있었던 연구원을 팀장으로 보직하고, '메타버스 서울,

제야의 종 페스티벌' 프로젝트를 맡겼다. 여러 가지 우려 속에 반신반의하면 진행했던 이 파일럿 서비스는 아바타 16,000여 명이 참여하여 성공적으로 마쳤다.

이후 메타버스 서울 플랫폼이 개발되었고, 1년 만에 오픈되었다. 여기서 리더십 포인트는 트렌드 분석과 미래에 대한 예측 그리고 실행력이다. 필자는 재단 이사장으로 부임 직전에 메타버스 세상이 올 것으로 예측했다. 그리고 부임하자마자 발빠르게 메타버스 TF를 만들고, 나중에 직제도 만들었다. 만약, TF와 직제를 만들지 않았더라면 수동적 업무를 수행했을 것이다.

메타버스가 세상을 떠들썩하게 하고, 2년이 지나서 챗GPT가 등장하고 그 열기가 다소 식었다. 그렇지만 메타버스는 버블이 아니라 무한 잠재력을 갖고 있다. 메타버스는 2D에서 3D 공간이 적용된 인터넷 스페이스를 구현하고, 시공간 제약을 벗어난 비대면 활동 영역을 확대하고 있다. 가상융합기술(XR)의 혁신과 확산으로 메타버스 생태계가 새롭게 조성될 것이다.

게더타운, 메타피스(METAFFICE)를 활용하다

코로나19가 절정이었던 2021년 11월 말, 재택근무자가 많아지고, 각종 회의 진행이 어렵게 되어 온라인 영상회의를 하는데, 줌이 아닌 메타버스 2.0 버전인 게더타운 플랫폼을 활용했다. 당시에 SK 이프랜드 플랫폼을 활용하려 했으나 비용이 워낙 고가여서 검토 끝에 손쉽게 활용할 수 있는 게더타운을 선택했다. 외부 용역없이 재단 인력으로 가상 사무실을 구축했다.

게더타운 플랫폼을 기반으로 서울디지털재단의 실제 사무실과 흡사한 가상 사무실을 만들었다. 게더타운에서 제공되는 오브젝트를 활용했고, 가상에 정말 멋진 제2의 재단 사무실이 구축되었다. 네이밍도 메타버스와 오피스를 결합한 용어로 '메타피스(METAFFICE)'라고 했다. 여기서 리더십의 포인트는 현실 상황파악, 가용능력, 미래 예측, 신속한 추진과 실행력이다.

당시는 메타버스가 트렌드로 비대면 사회에 이를 대체할 수 있는 서비스이고 그 발전성에 대한 기대가 높았다. 자체적인 메타버스 회의 공간이 필요했고, 여기에 소요되는 비용이 없는 비예산 방안을 정한 것이다. 구축된 메타피스를 잘 활용하는 일도 중요하다. 우선 팀장 주간회의에서 시범적으로 진행했다. 개인별 아바타를 만들고, 회의실에 입장하여 착석을 한다.

줌 영상회의와 다른 점은 아바타 유무 그리고 개성 있는 사무공간이다. 여기에 행사 주제를 현수막처럼 부착할 수도 있다. 팀장 회의를 성공적으로 마친 다음에는 자문회의와 공식적인 행사인 이사회에도 활용했다. 게더타운 플랫폼을 처음 이용하는 참여자에게는 사전에 충분한 설명을 해야 했다. 첫 이용자인 비상임이사도 처음엔 어색했지만 오히려 좋은 반응을 보였다.

재단의 메타피스는 시민들에게도 오픈하고, 아바타로 접속하여 사무실, 회의실, 휴게실 등을 체험할 수 있게 했다. 또한 재택근무자의 근태 관리도 활용했다. 재택 근무자와 이를 감독하는 팀장이 메타피스에서 접속하여 업무적인 토의와 재택근무 여부도 확인한다. 재단의 메타피스 활용이 해외까지 알려져, 싱가포르 고브인사이더 언론사와 줌으로 인터뷰도 했다.

메타버스 서울, 제야의 종 페스티벌을 개최하다

서울시는 2021년 11월, 「메타버스 서울, 추진 기본계획」을 발표했다. 이를 뒷받침하기 위해 코로나19 상황에서 보신각 제야의 종 타종행사를 할 수 없기 때문에 메타버스 파일럿 서비스로 '메타버스 서울, 제야의 종 페스티벌'을 진행했다. 이것은 공공분야에서 처음으로 시도하는 사례이다. 다소 리스크가 존재하지만 디지털을 선도하는 도전적인 의사결정이 필요했다.

'메타버스 서울, 제야의 종 페스티벌'은 2021년 9월, 재단 이사장으로 취임하고 첫 번째 큰 사업이었다. 물론 예산은 편성이 되었지만, 행사명의 선정부터 세부적인 의사결정이 이루어졌다. 당시에는 메타버스에 대한 관심이 높고, 이에 대한 사업적 수요가 증가되어 메타버스 인력이 부족했다. 더구나 연말연시에 이루어지는 사업이고, 시간준수도 매우 중요한 포인트였다.

사업자로 선정된 SK 이프랜드 측 간부에게도 개발자 선정 및 시간엄수에 대한 각별한 요청도 직접 했다. 전국 최초로 시도한 이 행사는 2021년 12월 26일부터 1월 2일까지 8일 동안 누적 16,067명의 참여를 이끌어내며 성황리에 종료했다. 국내 최초로 진행된 시민 참여형 메타버스 연말·연시 행사로, SKT 이프랜드(ifland)에서 조성된 '메타버스 서울광장'에서 진행됐다.

메인 행사인 「Metaverse Seoul New Year's Eve 2022」는 12월 31일 오후 11시부터 1일 0시 30분까지 90분가량 진행됐다. 코로나로 인한 거리두기 강화 상황에서도 약 3천여 명의 시민들이 동시 접속해 토크콘서트와 새해 축하공연 등을 즐겼으며, 1월 1일 정각에는 다 같이 카운트다운을 하며 새해를 함께 맞이했다. 필자도 동대문 DDP 현장에 직접 참여를 했다.

동대문 DDP 스튜디오에서는 유튜브로 상황을 직접 중계하고, 메타버스상에서는 아바타 참여자들이 이벤트를 즐겼다. 메타버스, 유튜브, 현장 등 3곳에서 행사가 진행된 셈이다. 사회는 개그맨 김용명이 맡았고,

재단 이사장의 인사말을 시작으로 정재승 교수가 새해 새로운 변화를 계획하는 시민들을 위해 '뇌과학으로 알아보는 새해 목표 실천 방법'을 발표했다.

토크 콘서트는 공개 코미디 무대가 줄어드는 상황에서 스탠드업 코미디, 유튜브 등 새로운 도전을 통해 길을 개척한 피식대학(김민수, 이용주, 정재형 등 3인)과 서울시 홍보대사이자 MZ세대 대표 아이콘으로 떠오른 래퍼 이영지가 참여하여 시민들과 대화를 나눴다. 끝으로 사회자, 패널, 시민들이 메타버스 서울광장에서 아바타와 함께 카운트다운을 크게 외쳤다.

■ Metaverse Seoul New Year's Eve 2022, 메타버스 행사 동대문 DDP 스튜디오 현장

이어서 서울시 문화본부에서 제작한 보신각 제야의 종 타종 영상을 스크린으로 시청하고, 럭키드로우 행사를 개최하며 2022년을 맞이했다. 해당 기간 동안 약 1만 3천여 명의 시민들이 이벤트 참여를 위해 메타버

스 서울 광장에 접속했으며, 보신각 캡쳐 및 덕담 캡쳐 이벤트에 참여하는 인증 사진이 시민들의 개인 SNS에 꾸준히 올라오는 모습도 확인할 수 있었다.

메타버스 서울 행사에 참여한 한 시민은 "보신각 캡쳐 이벤트, 덕담 이벤트가 너무 재미있어 여러 번 참여했다"며, "메타버스 공간에서 비대면으로 안전하게 새해를 맞이하고 놀 수 있어서 즐거웠다"는 소감을 전했다. 본 행사 전후에 진행한 이벤트에도 시청자들의 활발한 참여가 눈에 띄었다. 국내 첫 메타버스 기반의 새해맞이 행사가 좋은 성과를 남기며 종료되었다.

세계 최초 도시단위, '메타버스 서울'을 오픈하다

2023년 1월 16일, 서울시청 다목적홀(본관 8층)에서 오세훈 서울시장이 '메타버스 서울' 오픈 기자 설명회를 개최했다. 이날 진행은 '메타버스 서울' 홍보 영상 및 시연 영상을 감상하고 질의응답 순으로 진행되었다. 세계 최초 공공분야 도시단위로 메타버스 플랫폼이 공개된 것이다. 이것은 퍼스트 무버로서 모험적이고 도전적인 디지털 선도도시 서울의 모습의 단면이다.

'메타버스 서울'의 추진 배경은 비대면 확대로 가상융합기술이 사회 전 ⁵⁷⁵

반에 신부가가치를 창출하고, 뉴노멀 시대에 MZ세대의 디지털 공간에서의 신경험에 대한 욕구와 가상융합기술 발전의 결합으로 메타버스가 급부상할 것이기 때문이었다. 또한 글로벌 소통의 장으로 활용가능, 현실 한계를 극복하는 해결책, 신기술 기반의 공공서비스 제공의 필요성이 제기되었다.

서울시는 포스트 코로나 등 변화하는 시정 환경에 신속 대응하고 신개념 공공서비스를 제공하기 위한 신기술 기반 온라인 시정 플랫폼인 '메타버스 서울'을 구축 추진하기 위해 지방자치단체 최초 종합계획인 「메타버스 서울 추진 기본계획」('22~'26)을 수립 및 발표하였다. (2021. 11. 4.) 파일럿 서비스를 거쳐서 도입, 확장, 정착의 3단계로 진행하는 계획이다.

파일럿 서비스로 2021년 연말연시에 진행된 '메타버스 서울, 보신각 제야의 종 페스티벌'은 성공리에 마쳤다. 1단계 도입 단계는 1년 동안 개발을 하고, 관계 부처의 각종 보안 및 인증을 마치고 정식으로 오픈한 것이다. 서울디지털재단에서는 메타버스 서울의 오픈 일정에 맞추어 메타버스 내에서의 건전한 이용문화 형성을 위해 '메타버스 서울, 윤리가이드'를 제정했다.[25]

메타버스의 특성은 디지털 세계 전반을 아우르고 있다. 다양한 이용자들이 접속할 수 있는 만큼 메타버스 내에서의 건전성이 매우 중요하다. 메타버스 서울 플랫폼을 이용하는 시민을 주체별(이용자, 창작자, 개발자, 운영자)로 설정하고 행동 준수사항을 마련했다. 3대 기본원칙(존중, 사회의 공공성, 현실 연결)과 4대 핵심요건(책임성, 안정성, 투명성, 보호)을 정립했다.

백문이불여일견이라고 한번 시도해보자. '메타버스 서울' 앱을 설치하고, 로그인하여 아바타를 생성하고 입장하면 마이룸이 있다. 이곳에서 문을 열고 나가면, 16개의 서비스 게이트(서울광장, 서울시청, 핀테크랩, 기업지원센터, 민원서비스, 아바타 가상상담실, 텍스 스퀘어, 서울 시장실, 서울명소, 월드시민랜드 등)가 있다. 서울 광장과 시청 내부는 실제와 매우 유사하다.

■ '메타버스 서울 플랫폼'은 세계 최초로 도시단위 공공 분야에서 개발된 서비스이다.

서울 광장에서는 계절별 이벤트를 경험하고, 주요관광 명소는 3D로 감상할 수 있다. 메타버스 서울의 시장실에서는 24시간 '오세훈 시장의 아바타'가 자리를 지키고 있다. 함께 사진 촬영도 할 수 있고, 우편함을 통해서 제안도 할 수 있다. 기타 다른 서비스에서 상담을 통해서 궁금사항을 해결할 수도 있다. 앞으로 서울시 메타버스 서비스는 더욱 확대되어 나갈 것이다.

메타버스 서울이 성공하기 위해서는 재미와 유익한 경험이 필수이다. 따라서 메타버스 생태계를 조성하여 일자리 창출 및 기업 비즈니스, 시민참여 활성화 등이 연결되도록 해야 한다. 서울디지털재단이 운영하는 월디시민랜드에서는 각종 전시와 이벤트를 진행하고 있다. 또한 10여 종의 반려 아바타를 성장시키고 동행할 수 있는 반려동물 '메타 서울펫'을 오픈했다.

2023년 3월 13일, 영국 런던을 방문한 오세훈 서울시장은 사디크 칸 런던시장을 만나 깜짝 놀랐다. 칸 시장이 최근 서비스를 시작한 '메타버스 서울'에 대해 적극적인 관심을 보여서다. 그는 메타버스 서울이 굉장히 흥미롭다며, "디지털 책임자를 서울로 보내 배우게 하고 싶다"고 말했다. 민간영역이 아닌, 공공 분야에서 메타버스 플랫폼이 전 세계의 이목을 끌고 있다.

필자는 2023년 2월 두바이에서 개최된 '세계정부정상회의'에 참석했다. 이 행사에서 많은 참가자들이 '메타버스 서울'에 대한 질문을 많이 했다. 작년 11월 스페인 바르셀로나에서 개최된 SCEWC 2022에서 서울이 도시전략 부분 최우수상을 수상한 것도 '메타버스 서울'이 큰 역할을 했다. 미국 타임지도 2022년 메타버스 서울을 공공 분야 최고 발명품 중 하나로 꼽았다.

메타버스 서울은 단계별 계획에 따라 경제, 문화, 관광, 교육, 민원 등 시정 전 분야의 공공행정 서비스를 메타버스 생태계에 구현해 나갈 예정이다. 서울시는 새로운 분야를 개척하는 'Frist Mover'로서 메타버스 분야에서도 세계를 선도하고 있다. 또한 보다 편리하고 쉽게 접할 수 있는 시민 체감 디지털 서비스 확대와 디지털 약자와 동행을 강화할 것이다.

반려동물 아바타, 메타 서울펫

메타버스 서울, 출시 100일을 맞이하여 가상공간에서 반려동물을 키우는 '메타 서울펫' 서비스를 2023년 5월 2일부터 신규 오픈했다. 현재 메타버스 서울은 1단계 분야별 행정 서비스를 구현하고 있고, 2단계 고도화 사업을 추진 중에 있다. 메타버스 서울은 지난 1월 16일 오픈을 했지만, 아직 홍보단계이다. 시민들이 메타버스 플랫폼에 익숙하지 않은 측면도 있다.

메타 서울펫은 메타버스 서울 플랫폼의 아바타 UI(이용자 인터페이스: User Interface) 시스템과 충돌하지 않도록 기획 설계 단계부터 협업체계를 구축했다. 반려동물과 자연스러운 교감을 목적으로 하는 만큼 심플하고 귀여운 UI 디자인 설계를 했다. 또한 동물들의 귀여운 모습과 행동을 감상하고, 육성하는 경험치에 집중할 수 있도록 유저 행동양식을 포함시켰다.

'메타 서울펫'은 '메타버스 서울' 내 구축한 '월디 시민랜드' 공간에서 진행되는 것으로, 아바타가 반려동물 5종을 가상공간에서 입양하고 키울 수 있는 서비스다. 메타 서울펫 종류는 개(푸들, 몰티즈, 진돗개), 고양이(페르시안, 러시안블루, 샴), 앵무(왕관앵무, 아프리카 회색앵무), 토끼(롭이어), 도마뱀(레오파드 게코)이며, 성별, 색상 등을 직접 설정해 입양할 수 있다.

반려동물 5종이지만 동물별로 다른 종을 추가하여 총 10종이고, 유아기 캐릭터도 추가되었다. 유아기, 성체 등에 적용된 190종의 동작 애니메이션이 서비스되고 있다. 입양은 메타버스 서울 계정 당 1개 메타 서울펫만 입양할 수 있으며 한 번 입양하면 파양은 불가능하다. 현실에서처럼 책임감 있는 입양을 위해 입양 신청서에 전자서명을 받아 최종적으로 입양하게 된다.

■ '메타버스 서울' 플랫폼에서 메타 서울펫(개, 고양이, 토끼, 앵무새, 도마뱀)을 입양해서 흥미로운 경험을 할 수 있다.

메타버스 서울 플랫폼에서 메타 서울펫을 연동하는 방법은 세 가지가 있다. 첫째, 마이룸 우측 메뉴 하단에 메타 서울펫 버튼을 클릭하거나, 둘째, 마이룸을 나가서 월디시민랜드로 이동하여 연동할 수 있다. 세 번째는 자신이 보유한 메타 서울펫을 클릭하는 방법이다. 메타 서울펫 센터에서는 반려동물을 입양하고 육성하여 다양한 활동을 즐기고 공감을 나눌 수 있다.

입양한 메타 서울펫을 다양한 배경에서 사진 촬영을 하고, 모바일폰에 저장할 수 있는 촬영 모드를 구현했다. 또한 다양한 반려동물 커뮤니티 사이트 링크를 연동하여 반려동물 문화형성을 위한 기반을 마련했다. 메타 서울펫은 시민 참여 독려를 위해 만든 공간이다. 이와 관련한 리더십 포인트는 지속발전 가능성이다. 시작뿐만 아니라 정착될 때까지 관심을 갖는 것이다.

미래의 메타버스는
현실과 아주 비슷할 것이고,
SF 소설 『스노 크래시』에서처럼
인간 아바타와 AI가 그 안에서
같이 지낼 것이다.

엔비디아 CEO, **젠슨 황**

4장

디지털 약자와
동행Accompany하라

○ Digitelling

디지털 전환의 가속화에 따라서 벌어지는 디지털 격차는 신종 양극화 사회문제로 나타나고 있다. 소위 디지털 약자에 대한 공공기관의 디지털 포용정책의 중요성이 커지고 있고, 정부 및 각 지자체에서는 어르신, 장애인 등 디지털 취약계층에 대한 디지털 교육을 강화하고 있다. 또한 메타버스, XR, 생성형 AI 기술 등 새롭게 나타나는 격차문제도 민첩하게 대응해야 한다.

디지털 격차란 무엇인가?

환경의 변화에 따라 조직도 적응을 위한 변화를 수행해야 한다. '디지털 전환'이라는 용어는 기술에 해당하는 'Digital'과 조직의 변화에 해당하는 'Transfomation'이 합쳐진 말이다. 단순히 '디지털화(Digitization 또는 Digitation)'라 하지 않고 굳이 '전환'의 의미를 밝혀서 부르는 이유는 디지털이라는 수단을 통해 조직 자체의 근본적인 변화를 추구하기 때문이다.[26]

디지털 전환에 따른 새로운 사회문제가 디지털 격차이다. 디지털 격차가 심해지고 양극화 현상이 초래되기 때문이다. 디지털 기술의 활용을 통하여 비즈니스로 연결하여 부를 창출하기도 하고, 상대적으로 부가 축소되는 현상도 벌어진다. 단순히 새로운 디지털 기기의 등장으로 이를 잘 이용하여 디지털 혜택을 누리기도 하지만, 반대로 소외되고 차별받을 수도 있다.

우리는 제1, 2, 3차 산업혁명을 거쳐 인공지능, 빅데이터, 블록체인, 메타버스, 생성형 챗GPT 등 디지털 신기술의 융합된 초연결/초지능의 4차 산업혁명 시대에 살고 있다. 디지털 전환은 선택이 아닌 필수과제가 되었다. 이 과정에서 수반되는 것이 디지털 격차(Digital Divide)이다. 따라서 디지털 정책은 디지털 전환과 포용정책을 투트랙(Two-Track)으로 병행해야 한다.

서울디지털재단은 2021년 지자체 최초로 서울시민 5천 명(19세 이상)을 대상, 가구방문 면접조사 방식으로 '서울시민디지털역량실태조사'를 실시했다.[27] 핵심내용은 고령층(55세 이상)과 전체 시민 디지털역량 수준 차이를 과학적으로 분석하고 비교하는 것이다. 그 결과 고령층의 역량수준은 평균 대비 디지털 기술이용은 67.2%, 키오스크 이용 경험은 45.8%로 나타났다.

　디지털 포용(Digital Inclusion)은 정부와 지자체뿐만 아니라 민간 기업 [595] 에서도 ESG 경영의 사회적 기여 차원에서 적극 참여하고 있다. 영화관과 은행은 어르신 친화 키오스크와 ATM기기를 개선하고, 통신사는 스마트TV에 시니어 디지털 교육 프로그램을 제공하는 등 서울시와 서울디지털재단이 함께 디지털 격차해소를 위한 민·관 협의체 구성에 참여하고 있다.

　서울시에서는 디지털 '약자와의 동행'을 위한 대시민 인식 확산을 위해, 키오스크 이용 시 디지털 약자를 기다려주는 "천천히 해요, 괜찮아요" 캠페인을 벌이고 있다. 어디나지원단은 1:1 老老케어 방식으로 차별화된 디지털교육도 실시하고 있다. 디지털 취약계층은 비단 고령층 이외에 장애인도 해당되기 때문에 이에 대한 좀더 치밀한 정책도 준비해야한다.

지자체 최초 '서울시민디지털역량실태조사'

코로나19는 사회 전반의 디지털 전환 속도를 가속화시켰다. 온라인·비대면 서비스가 급속히 확산되면서 좀 더 편리하고 안전한 생활이 가능해졌지만 다른 한편으로 디지털 취약계층(고령층, 장애인 등)이 겪는 고충이 커지고 있다. 신체적, 인지적 문제로 디지털 기기의 이용이 어려운 사람들, 급속한 디지털 환경 변화에 따라가지 못하는 이들에게 사회적 지원이 필요하다.

디지털 격차의 초점이 '디지털 기기의 소유 및 접근'에서 '활용'과 '성과' 차이로 확대되면서 디지털 기술에 대한 소양, 지식, 기술 능력을 포괄하는 디지털 역량 개념이 주목을 받고 있다. 서울디지털재단에서는 디지털 사회에서 필요한 역량요소를 파악하고 서울시민의 디지털 역량 수준을 분석하고 대응하고자 '서울시민디지털역량실태조사'를 2021년 처음 실시했다.

디지털 사회에서 요구되는 능력은 디지털 이용에 필요한 기술적 역량과 지식, 디지털 공간에서 타인과 교류하는 사회·정서적 능력, 디지털 위험에서 자신을 지키고 책임감 있게 디지털 기술을 사용하는 능력을 포괄한다. 단순히 기술적 능력을 갖추는 데에서 나아가 온라인에서 윤리적 행동과 책임의식, 디지털 위험 대응과 안전관리, 시민의식 등 종합적 접근이 필요하다.

과학기술정보통신부에서 매년 디지털 정보격차 지수를 발표하고 있으 600
나, 전국 단위 조사 및 결과 발표로 지방자치단체에서 정책기획 및 사업 추진에 활용하기에 한계가 있다. 이에 디지털 전환에 수반되는 취약계층의 디지털 소외 문제에 체계적으로 대응하고, 서울시 디지털 포용정책의 근거자료 제공을 목적으로 지방자치단체 최초로 위 조사를 신규로 추진하였다.

조사대상은 조사시점 기준 서울시에 거주하는 만 19세 이상 성인이며 표본 크기는 총 5,000명이다. 55세 이상 고령층에 대한 세부 분석을 위해 표본 배분은 55세 미만 성인과 55세 이상 고령층을 각각 2,500개 표본씩 우선 할당한 후 각 자치구별 인구수에 따른 제곱근 비례배분 방식을 적용했다. 조사방식은 태블릿 PC를 활용한 가구방문 일대일 면접조사로 진행했다.

■ 전국 지자체 최초로 실시된 '서울시민디지털역량실태조사' 보고서

본 조사는 2021년 상반기에 기초연구를 진행하고, 하반기에 7주간 대시민 조사를 추진했다. 조사내용은 디지털 기기 및 인터넷 환경, 디지털 역량(디지털 정보이해, 디지털 기술 이용, 디지털 안전, 디지털 태도), 디지털 이용 경험 및 인식(디지

털 소통 및 참여, 디지털 기술의 역할과 성과, 키오스크 이용 등) 서울시 정책 질의, 응답자 특성 영역으로 구성되었다.

조사의 주요결과를 살펴보면 만 19세 이상 스마트폰 보유율은 96.5%이다. 다른 디지털 기기 보유율은 컴퓨터 67.5%, 태블릿 PC 21%, 스마트워치밴드 9.9%, 인공지능 스피커 9%, 인터넷이 안되는 피쳐폰 3.6%로 조사되었다. 인터넷 비이용자는 2.4%이고, 비이용자의 98.4%는 고령층이다. 스마트폰 이용자의 월평균 납부요금은 5.4만 원이고 고령층으로 갈수록 낮아졌다.

전체 시민의 수준을 100으로 할 때, 전체 시민 대비 고령층의 역량 수준은 디지털 기술 이용(기기 이용, 서비스 이용) 67.2%, 디지털 정보이해 83%, 디지털 안전 84.2%, 디지털 태도 78.4%로 나타났다. 디지털 이용 능력은 고령층 내에서도 65~74세, 75세 이상으로 연령대가 높아질수록 급격히 낮아졌다. 최근 폭넓게 활용되는 QR코드, 블루투스 사용 능력이 취약했다.

고령층으로 갈수록 디지털 이용수준의 격차가 벌어져 디지털 양극화가 심화되고 있다. 이러한 디지털 격차를 해소하기 위한 디지털 포용정책은 디지털 교육으로 실행되고 있다. 서울디지털재단에서는 '어디나지원단(어르신디지털나들이지원단)'이라는 어르신 강사단을 모집하여 1:1 밀착교육을 하고 있다. 디지털로 인한 어르신의 불편을 해소하고, 디지털 혜택을 공유하는 것이다.

키오스크 이용 문항에서 55세 미만 94.1%가 키오스크 이용 경험이 있는 반면, 55세 이상 고령층은 45.8%만이 이용 경험이 있는 것으로 조사되었다. 75세 이상은 13.8%로 키오스크 이용 경험에서 차이를 보이고 있고, 고령층이 키오스크를 이용하지 않는 이유는 사용방법을 모르거나 어려워서 33.8%, 뒷사람 눈치가 보여서 17.8%, 새로운 것에 대한 거부감 12.3%이다.

키오스크는 최근 패스트푸드점, 카페, 음식점, 은행 ATM, 관공서 등 행정서비스, 교통서비스, 전시/공연장, 종합병원, 무인매장, 백화점/마트 등 사용처가 증가하고 있다. 키오스크를 사용하지 못하면 밥도 먹지 못하고, 열차표도 예매할 수 없는 난감 상황이 된다. 서울시에서는 키오스크 불편 해결을 해결하기 위해 '디지털 안내사'를 현장에 배치하여 어르신을 돕고 있다.

어르신 최고의 디지털 강사진 '어디나지원단'

서울디지털재단의 어디나지원단은 디지털 격차해소를 위한 대표 교육 브랜드이자 플랫폼이다. 2019년 강사 34명으로 시작하여 2023년도에는 150명의 강사가 서울시 25개 자치구 120여 개 디지털클리닉센터에서 디지털 교육을 실시하고 있다. 어르신이 어르신을 가르치는 노노(老老) 케어방식으로 또래 어르신이 스마트폰 등 디지털 기기 사용법을 익히는 독특한 방식이다.

고령층은 스마트폰을 자유자재로 사용하기보다는 전화를 주고받는 용도로 극히 제한적으로 쓰고 있다. 스마트폰의 제 기능을 활용하지 못해서 불편을 겪고 있고, 이를 해소할 방법조차도 찾지 못하는 경우가 있다. 디지털 기기 및 서비스를 이용하면서 어려움이나 문제가 발생하는 경우, 서울시민 8.8%는 이를 해결하지 못하고, 이 중 82.3%는 55세 이상의 고령층으로 조사되었다.

어르신의 경우 스마트폰 활용 문제점을 해결하기 위해 자식들에게 도움을 받을 수도 있지만 오히려 불편을 느낀다고 한다. 잘 모르는 젊은 청년에게 똑같은 질문을 반복하는 것도 어렵기 때문에 어디나지원단의 또래 강사에게 배우면 좀 더 편하다고 한다. 비슷한 또래의 강사와 교육생은 언어의 소통이 오히려 쉽다는 것이다. 강사 역시 또래 교육생의 입장을 이해한다.

어디나지원단 150명의 강사는 어떤 절차로 뽑을까. 55세 이상의 강사진은 기본적으로 디지털 역량을 보유한 분(IT 관련 자격증 구비)을 서류, 면접 과정을 통하여 선발한다. 보통 2:1 경쟁률을 보이고, 강사 중에 최고령자는 74세이다. 어르신 강사들에게는 일정의 강사비를 제공한다. 어르신의 일자리도 창출하고, 디지털 격차해소도 하는 일거양득의 교육방식이다.

교육생은 120여 개 디지털클리닉센터(각 지역의 경로당, 도서관, 복지관 등)에서 다양한 홍보를 통해서 모집을 한다. 또는 어디나지원단콜센터를 통해서 교육신청을 받는다. 강사가 각 센터의 교육 신청사항을 앱(아임히어워크)을 통해서 선착순으로 강의 신청을 하면 상호 매칭이 된다. A라는 교육장소에 B라는 강사와 C라는 교육생이 만나서 1:1 밀착교육을 한다.

어디나지원단은 2019년부터 5년째가 되었다. 2022년에는 120명의 강사가 16,000여 명을 교육했고, 2023년에는 150명의 강사가 20,000여 명을 목표로 하고 있다. 가끔씩 어르신들이 병원을 가시거나 다른 개인사로 노쇼가 발생하기도 하는데, 이를 최소화하고 대체 교육을 하기도 한다. 현장에서 헬프데스크식으로 스마트폰 활용 질문자들에게 즉답 서비스를 제공한다.

교육내용은 스마트폰 기본(구글계정, 앱설치, 환경설정 등), 카카오톡 활용(계정등록, 화면구성, 프로필 설정, 사진 전송 등), 실생활 적용(모바

■ 디지털 약자의 동행을 위한 2023 어디나지원단(어르신디지털나들이단) 발대식

일 주문, 길찾기, 기차예매, 키오스크 등), 공공실습 활용(인증서 발급, QR코드 인식, 화상회의 등)으로 구성된다. 최근 챗GPT에 대한 관심으로 이에 대한 교육도 한다. 온라인 상으로 홈피와 유튜브를 통해서 콘텐츠를 제공한다.

서울디지털재단 유튜브 '어디나 5분 클래스'에서 총 89종의 교육 프로그램을 서비스하고 있다. 어디나 5분 클래스는 어르신 강사들이 직접 출연하여 유튜버로 나섰다. 또한 에듀테크캠퍼스 사이트는 반응형 이러닝 시스템으로 63종의 콘텐츠를 제공하고 있다. 재단과 SK텔레콤 BTV와 업무협약으로 해피시니어 채널에서도 '어디나 5분 클래스' 콘텐츠를 시청할 수 있다.

서울시에서는 디지털 배움터, 디지털 안내사, 어디나지원단 등 다양한 방식으로 어르신의 디지털 격차해소를 위해 다각적으로 노력하고 있다. 서울시가 지난해 스마트시티 분야 세계 최고의 권위 있는 SCEWC 2022 (스페인 바르셀로나 스마트시티 엑스포 월드 콩그레스)에서 최우수상 도시전략 부문상을 받았는데, 그 요인 중의 하나가 위와 같은 디지털 포용 정책이다.

어디나지원단의 교육 플랫폼은 그 성과를 대외기관으로부터 인정을 받았다. 제36회 정부문화의 달 기념식(2023. 6. 15.)에서 '디지털 소외계층 맞춤형 역량강화 사업, 로봇활용 디지털 격차해소' 기여로 과학기술정보통신부 장관 표창장을 수상했다. 또한 유네스코 한국위원회로부터 지속가능발전교육(ESD) 공식 프로젝트로 인증패를 받았다. 매우 보람 있는 값진 성과이다.

디지털 약자 없고, 소외 없고, 차별 없는 사회를 만들기 위해서 공공 및 민간분야에서도 연구와 지원을 해야 한다. 서울시를 비롯하여 전국의 지자체에서도 디지털 격차해소 교육이 능동적으로 잘 이루어지고 있다. 우리나라는 인터넷 사용 및 스마트 보급률이 세계 1위인 국가로서 디지털 격차해소 교육에 있어서도 타 외국도시에 비교할 때 질과 양에서 앞서가고 있다.

서울시 시정철학인 '약자와 동행'을 기반으로 디지털 약자에 대한 포용정책도 보다 강화되고 있다. 서울디지털재단에서는 디지털 약자 역량강화 교육을 위한 진단도구를 고도화하고, 2023년에 이어 두 번째로 '서울시민디지털역량실태조사'를 추진한다. 차별화된 점은 일반 시민과 등록장애인도 포함하여 보다 심층적으로 디지털 포용정책을 지속적으로 확대할 예정이다.

로봇활용, 디지털 체험 서비스 확대

서울시 각 자치구 연계 로봇활용 디지털 역량강화 프로그램은 운영 중에 있다. 서울디지털재단과 5개 자치구간 협약 및 종합계약으로 안정적 운영의 환경을 마련했다. 대상은 서울시 관내 어르신, 어린이이며 연간 약 7만 명을 목표로 하고 있다. 로봇업체 간 상시 의견 조율 및 공동교육 목표 달성을 위해 노력하고, 협의체와 자문회의 운영을 통한 성과개선을 하고 있다.

로봇활용 교육은 고령친화기술(AgeTech) 기반 어르신 로봇 친화 프로그램과 어린이 대상 로봇 친화 프로그램으로 나뉜다. 어르신 대상 프로그램은 스마트폰 교육으로 카카오톡, 길찾기, 배달앱 등이 있다. 어린이 대상 프로그램은 동화구연, 7대 안전교육, 동요 배우기가 있다. 강사는 20명으로 자치구별로 배치된다. 교육생은 자치구별 홍보 채널을 활용하여 모집한다.

교육용 로봇은 한국산 로봇인 '리쿠'를 활용한다. 키 44cm, 몸무게 2.5kg의 인공지능 기술이 탑재되었다. 재단의 활용 로봇 리쿠는 자치구 210대, 재단 30대로 총 240대로 운영한다. 한편 로봇 활용 정서 돌봄(케어) 시범 서비스로 '알파미니' 로봇을 활용했다. 자서전 쓰기, 노래하기, 건강체조, 인지훈련게임 등 어르신의 우울감과 고립감 해소를 도와주는 프로그램이다.

실제 서비스를 이용해본 데이케어센터의 한 어르신은 평소 거동이 어려워 우울감에 사람들과 대화를 꺼렸지만, 로봇에게는 친구처럼 편하게 이야기하는 등 현장에서 어르신들의 반응도 매우 우호적이다. AI 로봇과 같은 새로운 기술로 어르신 교육을 넘어 활기찬 노년을 지원하는 정서 돌봄 프로그램이 확대되어야 한다. 본 사업의 확대를 위해서는 추가적 예산이 필요하다.

 스마트한 웰에이징 어르신 돌봄 추진계획에 근거하여 기존 디지털 교육을 보완·지원하여 취약 어르신 스마트 돌봄 강화 및 웰 에이징을 지원하고자 '디지털 돌봄 체험버스' 시범 운영을 준비 중에 있다. 스마트 기술 발달에 따른 돌봄 분야 관련 기술 개발 및 활용이 증가하고, 디지털 기술 이용 역량 격차 발생 및 이를 해소하기 위한 자구적인 노력을 실시하기 위함이다.

 '디지털 돌봄 체험버스' 공간은 내부와 외부별 적합한 기기 배치와 프로그램을 운영할 계획이다. 안정적 네트워크 환경이 필요한 고도화된 기기(스마트 글러브, 스마트 지팡이, 리쿠 등)를 배치하고, 내용은 일상생활과 친숙한 스토리텔링 방식을 통한 교육 만족도를 제고한다. 버스 외부 기기는 기 상용화, 활성화된 소규모 기기를 배치하는 등 보편적 교육을 실시한다.

 서울시민 로봇 공존도시 기반을 마련하기 위한 계획도 준비 중이다. 시민의 상호작용 기술 기반 로봇 경험 확대를 통해 첨단 미래도시를 향유할 시민 리터러시 능력을 제고하기 위해서이다. 로봇이 사람의 의도를 추정하여 서로 상호작용을 하면서 재미와 친밀감을 느낄 수 있다. 로봇 활용을 위한 로봇 대여센터를 운영하거나 국제 기준 로봇 생활 올림픽 개최도 가능하다.

스마트시티, 서울의 경쟁력이다

'IT 신기술의 용광로'라 불리는 스마트시티는 정보통신기술(ICT)을 활용해 도시 경쟁력과 시민의 삶의 질을 향상시키고 도시의 지속가능성을 추구하는 혁신 도시다. 도시 교통, 환경, 안전, 주거, 복지 서비스 등의 분야에 첨단 IT를 적용하는 사업이다. 인공지능, 빅데이터, 크라우드, 5G 등 차세대 이동통신, 자율주행, 사물인터넷(IoT), 블록체인 등 다양한 기술이 들어간다.

우리나라는 국토의 약 17%가 도시지역이고, 총인구의 약 92%가 도시에 거주하고 있다. 서울특별시를 비롯한 전국의 시는 총 85개이다. 특별시, 특별자치시, 6개 광역시, 특례시, 지방의 중소도시로 구분된다. 국토교통부에서는 2025년까지 64개 지역 스마트 도시 플랫폼을 구축하고, 지역 주민 중심의 맞춤형 차세대 도시 인프라를 마련하고자 수천억 원을 투자할 예정이다.

서울시는 제6차 스마트도시 및 정보화 기본계획(21년~25년)을 수립하여 이행 중이다. 미래 스마트도시 혁신 기반 조성, 사람 중심 스마트도시 구현, 시민 체감 도시서비스 제공 등 3개 추진전략을 추진하고 있다. 스마트 서울 플랫폼 6S(S-Net, S-Dot, S-Data, S-Brain, S-Map, S-Security)는 사람, 도시를 연결하는 미래 스마트 서울의 든든한 기반 인프라이다.

최근 도시들은 다양한 도시문제를 해결하기 위해 디지털 기술과 융합된 스마트시티 정책을 최우선 과제로 삼고 있다. 과거 서울은 세계 주요 100개 대도시를 대상으로 하는 전자정부 평가(미국 럿거스대)에서 8회 (2003~2018) 연속 1위를 차지한 바 있다. 우리나라 정보통신기술의 자부심이다. 작금의 디지털 전환시대에 수도 서울의 스마트시티 경쟁력은 어떤 수준일까.

IESE(스페인), MORI(일본), Kearney(미국) 등 3개 글로벌 기관의 평가에 의하면 서울은 각각 19위(2020), 8위(2021), 17위(2021)를 차지했다. 각 기관의 평가 중점에 따라 순위 변동이 있기 마련이다. 서울시가 비전 2030을 발표하고, 가장 최근인 2022년 2월 말에 영국 케임브리지 대학과 연세대가 공동 연구한 'Smart Cities Index Report 2022'를 발표했다.[28]

서울을 비롯한 세계 31개 도시가 총 8개의 관점으로 평가되어 있다. 서울시는 도시 지능화와 인프라 통합 부분에서 1위, 도시 개방성 2위, 지속 가능성 6위를 차지하여 종합평가에서 당당히 1위에 랭크되었다. 과거 전자정부의 평가의 위상(位相)을 다시 되찾은 셈이다. 그러나, 개선점으로 지적된 디지털 거버넌스 부분은 혁신의 과제가 되었고, 풀어야 할 숙제이다.

도시지능화 부문은 4차 산업혁명을 선도하는 사물인터넷, 빅데이터, AI, 가상현실 등의 기술이 도시 여러 분야에 접목되어 도시문제를 해

■ 고령친화기술(AgeTech) 기반 어르신 로봇(리쿠) 친화 프로그램, 로봇 리쿠와 1:1로 디지털 교육을 하고 있다.

결하고 있는 점을 평가했다. 글로벌 31개 도시의 지능화 서비스에서 환경·에너지 분야 30%와 교통 분야 28%를 차지했다. 서울은 도시의 AI 플랫폼을 구축하고, 데이터 기반의 AI 기술이 다양한 정책에 활용된 점이 높게 평가를 받았다.

스마트시티 거버넌스 부문은 스마트시티 추진계획이 체계적인지, 비전의 공유 등 리더의 의지, 추진전략과 방법, 권한의 범위와 영향력을 미치는 조직이 체계적으로 구성되었는가를 평가했다. 서울시는 인구 천만의 거대 도시이다. 따라서 급속한 성장과 함께 나타나는 도시문제 해결과 신기술 활용을 촉진하기 위해 디지털최고책임자(CDO)의 리더십 역할이 필요하다.

서울디지털재단에서는 디지털 격차해소를 위해 서울스마트시티센터[635] 에 디지털 포용랩 인프라를 구축했다. 디지털 접근성 진단을 위하여 모바일, 태블릿PC 및 키오스크로 구성된 디바이스존과 디지털 서비스 사용자의 시선 추적을 위한 아이트래커, 뇌파 측정기 등 디지털 사용성 분석존을 마련했다. 디지털 약자 중심의 사용성 평가를 통한 개선 연구도 확대할[29] 예정이다.

현대 경영학의 아버지, **피터 드러커**

의사소통에서 제일 중요한 것은
상대방이 말하지 않는 소리를 듣는 것이다.

Touch the
digital future

Part 4

Digital
미래를 만지다

디지털 대전환에 따라 수반되는 것이 디지털 격차이다. 소위 디지털 약자는 노년층에만 해당되는 것이 아니라 기업별, 지역별, 기술별 등 다양한 부분에서 발생한다. 이러한 디지털 격차를 해소하는 일이 디지털 포용정책이다. 혁신 리더는 디지털 전환과 포용을 병행하는 투트랙 기조를 기반으로 교육과 기술, 투자를 통해서 디지털 양극화 문제 해소에도 노력해야 한다.

PART 4는 필자가 언론사에 기고한 내용이다.

Digital
Innovation
Leadership

1장

디지털 전환과 격차 해소를 병행Combine하라

╭─○ Digitelling ─────────────────────────────────

국가의 디지털 경쟁력을 강화하기 위해서는 선도적인 디지털 전환과 포용적인 디지털 격차해소 정책을 투트랙으로 병행해야 한다. 디지털 전환은 신기술의 등장에 따른 심화적 관점에서 민첩한 대응을 하고, 디지털 전환 지수를 개발하고 적용해야 한다. 디지털 격차해소는 디지털 약자뿐만 아니라 조직별, 기관별, 지역별 등 세부적으로 비교하고 그 차이를 최소화해야 한다.

신대륙, '메타버스 서울' 체험

지난 1월 16일 오세훈 서울시장은 도시단위 세계 최초로 '메타버스 서울'의 소개와 공식 오픈을 선언했다. 서울시는 앞으로 5단계까지 발전시키고, 다양한 외국어 서비스 기능 확대 및 이지모드를 만들 것이라고 했다. '자유, 동행, 연결'이라는 메타버스 서울의 핵심가치를 실현한다. 한 송이 국화꽃을 피우기 위해서 봄부터 소쩍새가 울었듯이, 메타버스 서울 신대륙의 탄생도 그렇다.

서울시는 2021년 10월, 메타버스 서울 플랫폼 5개년 기본계획을 발표했다. 이 계획을 근거로 동년 12월 7일간 약 16,000여 명의 아바타가 입장하는 '보신각 제야의 종 페스티벌' 파일럿 서비스를 시작으로, 서울시는 플랫폼 구축을 시작하였고, 서울디지털재단도 메타버스 활성화 기반 마련을 위한 NFT, 3D오브젝트 제작 공모전, 메타버스 윤리가이드 연구 등을 추진했다.

메타버스 서울은 존중, 사회의 공공성, 현실 연결을 3대 기본원칙으로 창작자, 이용자, 관리자, 운영자 등 4개의 주체가 지켜야 할 행동 준수사항을 통해 건전하고 안전한 이용문화 조성에 힘쓴다. 또한 메타버스로 인한 '디지털 격차'를 줄이기 위해 메타버스 교육 콘텐츠 개발과 강사양성·교육도 준비 중이다. 오랜 준비기간 끝에 탄생한 '메타버스 서울'이다.

이런 기대감과 우려 속에 미국 시사주간지 타임은 지난해 말 2022년 최고 발명품으로 세계 최초 도시단위에서 만든 '메타버스 서울'을 포함시켜 발표했다. 세계에서 가장 권위 있는 스마트시티 분야 전시회인 SCEWC(스페인 바르셀로나)에서도 '메타버스 서울'을 구축한 서울시가 최우수 도시로 선정되었다. 메타버스 서울에 대한 세계의 관심도 매우 뜨겁다.

　지난 1월 초 세계최대 IT 전시회인 CES 2023에서도 메타버스가 핵심 주제로 선정되었다. 메타버스는 입체적인 가상의 공간에서 현실감을 경험하고 몰입할 수 있다는 점에서 인터넷 환경의 또 다른 대전환점이 될 것이다. 예를 들어 신체 장애인이 미술관 방문에 제약이 많은 경우, 메타버스 가상 미술관을 통해 현장의 생생한 모습과 새로운 경험을 전달할 수 있다.

　백문이불여일견이라고 한번 시도해보자. '메타버스 서울' 앱을 설치하고, 로그인하여 아바타를 생성하고 입장하면 마이룸이 있다. 이곳에서 문을 열고 나가면, 10개의 서비스 게이트(서울광장, 서울시청, 핀테크랩, 기업지원센터, 민원서비스, 아바타 가상상담실, 텍스 스퀘어, 서울 시장실, 서울 명소, 월디시민랜드)가 있다. 서울 광장과 시청 내부는 실제와 매우 유사하다.

　서울 광장에서는 계절별 이벤트를 경험하고, 주요관광 명소는 3D로 감상할 수 있다. 메타버스 서울의 시장실에서는 24시간 '오세훈 시장의 아바타'가 자리를 지키고 있다. 함께 사진 촬영도 할 수 있고, 우편함을 통해서 제안도 할 수 있다. 기타 다른 서비스에서 상담을 통해서 궁금사항을 해결할 수도 있다. 앞으로 서울시 메타버스 서비스는 더욱 확대되어 나갈 것이다.

서울시는 새로운 분야를 개척하는 'Frist Mover'로서 메타버스 분야에서도 세계를 선도하고 있다. 또한 시민 체감 디지털 서비스 확대와 디지털 약자와 동행을 강화할 것이다. 가상의 세계는 관리자, 운영자만이 하는 것이 아니라 창작자, 이용자와 함께 만드는 것이다. '메타버스 서울'은 바로 우리 모두의 관심과 참여 속에서 디지털 혜택을 공유할 것이다.

아시아투데이 (2023. 02. 08)

디지털 전환과 격차해소 투트랙

디지털 전환(Digital Transformation)은 현실을 데이터로 변환하는 것이다. 빅데이터를 수집하고, 크라우드에 저장하고, 인공지능 등으로 분석하는 로직이 디지털 전환의 기본 사이클이다. 모바일 기기의 대중화와 사물인터넷(IoT) 기기들이 데이터를 폭발적으로 증가시켰고, 그 결과로 빅데이터가 만들어졌다. 데이터의 보관과 처리에서 크라우드, AI 기술이 활용된다.

데이터의 출력 부분에 VR, AR, 드론, 로봇, 자율주행, 챗봇 등의 기술로 활용되고 있다. 코로나19 팬데믹과 4차 산업혁명 기술의 발달로 사회 전반에 걸쳐 디지털 전환의 속도가 더욱 빨라지고 있다. 이러한 디지털 혁명의 대변화와 트렌드에 어떻게 대응하느냐에 따라 개인, 기업의 발전 및 국가의 명운이 크게 나누어질 것이다. 이제 디지털 전환은 국가성장의 동력이다.

이제 디지털 전환은 선택이 아니라 필수이며, 경쟁력 강화를 위한 시대적 패러다임의 전환인 것은 자명하다. 디지털 전환이 국가의 목표가 되어야 하는 이유이다. 우리 일상에서 공부하고 일하는 방식이 눈에 띄게 변했다. 2019년 대학의 온라인 강의 비율은 1%에 불과했지만 2020년 전반기 한국의 모든 대학은 수업을 100% 온라인 강의로 진행했다.

메타버스를 포함한 다양한 플랫폼을 이용하여 화상회의도 일상화되었다. 아바타가 회의장에 등장하고, PPT, 동영상 자료를 통하여 열띤 토론을 진행하기도 한다. 코로나 비대면 사회가 불러온 현상이다. 또한 현실과 가상의 경계가 없어지는 메타버스 기술도 진화하고 있다. "디지털 전환은 기술이 아닌 태도의 혁신이다"란 말이 시사하는 바 크다.

기술에 대한 고민보다도 필요한 기술을 신속하게 융합하여 디지털 기술 중심의 플랫폼으로 전환하려는 접근 태도가 매우 중요하다는 의미이다. 180년 전통을 가진 존디어(John Deere)라는 농기계 제조업체는 디지털 전환을 통해 농업 데이터를 제공하는 데이터 전문기업이 되었다. 만약 전환을 하지 않았다면 전통산업에 머무르고 사라졌을지도 모른다.

디지털 전환이 가속화되면서 벌어지는 중요한 현상 중의 하나가 바로 '디지털 격차'이다. 사회적으로 지역, 세대, 빈부 등의 양극화처럼 디지털 양극화 현상은 또 다른 사회적 문제로 대두될 수 있다. 즉 국가의 디지털 경쟁력을 강화하기 위해서는 정부 차원의 선도적인 디지털 전환과 디지털 격차해소라는 투트랙 정책으로 대전환을 해야만 할 시점이다.

산업데이터의 활성화와 지능정보기술의 적용을 통하여 디지털 전환을 촉진하고자 「산업디지털 전환 촉진법」이 올해 1월에 제정되었다. 또한 디지털 기술의 혜택을 고르게 누리도록 하는 취지의 「디지털포용법」이 작년도 1월에 발의된 바 있다. 시의적절한 법제도의 마련으로 보여진다. 이번 대선 후보들도 하나같이 디지털 강국으로 가는 공약을 발표했다.

인공지능을 앞세워 디지털 경제에서 대한민국이 살아남도록 하겠다는 점은 같은 맥락이다. 웹의 미래에 대해서 "인터넷은 사라질 것이다."라고 에릭 슈미트 전 구글 회장이 말한 바 있다. 지금과 같은 인터넷이 일상적인 현실과 서비스의 일부가 되면서 마치 사라지는 것처럼 보이게 되리라는 의미로 해석할 수 있다. 삶의 일부가 되는 디지털도 언젠가는 사라질 것이다.

익숙하지 않은 블록체인, 디지털 트윈, 메타버스 등도 밀접한 생활의 일부가 될 것이다. 디지털 환경에 익숙한 MZ세대들이 고령층이 될 때는 지금과 같은 디지털 격차도 줄어들 것이다. 디지털 혁명시대에 개인, 기업과 조직이 생존하기 위해서는 디지털 DNA로 무장해야 한다. 삶의 관점을 바꾸고, 디지털로 생각하고 관리해야 리더가 될 수 있다.

최근 열린 세계 최대 IT · 가전 박람회인 CES 2022에 "Experience the Future Firsthand(미래를 먼저 경험하라)"란 구호가 있었다. "미래를 이해하는 사람들이 미래를 차지한다"고 하듯이 다가올 디지털 세상에 대비해야 한다. 개인, 기업과 국가의 디지털 전환에 대한 선험적인 도전과 디지털 격차해소를 위한 포용적 투트랙 정책은 아무리 강조해도 지나침이 없다.

서울경제 (2022. 02. 13)

디지털 플랫폼 정부의 기대

AI, 빅데이터, 블록체인, 메타버스, NFT 등 디지털 혁신기술을 통한 모든 영역에 디지털 전환이 급속하게 진행되고 있다. 정부, 지자체 및 기업은 디지털 전환을 어떻게 계획하고 적용하느냐에 따라 성패가 달려 있다. 디지털 전환시대, 인구 천만의 메가도시 서울은 하나의 거대한 실험실(Lab)이자 허브(Hub)이다. 서울시는 디지털 혁신 신기술을 도입하고 확산 중에 있다.

어르신 고독사 문제는 스마트 플러그를 적용하였고, 민식이법에 따른 어린이 보행안전 문제를 위해 스마트 횡단보도가 자치구로 확산되고 있다. 다산콜센터의 하루 평균 2만 건의 민원은 인공지능 기반 '챗봇'이 지원하고 있으며, 디지털 트윈 기술기반 '3D Virtual Seoul'을 통해 도시 정책의사결정을 지원한다. 중대재해처벌법을 대비한 '인공지능 관제시스템'도 개발 중이다.

올해 연말에는 메타버스 서울의 가상세계에서 시민들이 민원을 접수하고 가상의 서울시 공무원을 만나게 된다. 또한, NFT 플랫폼을 통해 예술인들의 작품이 거래될 것이다. 이렇게 서울시의 다양한 디지털 혁신 실험은 코로나19의 위기에는 서울시의 디지털 인프라 기반과 시민의 디지털 역량이 재난을 극복하는 도시 회복탄력성의 근간이 되었다.

2019~2021년도 기준, 연세대와 영국 캠브릿지 대학이 공동 연구한 'Smart Cities Index Report 2022'가 올해 2월 말, 발표되었다. 서울을 비롯한 세계 31개 도시가 총 8개의 관점으로 평가되어 있다. 서울시는 도시 인프라와 지능화 부분에서 1위로 평가되었지만, 디지털 전환·경제의 순환체계를 연결하는 거버넌스와 민관협력 부분은 개선해야 할 점으로 지적되었다.

복잡한 사회문제는 도시, 기업, 시민이 함께 풀어나가야 한다. 지역에서 발생하는 수많은 작은 실험들 중 하나가 성공하여 사회를 바꾸고 혁신한다. 이것이 하나의 성공적인 혁신이 나오기까지 3천 개의 정제되지 않은 아이디어가 도출된다는 '혁신의 깔대기' 이론이다. 플랫폼으로서 스마트시티는 기술이 주도하는 것이 아닌 기술과 기업, 시민, 사회를 연결하는 고리가 되어야 한다.

윤석열 당선인은 디지털 대전환시대에 걸맞은 '디지털 플랫폼 정부'를 추진하겠다고 강력한 의지를 보였다. AI와 빅데이터를 활용해 "국민 참여를 최대한 이끌어내 집단지성을 도출하고, 참여하는 국민의 수많은 문제를 알아내 국민의 문제를 빠르게 해결한다"는 것이 핵심이다. 당선인이 마지막 서울 유세장에서조차 빼놓지 않고 강조한 이 공약은 매우 환영할 만하다.

"디지털 전환은 기술이 아닌 태도의 혁신이다"라는 말이 시사하는 바가 크다. 혁신의 속도와 크기를 좌우하는 것은 법과 제도 그리고 시각(視覺)이다. 'Smart Cities Index Report 2022'에는 '디지털의 책임 있는 활용, 시민을 위한, 시민과 함께 하는 성장'을 언급하고 있다. 서울시의 성과가 전국 지자체에 확대되고, 이것은 '윤석열 디지털 플랫폼 정부'의 초석이 될 것이다.

디지털 시대의 플랫폼은 누구나 소외되는 사람 없이 투명하고 공평·공정하게 참여할 수 있는 그릇이 되어야 한다. 새 정부와 시대를 맞이하는 우리의 기대는 디지털을 통해 '공정'과 '상생'의 사회로 재도약할 수 있는 기회를 만드는 것이다. 디지털 대전환에 수반되는 디지털 격차와 차별이 없도록 스마트 포용도시 정책으로도 디지털 혜택을 골고루 나누어야 할 것이다.

서울경제 (2022. 04. 10)

디지털 브랜드로 뜨는 서울의 위상

최근 도시들은 다양한 도시문제를 해결하기 위해 디지털 기술과 융합된 스마트시티 정책을 최우선 과제로 삼고 있다. 과거 서울은 세계 주요 100개 대도시를 대상으로 하는 전자정부 평가(미국 럿거스대)에서 7회 (2003~2016) 연속 1위를 차지한 바 있다. 우리나라 정보통신기술의 자부심이다. 작금의 디지털 전환시대에 수도 서울의 스마트시티 경쟁력은 어떤 수준일까.

IESE(스페인), MORI(일본), Kearney(미국) 등 3개 글로벌 기관의 평가에 의하면 서울은 각각 19위(2020), 8위(2021), 17위(2021)를 차지했다. 각 기관의 평가 중점에 따라 순위 변동이 있기 마련이다. 서울시가 비전 2030을 발표하고, 가장 최근인 올 2월 말에 영국 케임브리지 대학과 연세대가 공동 연구한 'Smart Cities Index Report 2022'를 발표했다.

서울을 비롯한 세계 31개 도시가 총 8개의 관점으로 평가되어 있다. 서울시는 도시 지능화와 인프라 통합 부분에서 1위, 도시 개방성 2위, 지속가능성 6위 및 디지털 거버넌스에서 11위를 차지하여 종합평가에서 당당히 1위에 랭크되었다. 과거 전자정부의 평가의 위상(位相)을 다시 되찾은 셈이다. 그러나, 개선점으로 지적된 디지털 거버넌스는 혁신의 과제가 되었다.

665 "디지털 혁신은 기술이 아닌 태도의 혁신이다"라는 말을 빌리자면, 도

시의 디지털 혁신을 위해서는 디지털 전략, 추진체계를 정비하고 통합적인 리더십을 발휘할 시점이다. 선진 스마트도시 런던, 뉴욕, 싱가포르 등은 급속한 성장과 함께 나타나는 도시 문제해결과 디지털 경제 진흥을 위한 신기술 활용을 촉진하기 위해 디지털최고책임자를 임명하고 관련 기관을 정비하였다.

세계 스마트도시들의 급격한 변화 속에서 서울시도 빠르게 움직이고 있다. '서울시 비전 2030'에 지속 가능한 스마트시티를 하나의 비전으로 제시하였고, '메타버스'를 미래감성도시 구현을 위해 화두로 제시하였다. 작년 10월, 서울시는 지자체 최초로 '메타버스 서울 기본계획' 발표 후 플랫폼 구축을 진행하고 있다. 머지 않아, 공공의 '신대륙 서울'을 가상세계에서 경험하게 될 것이다.

올 11월에 스페인 바르셀로나에서는 세계 최대 규모의 스마트시티 전시회인 SCEWC(Smart City Expo World Congress)가 개최된다. 서울디지털재단은 '서울관' 운영으로 스마트시티 서울의 홍보 및 우수 솔루션 보유업체의 해외시장 진출도 지원하게 된다. 서울의 글로벌 디지털 브랜드 위상을 선보이고, 도시 간 네트워크와 미래지향적 협력의 장(場)이 될 것이다.

새로운 디지털 패러다임에 앞서가기 위한 생존경쟁이 치열해지고 있다. 곧 출범하는 윤석열 정부도 디지털 대전환시대에 걸맞은 '디지털 플랫폼 정부'를 추진하겠다고 강력한 의지를 표명했다. 과거 전자정부에서

1위 평가를 받고, 최근 스마트시티 글로벌 평가에서 1위를 받은 서울시는 ICT(정보통신기술) 잠재력을 바탕으로 디지털 혁신을 가속화하고 지속할 것이다.

머니투데이 (2022. 05. 11)

■ 세계에서 가장 영향력 있는 기술 이벤트인 CES 2023을 주관하는 게리 샤피로 CTA(미국소비자기술협회) CEO가 "새로운 혁신이 우리 세상을 더 나은 방향으로 바꿀 것이다"고 강조했다.

미래를 이해하는 사람이
미래를 차지한다.

미래학자, **비벡 와드와**

디지털 융복합
신경영New Management을 하라

○ Digitelling ─────────────

현장 경영을 중시하는 도요타에서 가장 많이 듣는 말은 "직접 봤니"와
"왜"라는 말이다. 문제 발생 시 직접 확인했는지와 그 이유를 중시한다는 것
이다. 성공한 기업가들은 한결같이 현장 경영을 강조했다. 우문현답, 즉 "우
리들의 문제는 현장에 답이 있다"는 말이다. 리더는 책상과 현장을 자주 왕
복해야 한다. 또한 미래를 예측하고 민첩하게 적절한 대응을 해야 한다.

ESG + 디지털 융복합의 신경영

올해 1월부터 중대재해처벌법이 시행되어 경영책임자가 안전 및 보건 확보의무를 다하지 않아 중대산업재해가 발생할 경우 기업주 및 경영책임자가 처벌을 받게 되었다. 안전사고 예방을 위한 강력한 법은 해당 기업들에게는 큰 부담이 될 수밖에 없고, 법 시행 초기인 점을 고려하여 기업들은 바짝 긴장하고 있다. 최근 기업의 책임성을 강조하는 분위기는 점차 커져가고 있다.

ESG[환경(Environment)·사회(Social)·지배구조(Governance)] 경영은 미래 기업의 트렌드로 선택이 아닌 필수요소가 되어가고 있다. 기업의 재무적 성과만을 판단하던 전통적 방식과 달리, 장기적인 관점에서 기업 가치와 지속가능성에 영향을 주는 비재무적 요소를 충분히 반영한다는 취지이다. 우리나라에서는 2030년부터 모든 코스피 상장사로 확대한다.

코로나19, 우크라이나─러시아 전쟁, 고유가, 원자재 가격상승 등으로 어려워진 대외적 환경에 각종 규제와 책임성까지 강조되는 최근, 기업의 경영환경이 과거보다 훨씬 어려워지고 있다. 또한 디지털 전환시대에 따른 산업 간 경계의 붕괴로 느닷없는 새로운 경쟁자의 출현은 기업 생존 경쟁에 영향을 미치게 되었다. 기업은 디지털 기술의 혁신모드로 전환할 수밖에 없다.

'디지털 혁신'은 외부환경 변화에 적응하고, 혁신적 사고로 새로운 가치를 창조하는 '기업가 정신'에서 시작된다. 지난 5월 대한상공회의에서 대기업 등 74개 기업이 서명한 '신기업 정신'의 기업문화, 친환경, 윤리, 지역상생 등의 가치도 "디지털 혁신은 기술이 아닌, 태도의 혁신"이라는 신경영 가치와 맥락을 같이한다. 아래 디지털 전환을 통한 ESG경영 실천 방향을 제언한다.

첫째, 디지털 기술을 활용한 친환경 경영(E)이다. 빅데이터·인공지능은 에너지 사용의 사전 예측을 통해 효율적 생산과 사용을 달성하는 친환경 경영의 필수 기술이다. 디지털 트윈 기술은 위험한 환경의 시뮬레이션 및 테스트는 시행착오 감소로 자원을 절약할 수 있다. 디지털 워크는 한 해 국내에서 소비되는 약 2억4000만 그루의 나무를 보존할 수 있는 '페이퍼리스 경영'이다.

둘째, 디지털 포용을 통한 사회적 책임(S) 실현이다. 서울디지털재단의 '서울시민디지털역량실태조사'에 의하면 55세 이상 고령층의 디지털 이용역량 수준은 전체 평균의 67.2% 수준에 불과했다. 서울 이외 지역의 디지털 격차와 교육 수요는 더욱 클 것이다. 기업이 지역상생의 역할로 사회공헌활동을 통한 지역주민 디지털 교육에 참여하고, 디지털 약자를 배려를 해야 한다.

셋째, 거버넌스(G)는 효율적 의사결정과 투명경영을 위한 실행체계이다. 디지털 전환은 기업의 지배구조를 투명하고 신뢰성 있게 변화시킬 수 있다. 디지털화를 통한 투명한 정보공개와 데이터 활용은 기업의 신뢰를 강화하는 필수사항이 되었다. 이를 위해 전사적인 측면에서 ESG경영과 디지털 전환을 융합하기 위한 혁신적인 리더십을 발휘해 나가야 한다.

ESG가 처음 등장했을 때와 포스트코로나의 상황은 기업의 대내외적인 환경이 급변했다. 친환경, 사회, 지배구조라는 비재무적 요소만을 강조하기엔 부족함이 있다. 즉 디지털 전환(DX: Digital Transformation)이 함께 작동될 때 그 취지가 더 크게 발휘될 것이다. 다시 말하면 ESG+DX의 융복합된 신경영의 비전이 요구되는 시점이라고 본다.

매일경제 (2022. 06. 10)

AI 공유(Shairing)

빅테크 플랫폼은 자본, 데이터, 고급인력, 대규모 고객 접점(PC · 모바일 앱) 등을 기반으로 디지털 독과점을 심화시키고 있다. 이로 인한 승자독식, 데이터 독점, 과다 수수료 등 소상공인, 중소기업의 양극화 문제가 국내외적으로 이슈가 되고 있다. 이것은 디지털 전환시대에 디지털 격차 문제와 함께 등장한 새로운 양상의 사회문제가 아닐 수 없다.

윤석열 정부의 '디지털플랫폼정부' 목표는 모든 데이터를 연결하고, 그 기반위에서 국민, 기업, 정부가 함께 사회문제를 해결하고 새로운 가치를 창출하는 것이다. 정부가 서비스를 직접 제공하기보다는 국민과 함께 혁신하고 민·관이 함께 성장하는 혁신 생태계 조성을 표방하고 있다. 이러한 측면에서 '신종 디지털 양극화'를 다각적으로 해소할 방안 마련이 시급하다.

최근 ICEC(국제전자상거래 컨퍼런스) 2022가 개최되었다. 여기서 '데이터 공유 없는 인공지능 공유'라는 주제 발표가 눈길을 끌었다. 키워드인 'AI 공유(Sharing)'가 신선하다. 각 주체 간 데이터를 공유하는 것이 아니라, 인공지능 학습결과와 이에 기반한 파생서비스를 공유하는 새로운 플랫폼 개념이다.

소중한 데이터는 개인과 기업의 자산이다. 그렇기 때문에 소상공인, 중소기업 등은 디지털·AI 기술역량을 확보한다 하더라도 AI 서비스를 위한 데이터 확보도 말처럼 쉬운 것이 아니다. 'AI 공유 플랫폼'은 데이터의 공유가 아닌 AI의 공유이다. 각 참여자들이 보유한 데이터는 공유하지 않기에 데이터 소유와 개인정보 이슈에서 자유롭다.

모든 플랫폼 참여자가 AI의 결합으로 고객접점을 공유하고 상품 서비스의 확장도 가능하다. AI 기술역량이 없는 소상공인, 중소기업 등도 AI의 공유만으로 고객접점을 늘리고 초개인화 추천서비스, 타겟 마케팅 등이 가능하다. 개별사업자로서 불가능하였던 서비스로 사업 경쟁력을 강화할 수 있다. 이것이 곧 사용자 중심의 'AI 공유 플랫폼'이다.

'AI 공유 플랫폼'은 소상공인, 중소기업 등이 별도 시스템 구축 없이 공유플랫폼을 활용한 저비용으로 자사 브랜드의 자체 플랫폼화도 가능하기에 플랫폼 독점에 의한 사회적 양극화 문제를 해소할 대안이 될 수도 있다. 물론, 'AI 공유 플랫폼'을 위한 사회적 합의와 데이터의 AI 활용을 위한 기술적 표준화를 위한 거버넌스 구축 등 선결과제가 필요할 것이다.

'AI Sharing'은 기존의 틀을 깨고 또 다른 AI혁명의 새로운 가치를 창출할 것으로 보인다. 디지털 혁신기술은 상호 연결되어 융합되고 시너지가 확산되는 특징을 갖고 있다. 뉴노멀 시대에 빅테크 중심이 아닌 누구나 디지털 · AI기술 혜택을 누릴 수 있는 사용자 중심의 'AI 공유(Sharing)'가 디지털 양극화를 해소하는 솔루션이 될 것으로 기대된다.

매일경제 (2022. 07. 07)

넷제로 데이터 플랫폼

탄소중립(Net Zero) 실현은 기후위기 대응을 위한 정부의 당면 과제이다. 2016년 파리협정, 2019년 UN기후정상회의 이후 각국은 탄소중립선언과 2050 탄소중립 로드맵을 실행 중에 있다. 이를 위한 글로벌 규제강화 및 친환경 시장의 성장에 투자를 확대하고 있다. 상향식 정책개발, 저탄소 산업생태계 전환, 디지털 신기술 융합 등으로 기후재난으로부터 벗어나야 한다.

지난 7월 초, CKC(한국-캐나다 과학기술대회) 2022가 개최되었다. 올해 중요 프로그램인 탄소중립 서밋에서 양국 기관의 탄소중립 달성을 위한 중요 전략과 기술 발표가 있었다. 서울디지털재단이 발표한 '디지털 기술 활용 탄소중립 도시 실현을 위한 연구'가 주목을 받았다. 그 이유는 도시단위 최초 '데이터 플랫폼 기반의 온실가스 저감대책' 연구란 점 때문이다.

도시 수준의 탄소중립 실현을 위한 접근 방식은 도시 특성을 잘 반영해야 한다. 서울시는 인구 밀집도가 높고(OECD 1위), 노령화가 진행되지 않는 역동적인 도시(20대~50대 집중 분포)로 시민의 IT 활용 성숙도가 높은 편이다. 또한 서비스 산업이 90%를 차지하는 등 제조업 비중이 낮은 특징을 나타내고 있다.

2019년 기준, 서울시 온실가스 인벤토리에 따르면 온실가스 배출 분야의 91%가 에너지 소비 부분에서 발생하고, 이중 가정과 상업용 건물에서 75%, 지상교통과 물류에서 21%를 차지했다. 이는 제조업 중심의 산업도시와 확연한 차이를 나타내고 있으며, 도심생활 영위를 위한 시민들의 에너지 소비가 온실가스 발생의 주요 원인임을 방증하고 있다.

서울시는 지난해 1월 '2050 탄소중립 종합계획'을 발표하고, 2026년까지 노후건물 100만 호를 저탄소건물로 바꾸고, 전기차를 40만 대까지 확대하며, 생활밀착형 공원을 확대 조성키로 했다. 위와 같이 각 도시의 특성을 고려하여 유형적인 온실가스 저감대책을 추진하고 아울러 데이터를 활용한 '맞춤형 넷제로(Net Zero) 데이터 플랫폼'의 연구 및 적용이 필요할 것이다.

넷제로 데이터 플랫폼은 개인이 제공하는 데이터와 공공데이터를 분석하여 시민들에게 탄소중립을 위한 최적의 상황을 제공하는 역할을 수행한다. 서울시의 경우 다양한 교통관리정보 데이터(TOPIS, MY-T)와 함께 대안 교통수단(따릉이), 건물관리를 위한 에너지 소비데이터 등을 수집ㆍ분석할 수 있는 데이터 플랫폼을 적용할 수 있을 것이다.

지속 가능한 사회를 위해 탄소중립은 시대적 필수 과제이다. 이를 위해 개인과 기업의 참여와 온실가스 배출 원인에 대한 모니터링 체계 구축이 필요하다. AI, 빅데이터, 디지털 트윈, 메타버스 등 디지털 혁신기술의 융합을 통해서 보다 정확한 데이터를 기반으로 한 디지털 기술의 적용과 시민이 참여하는 능동적인 '넷제로 데이터 플랫폼'의 고도화를 기대한다.

매일경제(2022. 07. 23)

디지털, 약자와의 동행

"누가 나와 같이 함께 따뜻한 동행이 될까" 가수 최성수의 노래 〈동행〉의 가사이다. 1987년 나온 노래인데 35년이 흘렀지만 지금도 많이 애송되고 있다. 따뜻한 사랑을 포함한 개인 간의 동행의 의미를 넘어 우리 사회에 동행(同行)은 이 시대의 화두가 되고 있다. 사회경제기술 발전에 따른 다양한 양극화 심화로, 동행의 정신은 더욱 절실하게 요구되고 있다.

우리는 제1, 2, 3차 산업혁명을 거쳐 인공지능, 빅데이터, 메타버스 등 디지털 신기술의 융합된 초연결/초지능의 4차 산업혁명시대에 살고 있다. 디지털 전환은 선택이 아닌 필수과제가 되었다. 이 과정에서 수반되는 것이 디지털 격차(Digital Divide)이다. 따라서 디지털 정책은 디지털 전환과 포용정책을 투트랙(Two-Track)으로 병행해야 한다.

서울디지털재단은 2021년 지자체 최초로 서울시민 5천 명(19세 이상) 대상, 가구방문 면접조사 방식으로 '디지털역량실태조사'를 실시했다. 핵심내용은 고령층(55세 이상)과 전체 시민 디지털역량 수준 차이를 과학적으로 분석하고 비교하는 것이다. 그 결과 고령층의 역량 수준은 평균 대비 디지털 기술이용은 67.2%, 키오스크 이용 경험은 45.8%로 나타났다.

서울지역 내에서도 도심권은 디지털 역량요소의 전반적 수준이 평균 대비 높았고, 동북권은 디지털 태도를 제외하고 낮게 나타났다. 디지털 기기 및 서비스를 이용하면서 문제가 발생하는 경우 서울시민 8.8%는 이를 해결하지 못하고 그대로 두었고, 이 중 82.3%는 고령층으로 분석되었다. 이러한 자료는 디지털 포용정책 지원에 중요한 지표가 될 것이다.

디지털 포용(Digital Inclusion)은 정부와 지자체뿐만 아니라 민간 기업에서도 ESG 경영의 사회적 기여 차원에서 적극 참여하고 있다. 영화관과 은행은 어르신 친화 키오스크와 ATM기기를 개선하고, 통신사는 스마트TV에 시니어 디지털 교육 프로그램을 제공하는 등 서울시와 서울디지털재단 함께 디지털 격차해소를 위한 민·관 협의체 구성에 참여하고 있다.

서울시에서는 디지털 '약자와의 동행'을 위한 대시민 인식 확산을 위해, 키오스크 이용 시 디지털 약자를 기다려주는 "천천히 해요, 괜찮아요" 캠페인을 벌이고 있다. 어디나지원단은 1:1 老老케어 방식으로 차별화된 디지털교육도 실시하고 있다. 디지털 취약계층은 비단 고령층 이외에도 장애인도 해당되기 때문에 이에 대한 정책도 준비해야 한다.

동행(同行)은 곧 함께 나누는 동행(同幸)이 된다. 동행의 길은 작은 관심부터 시작한다. 디지털 전환시대, '신종 양극화' 문제인 디지털 격차를 해소하는 것은 약자와의 동행의 한 부분이다. 디지털, 약자와의 동행은 아무리 강조해도 지나침이 없다. 모두가 행복한 사회 공동체를 만들고, 매력적인 도시를 만드는 새로운 출발점이 될 것이다.

매일경제 (2022. 08. 01)

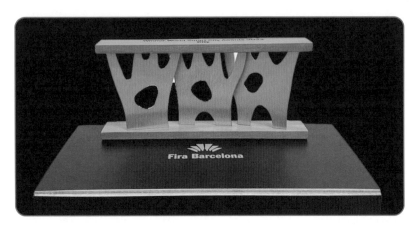

■ 스페인 바르셀로나시에서 개최되는 세계 최대 스마트시티 전시인 SCEWC 2023에서 서울시가 수상한 최우수도시상 트로피이다.

발명가, **토마스 에디슨**

우리의 가장 큰 약점은
포기하는 것에 있다.
가장 확실한 방법은
한 번만 더 시도하는 것이다.

3장

AI로 가득 찬
네옴시티NEOM City를 느껴라

─○ Digitelling ─

감성로봇 샤오빙 설계자, 왕용동은 "인공지능은 인간과 미래를 연결하는 가장 폭 넓은 다리이다"라고 말했다. 최근 초거대 언어모델인 생성형 AI, 챗GPT의 등장은 패러다임의 획기적인 전환을 가져왔다. 인공지능은 우리 생활 속에 깊숙이 들어왔다. 영화 〈아이언맨〉의 자비스를 어느 누구든지 소유할 수 있는 그날이 올 것이다. 사용자가 중심이 되는 AI가 곧 만들어질 것이다.

AI로 가득 찬 네옴(NEOM)시티

중동에 모래바람이 아니라 '인공지능 바람'이 불고 있다. 지난 9월 13일 ~15일 사우디 수도 리야드시에서 'Global AI Summit 2022' 행사가 열렸다. 역대 최대 규모의 국제 서밋 행사로 사우디의 실질적 지배자인 무함마드 빈살만 왕세자의 직속기구인 사우디 데이터&인공지능국(SDAIA)이 주관했다. 세계 80개국에서 발표자 150여 명을 비롯하여 3,000명 이상이 참관하여 대성황을 이루었다.

빈살만 왕세자는 제1부총리 겸 국방장관을 맡고 있으며, AI 분야에도 큰 관심을 갖고 있다. 그는 2019년 방한한 바 있고, 3년 만인 올해 다시 한국을 찾을 예정이다. 빈살만이 추진하는 '네옴시티(NEOM City)'는 2030년에 완공을 목표로 하고 있으며, 저탄소 친환경 스마트 도시를 짓는 야심찬 사회변혁 프로젝트이다. 우리나라 건설사뿐만 아니라 전 세계 기업들이 눈독을 들이고 있다.

네옴시티, AI, 빅데이터 등 디지털 전환을 통해 사우디 '비전 2030'을 주도하는 기관인 SDAIA의 압둘라 빈샤라프 대표는 "AI 윤리를 강조하며 전 세계 국가들이 힘을 합쳐 신뢰할 수 있는 AI를 만들어야 한다"라고 축사를 했다. 이어서 주목을 받고 있는 네옴시티의 나드비 알나서 CEO는 "네옴시티를 AI 과학기술로 가득 찬 도시로 만들어서 세계의 롤 모델이 될 것이다"라고 강조했다.

네옴시티는 2017년부터 전략을 수립하고 도시계획 단계를 거쳐 현재 본격적인 실행단계에 접어들었다. 세계 첫 인지도시(Cognitive City)로 발돋움하기 위해 모든 인프라는 AI로 운영되고, 이를 위해 디지털 인프라 구축, 전문인력 양성, 기술개발 솔루션 기업 지원을 할 예정이다. 사우디 정부는 이번 행사를 통해서 네옴시티 구축을 위한 다양한 파트너 국가 및 기업을 발굴하고 있다.

네옴시티는 길이 170km, 폭 200m의 '미러도시(더 라인)', 첨단 산업 중심 도시 '옥사곤'과 친환경 관광도시 '토로제나'로 구성되며, 서울 면적의 44배 크기와 총사업비가 약 650조 이상이 되는 상상을 뛰어넘는 도시가 될 것으로 보인다. 로봇이 물류와 보안, 가사노동 서비스를 맡고 친환경 에너지 인프라스트럭처를 갖춘 미래형 인공지능 초대형 도시가 영화가 아닌 현실로 나타날 것이다.

필자는 사우디 초청으로 '서울시의 AI 혁신 사례(AI Sharing for Realizing Cognitive City)' 키노트 연설을 했다. 대한민국, 서울이라는 위상으로 많은 관심과 박수갈채를 받았다. 이 행사를 통해서 사우디아라비아의 미래에 대한 태도가 매우 도전적이고 열정적이라는 것을 느꼈다. 그들의 강렬한 눈빛이 빛났다. 막대한 석유 자본으로 미래 먹거리를 AI 기반으로 하겠다는 의지가 넘쳐났다.

'2030 세계박람회' 유치전에 사우디는 우리나라와 경쟁하고 있다. 현지에서 들은 바로는 사우디의 잠재력(종교, 하지순례, 석유, 로비 등)을 볼 때 쉬운 상대는 아니다. 『Global AI Summit 2022』을 통해 네옴시티 비전을 보면서 우리도 스마트시티를 넘어 인지도시로 향한 'AI Sharing(공유) 플랫폼' 등을 포함한 인공지능 전략, 전문인력 양성 및 과감한 투자를 해야만 또 다른 경쟁에서 이길 수 있다.

매일경제 (2022. 09. 21)

'마이너리티 디자인'에서 얻은 교훈

일본에서 잘나가는 카피라이터가 생후 3개월 된 아들이 시각장애인으로 판명되자 삶의 방식을 바꾸었다. 아무리 멋진 광고를 만들어도 자신의 혈육이 못 알아본다면 무슨 의미가 있을까라는 데서 출발했다. 그리고 자신의 아들과 같은 장애인을 만나고, 약자를 위한 사회복지 활동에 나섰다. 그것도 대중을 상대로 하는 것이 아니라 소수자 편에서 세상을 바라보았다.

『마이너리티 디자인』의 저자 사와다 도모히로가 그 주인공이다. 기존의 스포츠 환경이 '최강자' 위주였다면, 그는 약자도 즐길 수 있는 공존의 신종 스포츠를 개발했다. 느슨하게 즐길 수 있다는 뜻의 일명 '유루 스포츠'이다. 운동약자였던 그가 만든 경기 종목이 무려 110개 이상이 된다. 이기면 기쁘고, 져도 즐겁고, 실수해도 두렵지 않은 규칙이 통하는 스포츠다.[30]

저자는 "누군가의 약점이야말로 이 사회를 살리는 기회가 될 수 있다"라고 말한다. 그는 '한 사람의 약점'에서 출발해서 통념을 뛰어넘는 프로젝트를 진행한다. 이러한 그의 일의 방식을 '마이너리티 디자인'이라고 한다. 스포츠(핸드소프볼, 완급경주, 애벌레 럭비), 패션(장애인 의족 패션쇼), 음악(고령층 지팝), 로봇공학(바디쉐어링 닌닌로봇) 등 분야가 다양하다.

그는 석 달 동안 약 200명의 장애인을 만나고, 이후 휠체어 탄 사람이나 흰 지팡이를 짚고 걸어가는 사람이 눈에 들어왔다고 한다. 그만큼 관심이 중요하다. 사람이란 자기중심적으로 살아가기 때문에 주변에 시선을 돌리지 않으면 소수 약자의 고충을 알 리 없다. "소수자를 바라보는 관점에서 근본적인 전환을 일으킬 수 있다"라는 저자의 말에 공감이 간다.

서울시는 민선 8기를 시작으로 '약자와의 동행'이라는 시정 철학과 '동행·매력 특별시 서울'을 슬로건으로 시정을 펼쳐가고 있다. 시장 직속 조직으로 '약자와의 동행 추진단'을 신설하고, 약자 관련 정책 및 '약자동행지수'도 개발·운영하고 있다. 『마이너리티 디자인』의 내용을 보면 책 제목을 '약자와의 동행'이라고 바꾸어도 어색하지 않을 것 같다는 생각이 든다.

서울시가 약자와의 동행을 시정철학의 기조로 삼고, 약자동행지수를 개발할 정도의 강력한 드라이브를 걸고 있는 것은 디지털 전환시대에 시의적절하다고 본다. 특히 새롭게 등장한 '디지털 약자'뿐만 아니라 건강 약자, 주거약자, 문화약자, 관광약자 등이 있다. 시대가 바뀌면서 새로운 약자가 나타나기 때문에 능동적인 약자지원 정책이 나와야 한다.

서울디지털재단의 '2021 서울시민디지털역량실태조사'에 의하면 고령 층은 일반시민 디지털 이용역량 수준의 67.2%이고, 키오스크 이용 경험 률이 45.8%에 불과했다. 디지털 격차는 신종 디지털 양극화를 초래할 수 있다. 일상이 된 스마트폰 활용도를 높이고, 키오스크를 두려워하는 어 르신이 없도록 해야 한다. 이를 위한 공공차원의 인력과 예산지원을 대 폭 늘려야 한다.

『마이너리티 디자인』을 통해서 얻은 교훈은 바로 '진정한 휴머니즘'의 실천이다. 약점, 못하는 일, 장애, 콤플렉스를 극복하지 않고 활용해야 한다고 한다. 나 역시 소수자라고 생각한다. 모든 약점은 이 사회의 가능 성이다. '약점에서 시작하는 혁신'은 우리 사회를 밝고 훈훈하게 하는 솔 루션이 될 것이다. 그 주체는 우리 모두이다.

내일신문 (2022. 10. 12)

AI 백년대계(百年大計)

코로나19로 활동이 묶였던 국제 행사들이 기지개를 켜고 활발한 교류를 하고 있다. 팬데믹 동안에는 웨비나 등으로 비대면 교류를 했지만, 이제 다시 대면행사가 본격화되고 있다. 필자는 올해 1월 미국 라스베이거스의 CES(세계 최대 가전박람회)에 다녀왔다. 엄중한 코로나 상황에서도 약 4만여 명이 참석, 한국은 참가국 중 2위인 500여 기업이 참여하여 큰 성과를 거두었다.

비대면의 종료는 9월 참석한 사우디아라비아의 '글로벌 AI 서밋'과 연이은 말레이시아 시티넷 총회를 통해서 더욱 확연히 느낄 수 있었다. 사우디 글로벌 AI 서밋에는 80개국에서 약 3천 명이 참석했다. 사우디에서는 이미 '노마스크' 상황이다. 쿠알라룸푸르시에서 열린 시티넷 총회에는 지속가능개발목표(SDG)를 위해 15개국 도시·기관 관계자 약 170여 명이 참석했다.

위 행사의 공통점은 모두 세계 각국이 'AI 시대'를 대비하고 있다는 점이다. 사우디 중동지역에서는 모래바람이 아닌 'AI 바람'이 거세게 불고 있었다. UAE 정부는 전세계에서 최초로 독립적인 인공지능 대학원을 설립했다. 또한 세계 최초 인공지능 특임장관을 임명했다. 사우디는 AI 과학기술로 가득 찬 신개념의 '네옴(NEOM)시티'를 국가 비전으로 추진하고 있다.

시티넷(CITYNET)은 아시아·태평양 지역의 지속 가능한 도시발전과 인간정주 환경개선을 위해 구성된 국제 네트워크다. 도시 및 기관, 비정부 기구, 기업 등의 171개 회원으로 구성되었고, 현재 서울시가 의장도시이다. 서울디지털재단은 AI 적용사례로 시티넷 지속가능 개발목표 (SDG) 어워드 본상과 본상후보 12개 중 3개 회원사를 선정한 우수상 수상 쾌거를 이루었다.

수상 내용은 'AI기반의 하수관로 결함탐지 시스템' 사례이다. 기존에 전문가가 영상 판독하는 것을 대신하여 AI 기반으로 알고리즘을 개발한 것이다. 이를 통하여 하수 인프라가 취약한 아태지역 도시에 하수관 관리의 정확성, 신속성, 비용절감의 효율화를 기할 수 있는 모범 사례로 평가 받은 것이다. 키노트 발표에서는 서울시의 '메타버스 서울 플랫폼'을 소개하였다.

가상과 현실 경계가 허물어진 '서울의 신대륙'은 세계 최초 공공부문 메타버스 플랫폼으로 올 12월 오픈을 목표로 지금 3,500명이 베타 테스트 중에 있다. 아바타를 통하여 플랫폼에 입장하고 다양한 서비스를 이용할 수 있다. 그러나 여타의 도시에게 메타버스는 아직 먼 세상의 이야기처럼 들리는 것 같았다. '아바타'를 왜 만들어야 하느냐는 참석자의 질문에 당황했다.

아직은 메타버스가 AI만큼 주목받지 못하고 있지만, 분명한 것은 사우디와 말레이시아 등 아시아 도시에서 AI기술에 대한 관심과 역량은 매우 빠르게 성장하고 있다. AI의 먼 미래를 내다보아야 할 시간이다. 우리도 자만하지 않고 빅데이터를 뛰어넘는 'AI 공유(Sharing) 플랫폼'을 선점해야 한다. 미래를 위해 대한민국은 'AI 백년대계'를 서둘러 준비해야만 한다.

파이낸셜경제 (2022. 10. 22)

세계가 인정한 '디지털 약자와의 동행'

지난 11월 16일, 스페인 바르셀로나에서 낭보가 전해졌다. 서울시가 세계 최대 스마트시티 국제행사인 '스마트시티 엑스포 월드 콩그레스 (SCEWC) 2022'에서 최고상인 도시전략 분야 '최우수도시상'를 수상했다. 지금 카타르 월드컵이 열기를 더해 가고 있는데, 월드컵 우승에 비유할 만한 큰 상이라 할 수 있다. 서울시가 4번 도전 끝에 얻어낸 값진 결과라서 의미도 크다.

SCEWC 2022에는 전 세계 140개국, 700개 도시, 800개 기업 그리고 2만 명 이상이 참가했다. 정보통신 분야의 최대 국제행사인 CES(매년 1월, 미국 라스베이거스 개최)에 비견될 만한 큰 행사인데, 그만큼 어워드 경쟁도 치열했다. 4개 분야 10개 부문에서 60여 개국 337건이 선보인 가운데, 서울시가 337:1의 경쟁을 이기고 최정상에 올라선 것이다.

필자는 이곳 전시장에 서울관을 운영하고, 오세훈 시장을 대신해서 '최우수도시상'을 수상했다. 발표 직전까지도 어느 도시가 최종 우승을 할지 알 수 없었다. 먼저, 6개 후보 도시 중 우크라이나 키이우에 특별상을 수여했다. 전쟁 중에도 디지털 서비스를 통해 도시의 복원력 유지에 대한 공로를 인정받은 것이다. 이어서 최종 우승 도시로 '서울'이 발표되었다.

서울시는 과거 전자정부 평가(2003~2016)에서 7회 연속 세계 1위를 한 바도 있다. 캠브리지 대와 연세대가 공동 발표한 '스마트시티 인덱스 리포트 2022'에서도 서울시는 8개 부분의 평가에서 상위권을 차지했다. 특히 인프라 구축 및 도시지능화 부분에서 높은 평가를 받았다. 이를 바탕으로 디지털 선도도시로 위상을 공고히 하고, 디지털 전환속도를 가속화해야 한다.

이번 수상으로 민선 8기 서울시의 '동행·매력 특별시 서울'의 핵심 가치를 구현할 '디지털 약자와 동행' 정책은 그 우수성을 인정받았다. 특히, 어르신의 디지털 격차 해소를 위한 디지털 포용교육과 신체적·사회적 차별 없이 디지털 서비스를 제공하기 위해 '메타버스 서울 플랫폼'을 구축하는 디지털 혁신전략이 타 도시에 비해 차별화되었다.

[725] '메타버스 서울'은 세계 최초로 도시정부 차원에서 구축된 공적 영역의 플랫폼으로 미국 주간지인 타임지의 '2022 최고의 발명품 200'에도 선정된 바 있다. 서울의 신대륙, '메타버스 서울'은 내년 1월 초 오픈할 예정이다. 아바타 기반의 3D 공간에서 다양한 서비스를 활용할 수 있다. 서울

디지털재단에서는 시민 참여를 위한 콘텐츠 개발 및 윤리 가이드라인을 제공한다.

 디지털 약자를 위해 '어르신나들이단'은 한 해 16,000여 명의 디지털 교육을 실시한 바 있다. 특히 1:1 노노(老老) 케어 방식은 대표 교육 브랜드로 자리매김하고 있다. 디지털 선도도시 서울은 그 위상에 걸맞게 '글로벌 리더십'을 발휘할 시점이다. 이번 스마트시티 최고상 수상을 계기로 '디지털 약자와의 동행'이 서울을 넘어 전 세계로 확산하는 계기가 될 것이다.

서울신문 (2022. 11. 24)

■ 2023년 7월, 네옴시티 대표단이 서울 동대문디자인플라자(DDP)에서 열린 국토교통부 ×네옴 로드쇼 및 전시 개막식 행사를 하고 있다. 사우디아라비아는 새로운 미래 도시 네옴의 비전 셀링을 하고 있다.

AI는 인간이 통제할 수 있는 도구이다.
문제는 우리가 설정한 안전상의 제한을
누군가는 설정하지 않으리란 점이다.
이에 반응하고, 규제하고, 대처할 시간이
그리 많지 않다.

Open AI CEO, **샘 올트먼**

4장

스토리텔링으로
소통 Communication 하라

『Fall in Love with the Problem, Not the Solution』 저자인 세계 최대 내비게이션 앱 창업자 유리 레빈(URI LEVINE)은 "시도하지 않은 것은 실패다. 우리는 완벽할 필요가 없다. 시간이 갈수록 완벽해진다"라고 말했다.[31] 마크 저커버그도 "완벽한 것보다 먼저 끝내는 것이 중요하다"고 말한 바 있다. 단순한 개념이 세상을 바꾼다. 디지털 혁신은 시작에서 비롯된다.

불완전하지만 유용한 챗GPT

어느 한 세미나에 축사자로 참석하기 전 요즘 돌풍을 일으키고 있는 챗GPT를 이용해보았다. "디지털 소비자문제 이대로 둘 것인가? 세미나에서 축사를 하려고 하는데, 약 1분 정도의 축사를 써주세요"라고 질문했더니 눈 깜짝할 사이에 축사를 써내려갔다. "디지털 시대에 우리는 더 이상 물리적인 제약이 없는 세상을 살고 있습니다"라는 첫 문장이 올라왔다. 그럴싸하다.

"하지만 이에 따라 발생하는 디지털 소비자문제도 끊임없이 증가하고 있습니다. 개인정보 유출, 스팸메일, 위장 마케팅 등 디지털 환경에서의 소비자들의 이익이 보호되지 않는 문제가 있습니다"라고 첫 단락을 완성했다. 나머지 두 단락도 오탈자도 없고, 문맥도 논리적으로 큰 문제가 없었다. 약 1분 정도의 분량을 질문했는데, 이 부분은 지켜지지 않아 분량이 짧았다.

필자는 실제 세미나 행사장에서 기본 인사와 행사 의미를 말하고, 위의 챗GPT 축사를 이어서 낭독했다. 그리고 그 배경을 이야기했더니 참가자들이 웃으면서 박수를 보냈다. 챗GPT를 활용하여 실제 행사에서 적용했다는 점에서 나름 의미가 있었다. 챗GPT로 만든 축사의 수준이 결코 떨어지지 않았다. 하지만 챗GPT의 한계가 있기 때문에 너무 신뢰해서는 안 된다.

현재 이용하는 챗GPT-3.5는 2021년 10월까지 데이터이기 때문에 이후 답변은 한계가 있다. 영어가 아닌 다른 언어는 번역해서 답을 제공하지만 오류가 있다. 기본 데이터의 편견도 있고, 정확하지 않은 정보도 있다. 초거대 언어모델로 확률적으로 답을 하기 때문에 논리적이지 않을 때도 있다. 따라서 결과물에 대해서 사람이 수정 보완함으로써 완성도를 높일 수 있다.

챗GPT가 세상을 놀라게 한 것은 '컴퓨터와 인간이 대화'를 할 수 있는 점이다. 지금까지는 질문을 하면 정보를 제공한 것으로 끝났지만, 이제는 질문자의 의도를 파악하여 맥락을 형성하고 큐레이션을 제공한다. 챗GPT 이용자가 하루 1천만 명이 넘고, 지난 2개월 동안 무려 1억 명 이상이 이용했다고 한다. 지금까지 나온 어떤 플랫폼 서비스보다 성장이 매우 빠르다.

윤석열 대통령은 2023년도 행안부 업무보고에서 챗GPT를 잘 연구하고 이를 활용하여, 아낀 시간을 국민을 위한 서비스 창출에 힘써야 한다고 언급한 바 있다. 서울시도 챗GPT의 업무 활용 및 효율을 높이는 방안을 강구하고 있다. 챗GPT와 같은 초거대 AI 서비스는 동전의 양면과 같다. 즉 AI는 인간을 대체하는 것이 아니라 AI를 활용해 인간의 한계를 보완해야 한다.

『Fall in Love with the Problem, Not the Solution(해결책이 아니라 문제와 사랑에 빠져라)』 저자인 세계 최대 내비게이션 앱 창업자 유리 레빈(Uri Levine)은 "시도하지 않은 것은 실패다. 우리는 완벽할 필요가 없다. 시간이 갈수록 완벽해진다"라고 말했다. 실패를 빨리 할수록 성공으로 가는 길이 빠르다. 챗GPT의 불완전성도 마찬가지다. 시간이 해결할 것이다.

머니투데이 (2023. 02. 28)

형제나라 UAE의 AI 혁신경쟁

세계적인 변화관리 석학인 존 코터 박사가 쓴 『Our Iceberg is Melting (빙산이 녹고 있다고?)』는 펭귄 부족이 위기를 극복하는 경영 우화이다.[32] 평화로운 펭귄 부족의 보금자리 빙산이 녹고 있다는 사실을 알고 변화와 혁신을 꾀하는 리더의 헌신적인 노력을 엿볼 수 있다. 최근 아랍에미레이트(UAE)에서 개최된 2023 세계정부서밋(WGS)에 참가하여 이 책이 떠올랐다.

세계에서 가장 높은 초고층 빌딩은 두바이 신도심에 있는 부르즈 할리파(828m)이다. 신도시의 기반 서비스와 관광을 통해 석유 기반 경제에서 탈바꿈한 두바이 지도자의 혁신의 상징이다. 20년 전, 황량한 사막에 세계 최고의 빌딩을 착공한 두바이는 오늘날 중동지역의 종주 도시 역할을 하고 있다. 석유을 대신하여 지속적으로 '혁신의 에너지'를 생산하고 있다.

지난 2월 13일부터 15일까지 두바이에서 열린 제10회 WGS에 이집트 대통령을 비롯한 정상급 20여 명과 150개국의 고위직 정부 관계자들이 참석했다. 300개 세션, 200명 스피커, 22개 포럼, 80개 양국 협정 및 미팅 등 다채로운 토론이 이어졌다. 세계경제포럼의 클라우스 슈밥 회장이 기조연설을 하고, 테슬라의 일론 머스크는 줌 영상으로 토론에 참여했다.

튀르키예, 시리아 지진 희생자에 대한 묵념을 시작으로 WGS의 의장인 무함메드 알 게르가위 내무부 장관은 기조연설에서 지난 10년간 급속한 세상의 변화를 언급하고, 미래를 바꿀 5대 전환(기후변화, 신경제지형, 인구성장, 문맹의 변화, AI의 정부역할)을 강조했다. 슈밥 회장은 "AI가 10년 후 생활에 큰 영향을 미치게 되고, 정부는 변화를 주도해야 한다"라고 강조했다.

UAE는 2017년 세계 최초로 인공지능 특임장관을 임명했다. 이어서 2019년 세계 최초로 인공지능 전문 대학원(MBZUAI)을 설립했다. 전액 장학금, 숙소, 체재비, 의료보험 등 파격적인 혜택을 제공한다. 현재 200여 명의 학생 중 82%가 36개국에서 온 외국인 학생이다. 교수와 연구진도 세계 최고의 수준이다. 현직 장관 5명이 학교의 고문이다. 왜 그들은 AI에 집중할까.

2022년 개관한 두바이의 미래 박물관은 과거의 유물을 전시하는 공간이 아니라 인류의 삶을 진일보시키는 AI를 비롯한 혁신을 실험하는 공간으로 구성되었다. 외관에는 두바이 국왕의 미래 비전을 담은 인용문구가 새겨져 있다. 개발 · 미래부 건물에는 "Impossible is Possible"이란 문구도 있다. UAE는 미래를 이해하고 펭귄의 경영 우화를 이미 실천하고 있는 듯하다.

⁷⁴⁰ WGS에서 세계 최대 내비게이션 앱 웨이즈 창업자 유리 레빈(Uri Levine)은 "UAE의 강점은 똑똑한 사람들이 정부에서 일하고 있다는 것이다"라고 강조했다. 필자도 UAE의 많은 고위직 정부 관계자와 미팅을 통해서 느낀 것은 "AI를 통한 미래 혁신"으로 원팀이 되었다는 것이다. 20년 전에 두바이를 설계하고 성공했듯이 건국 100주년을 향해서 발 빠르게 움직이고 있다.

필자는 WGS 공식 초청으로 14일 '민첩성 정부 혁신'과 15일 '시민 참여' 세션의 패널토론에 참여하여 AI 기반 도시안전 서비스, '메타버스 서울'을 통한 서울시의 시민 참여 방식과 '디지털 약자와 동행'의 포용정책을 소개했다. 디지털 선도도시 서울에 대한 긍정적인 평가 속에 두바이 언론, 디지털 고위 정책관 만남에서 그들에게서 한국을 배우겠다는 겸손한 자세를 느꼈다.

대한민국 최초로 UAE를 국빈방문한 윤석열 대통령의 300억 불 투자 유치 성과의 여운이 WGS 행사장에도 남아 있는 듯했다. 챗GPT가 몰고 온 뉴패러다임의 인공지능 시대에 형제 나라로 인식하는 양국이 우호적인 미래 혁신경쟁에 힘을 모으길 기대한다. 우리도 보금자리에 안주하지

316   디지털 혁신 리더십

않고 펭귄 부족의 우화를 되새기며 장기적 안목의 AI로 가득 찬 미래를 준비할 필요가 있다.

아시아투데이 (2023. 03. 07)

반려동물 아바타, '메타 서울펫'

2021년 7월경 가장 핫한 트렌드는 단연 메타버스였다. 현실의 제약을 극복하고 AR, VR, MR 등을 통해서 무한 확장성을 가진 메타버스는 미래 세계를 이끌어갈 서비스로 부상했다. 서울시는 '메타버스 서울 추진 기본계획'을 발표하고, 일정대로 플랫폼 개발에 착수했다. 윤리가이드 제정, 각종 보안 및 안정성 검토를 마치고, '메타버스 서울'을 지난 1월 오픈했다.

아바타 기반의 메타버스 서울은 공공분야 도시단위 최초로 공개된 메타버스 플랫폼이다. 미국 시사주간지 타임은 최고 발명품으로 선정했다. 또한 스페인 바르셀로나에서 개최된 SCEWC 2022에서 서울시의 디지털 혁신성을 높이 평가받아 스마트시티 도시전략 부분 최우수도시상을 수상했다. 메타버스 서울은 시민을 위한 퍼스트 무버(First Mover)의 사례로 꼽힌다.

지난 4월 13일 오세훈 시장은 영국을 방문하여 사디크 칸 런던시장을 만났다. 이 자리에서 칸 시장은 바로 메타버스 서울에 대해서 "굉장히 흥미롭고, 배우고 싶다"고 말했다. 필자가 최근 미국 CES, UAE 세계정부 정상회의 등에 참석하여 글로벌 관계자들을 만날 때 듣는 이야기도 유사하다. 서울시의 공공 플랫폼이 전 세계적으로 호평을 받고 있다는 것을 알 수 있다.

메타버스 서울이 전 세계의 주목을 받는 만큼, 콘텐츠를 빠르게 확충해야 한다. 메타버스 플랫폼 내에서 다양하게 소통하고, 각종 행정 서비스를 제공받을 수 있지만 디지털 환경에 익숙하지 않은 사용자에게는 어려운 점이 있다. 이를 해결하기 위해 2단계 사업으로 이지(Easy)모드를 도입할 예정이다. '재미와 경험' 요소는 사용자의 유입을 유발하는 핵심 포인트이다.

서울시와 서울디지털재단은 5월 초, 사용자가 '메타버스 서울' 안에서 재미와 흥미를 느낄 수 있는 '메타 서울펫' 콘텐츠 서비스를 선보인다. 메타 서울펫은 메타버스 서울 플랫폼 아바타의 반려 펫이다. 개(푸들, 몰티즈, 진돗개), 고양이(페르시안, 러시안 블루, 샴), 앵무새(왕관, 회색), 토끼, 도마뱀 5개과 10종으로 각각의 유아기 모델링 10종이 있고, 190개 모션을 한다.

메타버스 서울 접속 후 '메타 서울펫 센터'에 방문하면 원하는 펫을 선택하고 입양 계약서에 서명을 한다. 반려동물은 1마리만 입양이 가능하며 파양이 불가하다. 현실과 같이 반려동물 입양의 책임감을 고려하였다. 입양 후에는 4종의 퀘스트 미니게임(각인, 배변, 목욕, 운동)을 할 수 있다. 마찬가지로 실제 반려동물 입양 시 책임감을 가지고 해야 하는 역할에서 고안하였다.

집사로서 첫 대면 후 메타 서울펫의 이름을 구성하는 각인훈련, 미로를 통해서 화장실을 찾아가는 배변훈련, 물방울, 비눗방울을 던져서 목욕을 시키는 목욕훈련, 반려동물을 빠르게 움직여서 장애물을 넘는 운동훈련이 있다. 퀘스트를 통해 획득한 포인트로 펫꾸미기도 가능하다. 또한, 유기견 보호센터 등 커뮤니티 정보사이트 링크 연계를 통해 공공성도 강화했다.

메타버스 서울이 오픈된 지 3개월이 지나고, 이 플랫폼 내에서 반려동물 아바타가 등장하여 흥미를 배가할 수 있다. 서울시는 메타버스 퍼스트 무버(First Mover)로서 디지털 혁신을 선도하고 있다. 이 과정에서 발생하는 디지털 양극화는 '디지털 약자와 동행'이라는 포용정책으로 줄여가야 한다. 챗GPT 시대에 AI와 메타버스가 연결되어 대화하는 아바타를 상상해본다.

아시아투데이 (2023. 04. 27)

해치와 월디의 스토리텔링

세계에서 가장 영향력 있는 경영 사상가 중의 한 사람인 스웨덴 스톡

홀름대의 요나스 리더스트럴러 교수는 CEO가 갖추어야 할 필수 덕목으로 스토리텔러를 들었다. 전 GE 회장인 잭 웰치도 자신의 후계자를 정할 때 가장 중시한 것은 '대중연설과 프레젠테이션 능력'이었다. 이것은 이야기를 소재로 상대방을 자신이 원하는 방향으로 이끌어가는 소통 리더십이다.

스토리텔링(Storytelling)이란 상대방에게 알리고자 하는 바를 재미있고 생생한 이야기로 설득력 있게 전달하는 행위를 일컫는다. 스토리는 상대방에게 어떤 생각을 일방적으로 강요하지 않으면서 상대방을 자연스럽게 몰입시키는 힘을 가지고 있다. 스토리텔링은 21세기 고부가가치 산업으로 국가 성장 동력을 뒷받침하고, 개인, 기업 및 기관에서 역량강화의 필수 요소이다.

서울시는 2008년부터 재앙을 물리치며 안전을 지켜주며 행운을 주는 수호자로서 '해태'라고도 불리는 해치(獬豸)를 서울의 대표적인 캐릭터로 스토리텔링에 활용하고 있다. 해치는 신라시대 관복에 등장하였고, 조선시대 사헌부(감찰 및 사정기구) 관원이 머리에 쓰는 관과 사헌부의 수장인 대사헌 관복 흉배에 새겼을 정도로 정의(正義)를 상징하고 상서로운 뜻을 지녔다.

10년 전 많은 시민들이 기억하고 좋아했던 서울시의 캐릭터, 귀여운 노란색 해치는 중간에 서울시장이 바뀌면서 잠시 사라졌지만, 최근 오세훈 시장체제에서 다시 부활하고 있다. 서울의 새 도시브랜드 슬로건인

'Seoul, my soul'(마음이 모이면 서울이 됩니다)과 함께 글로벌경쟁력 아이템으로 전 세계인에게 '서울' 하면 떠오르는 상징으로 각인시키겠다는 계획이다.

서울디지털재단에도 해치와 비슷한 친구가 있다. 세계 와이파이 규정 [755] 이 제정되던 해인 1997년에 금성에서 태어난 월디(Worldy)는 홍보팀에서 근무하고 있다. 월디는 로봇으로 태양계를 떠돌다가 디지털 혁신기술을 좋아해서 재단에 온 것이다. 그의 취미는 VR 콘텐츠 보기이고, 가장 싫어하는 곳은 와이파이가 터지지 않는 곳이다. MBTI는 ESFJ(사교적 외교관)형이다.

월디는 월드(World)와 디지털 리더스(Digital Leader)를 줄인 말이고, 세계 속 디지털 리더가 되겠다는 포부를 담은 흥미로운 스토리텔링을 담고 있다. 얼마 전 재단의 한 행사에서 서울의 안전을 지키는 수호신 해치와 디지털 리더인 월디가 만났다. 캐릭터 인형으로 만난 둘은 최근 유행하는 아이돌 춤 배틀을 하며 풍부한 스토리텔링으로 청중의 관심을 모았다.

해치와 월디 두 캐릭터가 각자의 세계관에서 만들어내는 스토리텔링으로 서울시와 재단의 사업을 시민들에게 친근하게 알리는 데 톡톡한 효과를 거두고 있다. 특히, 해치와 월디는 MZ세대가 좋아하는 쇼츠 '밈' 영상으로 많은 사랑을 받고 있다. 이렇듯 스토리텔링은 팩트보다 강력한 힘이다. 방탄소년단이 전 세계를 뒤흔든 비결도 바로 스토리텔링의 힘이었다.

서울시는 '그레이트 한강'(세빛섬, 서울링, 노들섬 등)으로 스토리가 입혀지고 있다. 스토리텔링은 소재, 내용 구성, 전달 방식의 3박자가 잘 맞아야 하고, 이를 주도할 CSO(Chief Storytelling Officer)의 역할이 매우 중요하다. 스토리텔링은 상대방에게 정서적 몰입과 공감을 이끌어내는 특성이 있다. 바로 개인, 기업과 조직의 경쟁력은 스토리텔링에서 시작된다.

아시아투데이 (2023. 06. 01)

■ 아랍에미레이트 두바이에 있는 미래박물관. "미래는 상상하고, 설계하고, 실행할 수 있는 자의 것이다. 미래는 기다리는 것이 아니라 창조하는 것이다"라고 아랍어로 쓰여 있다.

비전은
눈에 보이지 않는 것을 보는 능력이다.

영국 풍자작가,
조나단 스위프트

AI 주권 시대
당신의 미래를 확장하라!

"미래를 이해하는 사람들이 미래를 차지한다"라고 미래학자 비벡 와드와는 말했다. 리더가 해야 할 가장 중요한 일은 무엇일까. 미래를 예측하고 대비하는 일이다. 눈에 보이지도 않고 만져 볼 수도 없는 미래를 상상하고 이해하고, 대책을 세우는 것은 리더가 해야 할 덕목이다. 기다리는 자에게 미래는 없다. 디지털 전환을 넘어 디지털 심화기에 우리는 무엇을 해야 하는가.

얼마전까지만 해도 '4차 산업혁명'의 기술인 빅데이터, 인공지능, 크라우드, 사물인터넷, 블록체인 등으로 디지털 전환(Digital Transformation)이 화두였다. 디지털 전환은 아날로그에서 디지털로 패턴을 바꾸는 뉴패러다임이고 뉴노멀 시대를 이끌어 가는 핵심 키워드였다. 어느 날 메타버스와 초거대 AI가 등장하여 디지털 혁신 기술은 진화하고 심화과정을 거치고 있다.

메타버스가 어느 날 등장하고 블랙홀처럼 디지털 전환의 중심이 되었다. 언론뿐만 아니라 대중의 입에서는 메타버스가 대화의 꽃이 되었다. 메타버스에 대해 언급을 못하면 뒤처지는 사람이 되고, 기업의 상호나 각종 협회들도 들불처럼 생겨났다. 페이스북의 상호가 '메타'로 바뀐 것이 대표적 사례이다. 그런데 2년도 채 못 되어 메타버스는 뒷전으로 밀려난 느낌이다.

2021년 7월 경 메타버스는 핫 트렌드였다. 그리고 바로 2022년 11월 경 챗GPT가 등장하더니 세상의 중심이 되었다. 도대체 챗GPT가 무엇이길래 이렇게도 요란할까. 디지털 신흥기술이 대중과 만나 폭발적인 반응을 보였다. 여태껏 듣지도 보지도 못한 챗GPT가 손쉽게 일상을 바꾸고, 새로운 비즈니스 모델을 창출할 수 있는 혁명과 같은 엄청난 위력을 가진 것이다.

알파고의 인공지능 바둑이 이세돌을 4:1로 이겨서 세상을 놀라게 했는데, 이것은 일시적 현상이고, 뉴스거리로서는 충분했다. 즉 알파고가 일반 시민이 일상에서 사용하는 것이 아니기 때문이다. 그러나 챗GPT는 누구나 이용할 수 있고, 그래서 그 위력을 몸소 체험했기 때문에 더욱 놀랍고 지속적인 반향이 일어나고 있다. 앞으로 다시 한번 놀랄 혁신기술이 등장할 것이다.

이 중차대한 시기에 시대 흐름을 직시하고, 정확한 판단으로 디지털 심화를 위해 실행력을 높이는 디지털 혁신 리더십을 발휘해야 한다. 1톤의 생각보다 1그램의 실천이 중요하다고 했다. "빅데이터, 인공지능이 중요하다"고 말만 하면 무엇하랴. 자신이 이해할 수 없다고 해서 미래를 방치하면 개인과 조직은 서서히 쇠퇴한다. "Deep Change or Slow Death"를 상기하자.

지금으로부터 10년 전으로 돌려본다. 트위터, 페이스북 등의 소셜네트워크서비스가 등장하여 패러다임을 바꾸었다. 신문, 방송, 라디오 등의 매스미디어에서 소셜미디어 즉 1인 미디어 시대를 열었다. 필자는 이때 미래를 일찍 이해하고 대책을 세웠다. "내가 누구를 아는 것보다 누가 나를 아느냐"가 중요하다는 명제를 간파하고 SNS 바이블인『소셜 리더십』을 펴냈다.[33]

2011년 4월『소셜 리더십』이 출간되고 강의 요청이 쇄도했다. 최근 메타버스, 챗GPT 강사들이 고기가 물을 만난 듯 최고의 대접을 받는 것과 같았다. SNS 강사로 삼성전자, 중앙공무원연수원, 서울시인재개발원 등 인기 강사가 설 수 있는 최상의 무대에 초대되었다. 당시에 "소셜미디어 세상이 온다. 이를 준비해야 리더가 될 수 있다"는 강한 확신이 섰고 이를 설파했다.

단국대학교 교양학부에는 '소셜네트워크의 이해와 활용'이라는 3학점 과목을 최초 개설하고 인기리에 강의를 했다. 또 세계 최초로 페이스북으로 기말고사를 치렀다. 국군방송, EBS, MBC라디오에 출연하고 마침내 CBS에서는 〈강요식의 소셜트렌드〉라는 고정 프로그램도 만들어졌다. 현장 강의와 언론의 SNS 활동을 거쳐서 '디지털리스트'로 성장하고 오늘에 이르렀다.

에너지 공기업 한국동서발전(주) 상임감사위원으로 재직하면서 『공직자 노트 3.0』이란 창조적 경제시대, 공직자 뉴리더십을 논한 책을 펴냈다.[34] 공직자의 바람직한 공직자상으로 "똑바로, 올바로, 법대로, 제대로"를 강조한 내용이다. 필자는 소셜미디어 시대에는 『소셜 리더십』을, 초거대 AI 시대에는 이 시대 리더가 미래를 보고 영감을 얻는 『디지털 혁신 리더십』을 내놓았다.

"강한 자가 아니라 적응하는 자가 살아남는다"는 말을 되새겨 본다. 지구상에서 가장 강했던 공룡은 멸종했다. 그렇지만 고생대부터 지금까지도 살아가는 생물은 지구 환경에 적응해서 살아가고 있는 것이다. 개인, 기업과 조직도 지속가능성은 중요한 키워드이다. 변화와 위기를 두려워하지 말고 도전하는 것이 곧 주변 환경에 적응하는 것이며 지속가능성을 담보한다.

글로벌 사회에 가장 큰 이슈는 기후변화 위기이다. 기업의 DNA는 이익을 위한 성장이다. 그 성장은 기업 이익 추구만이 아닌 우리 사회 구성원과 지구경영에 대한 계획과 실천이 전제되어야 한다. ESG 경영은 선택이 아닌 의무사항이다. 전 세계는 탄소중립이라는 목표를 2050년까지 완성할 수 있도록 탄소배출을 최소화하기 위한 실천계획을 하나씩 적용해야 한다.

디지털 심화기에 따른 디지털 심화 적용, 기후변화에 대비한 ESG 경영 등 개인과 조직에서는 엄청난 변화를 요구하고 있다. 이 변화에 어떤 태도를 취하느냐에 따라 생존여부가 달려 있다고 해도 과언이 아닐 것이다. 늦었다고 생각할 때가 가장 빠르다는 말이 있듯이 신속히 '현실과 미래의 진단서'를 내놓고, 퍼스트 무버의 길을 가는 것이 디지털 혁신 리더의 선택이다.

서울디지털재단은 '넥스트 디지털 생태계를 리딩하는 스마트 서울의 컨트롤타워'를 비전으로 막중한 디지털 전환업무를 담당하고 있다. 디지털 전환기에서 심화기로 접어들면서 그 역할이 확장될 여지가 많다. 재단의 이사장으로 근무하면서 '변화와 혁신'의 기치를 걸고 숨가쁘게 달려오면서 느꼈던 '디지털 혁신 리더십'으로 표출되는 일들을 정리하고 독자와 공감하고 싶다.

『디지털 혁신 리더십』은 디지털 심화기에 미래의 대책에 고민하는 리더들에게 방향성과 영감을 제공하고 있다. 이 책의 행간에 담겨진 의미를 찾아내고 실천하는 것이 가장 큰 도움이 될 것이다. 준비된 위기는 기회이고, 준비하는 자에게 미래가 있다. 끝으로 독자가 꿈꾸는 소망이 이루어지고, AI 주권시대에 자신의 영토(영역)를 확장하는 미래형 혁신 리더가 되길 기대한다.

디지털랜드에서
디지털리스트 강요식 識

부록

1. 주(註)

1) 과학기술정보통신부, 〈대한민국의 미래와 새 정부의 디지털 전략〉 (2023. 04)

2) 대통령직속 디지털플랫폼정부위원회, 〈새로운 대한민국 디지털플랫폼정부 실현 계획〉 (2023. 04)

3) 서울디지털재단, 〈서울특별시 디지털 약자와의 동행 정책 소개자료집〉 (2022. 12)

4) 워런 베니스 저, 김원석 역, 『리더와 리더십』 (서울: 황금부엉이, 2006)

5) 주호재 저, 『디지털 트랜스포메이션』 (서울: 성안당, 2020)

6) 닐 스티븐슨 저, 남명성 역, 『스노 크래시 1, 2』 (서울: 문학세계사, 2021)

7) 스티븐 코비 저, 『원칙 중심의 리더십』 (서울: 김영사, 2002)

8) 존 고다드 저, 임경현 역, 『존 아저씨의 꿈의 목록』 (서울: 글담어린이, 2008)

9) 오마에 겐이치 저, 『난문쾌답』 (서울: 흐름출판, 2012)

10) 로타르 자이베르트 저, 『단순하게 살아라』 (서울: 김영사, 2021)

11) 로버트 퀸 저, 한주한 외역, 『Deep Change or Slow Death』 (서울: 늘봄, 1996)

12) 존 코터 저, 현대경제연구원 역, 『변화관리』 (서울: 21세기북스, 2009)

13) 빌 게이츠, 워런 버핏 저, 김광수 역, 『빌 게이츠&워런 버핏 성공을 말하다』 (서울: 월북, 2004)

14) 애슐리 반스 저, 안기순 역, 『일론머스크, 미래의 설계자』 (서울: 김영사, 2015)

15) 에드워드 할로웰 저, 박선령 역, 『하버드 집중력 혁명』 (서울: 토네이도, 2015)

16) 김정운 저, 『노는 만큼 성공한다』 (서울: 21세기북스, 2021)

17) 네이버 지식백과, 두산백과 두피디아 (http://www.doopedia.co.kr)

18) 이승하 외, 「ChatGPT 활용사례 및 활용팁」 (서울디지털재단, 2023)

19) 최효민 외, 「ChatGPT 활용사례 및 활용팁(일상생활편)」 (서울디지털재단, 2023)

20) UCAI(사용자 중심 인공지능)포럼, 홈페이지 (www.ucaiforum.org)

21) 고설태, 문현주 외 저, 「인공지능 기반 하수관로 결함탐지 알고리즘 고도화 연구」 (서울디지털재단, 2022)

22) 지태훈 저, 「도시데이터표준분석모델:CCTV입지분석편」 (서울디지털재단, 2022)

23) 지태훈, 윤현철 저, 「가락시장 내외부 교통혼잡도 동적패턴연구」 (서울디지털재단, 2022)

24) 김상균, 신병호 저, 『메타버스 새로운 기회』 (서울: 베가북스, 2021)

25) 이지영 저, 「메타버스 서울 윤리 가이드라인」 (서울디지털재단, 2023)

26) 신동훈, 이승윤, 이민우 저, 『디지털로 생각하라』 (서울: 북스톤, 2021)

27) 박선미 외 저, 「2021 서울시민디지털역량실태조사」 (서울디지털재단, 2022)

28) 이정훈 외, 「Smart Cities Index Report 2022」 (서울: 연세대 DX기술경영센터, 2022)

29) 강민정 외 저, 「고령층 친화 키오스크 사용성 개선을 위한 시선이동 분석 연구」 (서울디지털재단, 2023)

30) 사와다 도모히로 저, 김영현 역, 『마이너리티 디자인』 (서울: 다다서재, 2022)

31) 유리 레빈 저, 『Fall in Love with the Problem, Not the Solution』 (런던: Watkins Media, 2023)

32) 존 코터 저, 유영만 역, 『빙산이 녹고 있다고?』 (서울: 김영사, 2006)

33) 강요식 저, 『소셜 리더십』 (서울: 미다스북스, 2011)

34) 강요식 저, 『공직자 노트 3.0』 (서울: 미다스북스, 2015)

2. 참고서적

김영욱 외 저, 『생성형 AI 사피엔스』 (서울: 생능북스, 2023)

김진우 저, 『나의 첫 인공지능 수업』 (서울: 메이트북스, 2022)

모 가댓 저, 강주헌 역, 『AI쇼크 다가올 미래』 (서울: 한국경제신문, 2023)

반병현 저, 『챗GPT 마침내 찾아온 특이점』 (서울: 생능북스, 2023)

소이경제사회연구소 AI연구회 저, 『AI와 사회변화』 (서울: 엠아이디, 2022)

안성은 저, 『MIX(믹스)』 (서울: 더퀘스트, 2022)

안종배 저, 『인공지능이 바꾸는 미래세상과 메타버스』 (서울: 광문각, 2021)

이경전, 전정호 저, 『버튼 터치 하트』 (서울: 더난출판, 2018)

이명호 저, 『디지털 쇼크 한국의 미래』 (서울: 웨일북, 2021)

이시한 저, 『NFT의 시대』 (서울: 다산북스, 2022)

이시한 저, 『GPT 제너레이션 』 (서울: 북모먼트, 2023)

커넥팅랩 저, 『모바일 미래보고서 2022』 (서울: 비즈니스북스, 2021)

커넥팅랩 저, 『모바일 미래보고서 2023』 (서울: 비즈니스북스, 2022)

코트라 저, 『한국이 열광할 세계트렌드』 (서울: 알키, 2022)

피터디아만디스, 스트븐 코틀러 저, 박영준 역, 『컨버전스 2030』 (서울: 비지니스북스, 2021)

피터 드러커 저, 이재규 역, 『피터 드러커 강의』 (서울: 랜덤하우스, 2011)

하정우, 한상기 저, 『AI 전쟁』 (서울: 한빛비즈, 2023)

한경MOOK 저, 『CES 2023』 (서울: 한국경제신문, 2023)

한경MOOK 저, 『한 권으로 마스터하는 챗GPT 2023』 (서울: 한국경제신문, 2023)

헨리 A. 키신저 외, 김고명 역, 『AI 이후의 세계』 (서울: 월북, 2023)

3. 올바른 공직자상

『공직자 노트 3.0』은 강요식 저서로 국가 혁신을 위한 공직자의 솔선수범과 올바른 공직자상을 제시하고 있다. "똑바로, 올바로, 법대로, 제대로" 슬로건은 공직자 또는 사회의 리더로 업무를 수행할 때 지켜야 할 기본자세이다. "작은 틈 크게 보면, 큰 위험 작아진다"는 필자가 현역 대위시절에 사고예방표어 공모전에 응모하여 육군참모총장 특등상을 받은 카피이다.

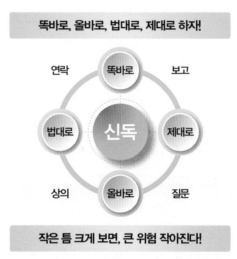

똑바로, 올바로, 법대로, 제대로 하자!

연락　　똑바로　　보고

법대로　　**신독**　　제대로

상의　　올바로　　질문

작은 틈 크게 보면, 큰 위험 작아진다!

출처: 강요식 저자의 『공직자 노트 3.0』

- 공직자로 공직을 수행할 때 '똑바로(正確), 올바로(道德), 법대로(原則), 제대로(責任)'를 실천하면 크게 도리에 어긋남이 없다. 매사를 정확하고 도덕적이며 법규를 준수하고 책임감 있게 처리하는 길이 공직자의 기본 자세이다.
- 연보상질(連絡, 報告, 相議, 質問)은 조직의 소통을 활성화하여 가치와 이익을 창출하는 소통 솔루션이다. 또한 성공적인 리더십 발취차 성공적인 처세술 향상에 강력한 도구다. 제때에 보고하고 의사결정을 투명하게 하는 공직자가 되어야 한다.
- 신독(愼獨)은 공직자가 행동의 중심에 두어야 할 덕목이다. 홀로 있을 때도 삼가서 도리에 어그러진 일을 하지 않는 것이다. 공직자가 가야 할 길은 남다르다. 바로 신독의 자세로 솔선수범 하는 것은 공직자 3.0 시대가 추구하는 올바른 공직자상이다.

4. 추천사

국회부의장/전 해양수산부 장관, 정우택

강요식 이사장의 14번째 책 출간은 열정의 산물이다. 누구보다도 부지런하고 잠시도 펜을 놓지 않은 그가 또 한 번의 큰일을 해냈다. 소셜미디어시대에 SNS 전문가로 활동을 하더니 디지털 심화기에 디지털 혁신 전문가로 미래를 전망하고 글로벌 디지털 경영을 논하고 있다.

국회의원(16, 17, 18, 21대/4선), 박진

또 한 권의 책을 출간한 강요식 박사의 집념과 의지에 박수를 보낸다. 맡은 바 업무에 충실하고, 자신이 이룬 혁신적인 성과를 독자들과 공유를 통해서 우리 사회를 지속 발전가능하게 기여를 하고 있다. 디지털 심화기에 필요한 '디지털 혁신 리더십'이 빛나길 기대한다.

규제개혁위원회 공동위원장/전 국회의원, 김종석

강요식 이사장과 UAE 세계정부정상회의 2022에 참석한 바 있다. 서울시의 우수한 디지털 정책을 홍보하고, 디지털 관계자들과 열정적으로 소통하는 것을 보았다. 그가 디지털 전문가로서 이 책은 우리나라의 디지털 정책의 올바른 형성에 크게 기여할 것으로 기대한다.

대한적십자사 회장/에이치플러스 양지병원 이사장, 김철수

대나무가 성장하면서 자신을 지탱하기 위해 마디를 만든다. 그 마디가 있기 때문에 비바람에 쓰러지지 않고 유연하게 견디어 낸다. 강요식 박사는 삶의 여정에서 수양의 자세를 갖고 성찰의 마디마디를 이어가고 있다. '디지털 혁신 리더십'은 또 다른 시작(詩作)으로 보인다.

대한체육회 회장/국제올림픽위원회(IOC)위원, 이기흥

강요식 박사는 늘 낮은 자세로 큰 꿈을 향해 달려가고 있다. 비록 어려운 과정에서도 좌절하지 않는 오뚜기 정신이 빛난다. 서울디지털재단 이사장으로 중책을 맡아 디지털 혁신을 주도하고, 경험을 통해 얻은 값진 성과를 한 권의 책으로 출간하게 된 것을 축하한다.

대통령직속 디지털플랫폼정부위원회 위원장/전 한국메타버스산업협회 회장, 고진

빠른 시대 흐름에 따라 쉼없이 도전하는 삶을 살며 현장에서의 혁신 경험을 바탕으로, 디지털 대전환시대가 요구하는 리더십을 알기 쉽게 들려준다. 저자가 해외에서 더 많이 알려져 있는 이유도 그가 변화를 두려워하지 않고 변화를 주도하려고 한다는 점이 아닐까 생각해 본다.

전쟁기념사업회 회장/전 국방부 차관, 백승주

초개인화, 자동화, 가상화, 플랫폼의 전방위적 확산 등 디지털 심화시대에 걸맞는 새로운 질서를 요구하고 있다. 이러한 시점에서 '문무 디지털 혁신 리더십', 10음절에 담긴 강요식의 꿈과 열정이 녹아 있는 이 책은 시의적절하며 동시대인의 지적인 강력한 배터리가 되기 바랍니다.

한국소프트웨어산업협회 회장/유라클 대표이사, 조준희

빅데이터, 인공지능, 메타버스, 초거대 AI 등 디지털 신기술이 등장하고 패러다임전환의 중심에 있다. "디지털 전환은 기술이 아니라 태도의 혁신이다."란 말은 리더십의 중요성을 강조하는 말이다. 이런 점에서 『디지털 혁신 리더십』은 리더에게 혁신의 큰 방향을 제시한다.

한국IT서비스학회 회장/고려대 정보보호대학원 교수, 권헌영

강요식 이사장은 디지털 약자를 위한 포용정책 구현과 신속한 디지털 시민체험 서비스 확대를 위해 노력을 하고 있다. 이 시대의 중요한 화두는 디지털 전환이다. 디지털 심화기에 보다 효율적인 디지털 전환을 위한 활용서로 『디지털 혁신 리더십』의 일독(一讀)을 권한다.

네이버 크라우드 AI혁신센터장/디지털플랫폼정부위원회 분과위원장, 하정우

초거대 생성 AI 중심으로 민간기업은 물론 정부 지자체 등 공공 영역에서도 디지털 전환이 본격적으로 진행되고 있다. 이 책은 강요식 이사장의 서울시의 디지털 전환과 성과와 경험을 생생하게 전달하고 있어 디지털 혁신 리더를 꿈꾸는 많은 분들에게 지침이 될 것이다.

UCAI포럼 의장/하렉스인포텍 대표이사, 박경양

초거대 AI 시대에 초개인화로 균형적 발전과 신경제 질서 구축 및 데이터의 사용자 주권을 확보해야 한다. 혁신 리더는 비파괴적인 혁신을 통하여 모두가 윈윈하는 포지티브섬 전략을 구사해야 한다. 이 책은 이 시대에 리더들이 수행해야 할 미래 경영에 도움이 될 것이다.

한국산업단지경영자연합회 서울 회장/아쿠아픽 대표이사, 이계우

생성형 AI 시대에 디지털 기술에 대한 이해도 중요하고, 혁신 리더의 실행력이 더욱 필요한 요소이다. '디지털 혁신 리더십'은 디지털 전환이 가속화되는 이 시대에 경영자들이 디지털 환경을 이해하고, 리더로서 어떻게 자신과 조직에 리더십을 발휘해야 하는가를 제시한다.